「日本型格差社会」からの脱却　目次

# 第1章　デフレ下で進む少子高齢化と格差の拡大

日本は１９９０年代以降、デフレ下で進む少子高齢化を伴った、長期経済停滞に陥っている。そうした中、低賃金で雇用の不安定な非正規社員と高齢者と母子世帯に多い貧困世帯の増加、低賃金世帯が多い就職氷河期世代の老後問題、年金の世代間格差と年金制度の実質的破綻の危機、高齢化による公的医療費負担の急増といった、大きな難問を抱えている。

しかし、２０２０年から21年にかけて、日本を含めて、世界中のどの国も深刻なコロナ禍にあり、経済活動が大きく制限されている状況である。そのため、新型コロナウイルスに対する有効なワクチンが開発され、日本人の多くがそのワクチン接種を受けられるようになるまでは、日本が難問解決に本格的に取り組むことはできそうにない。

しかし、難問解決に本格的に取り組める時期が来る前に、その解決の手段を検討し、用意しておくことが重要である。それは、著者の観点から見ると、日本は何事に付け、問題解決に時間がかかる国であると思えるからである。

その原因としては、次のようなことが考えられる。

第一に、日本では根回しなどに時間がかかるため、解決策について合意を得るのに時間がかかりすぎることである。

第二に、日本の野党は政策論を議論するよりも、政府のスキャンダルを追及することにもっぱら力を注ぐことに熱心であることである。例えば、テレビで中継される国会の予算委員会で、著者は予算をめぐる議論を聞いたことがない。どうやら、予算委員会とは名ばかりで、予算を審議する委員会ではなく、政府のスキャンダルを追及する委員会のようである。

第三に、予算が決まっても、執行システムが未だにアナログで、実行に移されるまでに大変な時間と労力がかかることである。例えば、２０２０年には新型コロナウイルス感染症対策として、国民１人当たり10万円を給付することが決まったが、実際に給付を受けるまでに1～2カ月もかかっている。

新型コロナウイルスの感染が終息に向かうまでに、以上の3点を反省して、政策を機敏かつ機動的に実行できる体制を整えておくべきであり、野党もスキャンダル追及から政策論議へと軸足を移すべきである。少なくとも、政府のスキャンダルを追及するのであれば、予算委員会という政策を議論すべき大事な委員会ではなく、スキャンダル追及専門委員会とでもいうべき委員会をつくって、そこで徹底的に追及すべきである。

以上を前置きにして、この章では、格差の拡大や少子化の根本的な原因は、長期にわたって続いているデフレであることを示す。

# １・１　長期デフレによる日本の経済悪化

## バブル崩壊後の経済成長率の急低下

はじめに、日本経済が今日、数々の解決を迫られている難問が起きている状況を概観しておこう。これらの難問の基本的な原因は、１９９０年代以降のデフレ下での経済成長の急低下にある。

図表１‐１は、Ｇ７の国について、１９８０年以降の期間別の平均実質成長率を比較したものである（実質成長率などにおける実質とは、名目値を物価の変化で調整した値のことである。以下では、誤解の恐れがないと思われる場合は、平均を省略して、実質成長率という）。

１９８０年から２０１９年までを通して見ると、日本の実質成長率はＧ７中で第４位であり、ヨーロッパ大陸のフランス、ドイツ、イタリアよりも高く、それほど悪いようには見えない。しかし、これは、80年から91年までの10年余りの高成長率が、80年から２０１９年の平均成長率を底上げしているからである。

図表1-1　G7の1980年以降の期間別平均実質成長率（%）

| | 1980～2019 | 1980～1991 | 1992～2019 | 2013～2019 |
|---|---|---|---|---|
| カナダ | 2.3 | 2.2 | 2.4 | 1.9 |
| フランス | 1.8 | 2.3 | 1.6 | 1.3 |
| ドイツ | 1.7 | 2.4 | 1.4 | 1.6 |
| イタリア | 1.1 | 2.2 | 0.7 | 0.4 |
| 日本 | 1.9 | 4.3 | 0.9 | 1.1 |
| イギリス | 2.1 | 2.2 | 2.1 | 1.9 |
| アメリカ | 2.6 | 2.7 | 2.6 | 2.4 |

出所）International Monetary Fund, World Economic Outlook Database, October 2019より。

１９８０年から91年までの期間、日本の実質成長率は４・３％と他の６カ国よりも群を抜いて高く、Ｇ７中で第１位であった。ところが、92年から２０１９年の27年間は、80年から91年の期間の５分の１である０・９％へと低下して、Ｇ７中、第６位に転落してしまった。

１９８０年から91年といえば、日本的経営が世界的にもてはやされ、アメリカの社会学者で日本通のエズラ・ヴォーゲルが、「Japan as number one」という表現で、日本経済を絶賛したくらいである。それが、91年をピークに、実質成長率は転げ落ちるように低下してしまった。

１９８０年代の好景気に沸き、株価が急騰し続けていた日本において、日本の経済成長率が90年代以降、これほどまでに低下すると予想した人はいたであろうか。

日本は１９６０年以降、91年まで、第１次の石油ショックの影響を受けた74年にマイナス０・５％となっ

図表1-2　G7の1980年以降の期間別１人当たり平均実質成長率（%）

| | 1981～2019 | 1981～1991 | 1992～2019 | 2013～2019 |
|---|---|---|---|---|
| カナダ | 1.2 | 1.0 | 1.4 | 0.8 |
| フランス | 1.3 | 1.8 | 1.1 | 1.0 |
| ドイツ | 1.5 | 2.2 | 1.2 | 1.1 |
| イタリア | 0.9 | 2.1 | 0.4 | 0.4 |
| 日本 | 1.7 | 3.9 | 0.8 | 1.3 |
| イギリス | 1.8 | 2.4 | 1.5 | 1.2 |
| アメリカ | 1.7 | 2.0 | 1.6 | 1.7 |

出所）International Monetary Fund, World Economic Outlook Database, October 2019より。

た以外は、マイナス成長を経験したことがなかった。それが、93年以降は、93年、98年、99年、２００８年、09年と5回もマイナス成長（11年はゼロ成長）を記録することになってしまったのである（ＩＭＦ［２０２１］）。

国民１人１人について見れば、国全体の実質成長率よりも、１人当たり実質成長率のほうが生活水準を決める要因として、より重要である。図表１‐２はＧ７の国について、１９８０年代以降の期間別１人当たり平均実質成長率を比較したものである。

日本の１人当たり実質成長率も国全体の実質成長率と同じ動きをしており、１９９２年から２０１９年は81年から91年の5分の１に低下している。私たちは92年以降、91年までのような豊かさを感ずることができない経済の中で、生活してきたのである。

## 長期デフレによる失業率の上昇と就職難

１９９１年以降の日本経済は、インフレ率の低下（ディスインフレという）の後、消費者物価（除く生鮮食品）の前年同月比で見ると、98年７月以降、２０１３年４月まで、原油価格が高騰した若干の月を除くと０％未満の状況が続いた。ＩＭＦ（国際通貨基金）は物価が２年間持続的に低下することをデフレと定義している。したがって、この定義によると、日本経済は98年７月から13年４月まで、14年10カ月間デフレが続いたことになる。

国内総生産（ＧＤＰ）の物価であるＧＤＰデフレーターで見ると、１９９４年第４四半期から２０１３年第３四半期までの、ほぼ19年間、デフレである。

デフレになると、設備投資の有利性が低下する。それは、企業は資金を借り入れて、設備に投資し、その設備を使って製品を生産するが、その製品を売る頃には、製品価格が低下しているため、利益が確保できないからである。

さらに悪いことに、価格低下により売上高が減少しているのに、借金の名目価値（名目価値とは物価の変動を調整しない値）は借金をしたときのまま変わらない。そのため、借金した企業は借金の返済に追われ、収益の低下に苦しむことになる。そうなれば、企業はよほど有利な投資しかしなくなる。設備投資は経済成長のエンジンであるから、このエンジンに故障が起きると、生産は落ち込み、経済成長は鈍化してしまう。

生産が落ち込めば、企業は余剰従業員を抱えることになる。企業がデフレ下でなんとか利益を確保する方法は、余剰従業員を減らして人件費を削減することである。その方法は、①退職者が出ても補充しないこと、②景気の変動に備えて、景気が悪化したらいつでも解雇できる非正規社員を雇うこと、③それでも雇用調整に限界が来れば、正規社員に通常よりも高い退職金を払うことを条件に退職してもらう（リストラと呼ばれる）こと、などである。

①は新卒採用の大幅減少による、新卒の就職難をもたらした。１９９３年から２００５年頃までは、就職氷河期と呼ばれるが、この言葉は94年の新語・流行語大賞に選ばれたくらい、有名になった。

就職氷河期に就職時期を迎えた人は、高卒でいえば、１９７５年から85年くらいの生まれ、大卒でいえば、70年から80年くらいの生まれの人たちである。２０２１年現在でいえば、30代半ばから51歳くらいまでの人が就職氷河期世代である。このような新卒採用の大幅減少は正規社員の大幅減少をもたらした。さらに、②は企業の景気調節弁としての低賃金で、雇用の不安定な非正規社員の急増を、③は正規社員の減少と解雇された人の非正規社員化をもたらした。

以上のようにして、デフレ下で雇用が悪化し、失業率の上昇、とくに若年層（15～34歳）の失業率の上昇を招いたのである（図表１‐３と図表１‐４を参照）。

日本は生産年齢人口（15～64歳）が１９９５年をピークに減少し始める、すなわち労働供給が減少し始めたにもかかわらず、失業率が上昇し、有効求人倍率が０・５倍（10人の求職者数に対して５人の求人数しかない。つまり、２人に１人しか就職できない）という、異常な状況が続いたのである。

普通、労働供給が減少すれば、雇用市場は人手不足になり、売り手市場になるはずであるが、買い手市場になるという真逆の状況が続いた。これは、政府と日本銀行（以降、日銀）のどちらか、または双方の経済政策に誤りがあったからであるとしか考えられない。

## マネタリーベースとマネーストック

それではなぜ、日本経済はデフレに陥ったのであろうか。デフレは貨幣的現象である。デフレが貨幣的現象であるという意味は、貨幣需要に対して貨幣供給が不足（貨幣の超過需要）する期間が長引いたり、各経済主体が中央銀行（日本では、日銀）の金融政策の方針から、今後も中央銀行は「貨幣の超過需要を解消する気がない」と予想したりするようになる

## 図表1-3　1990年代以降、2012年までデフレ下で悪化した雇用

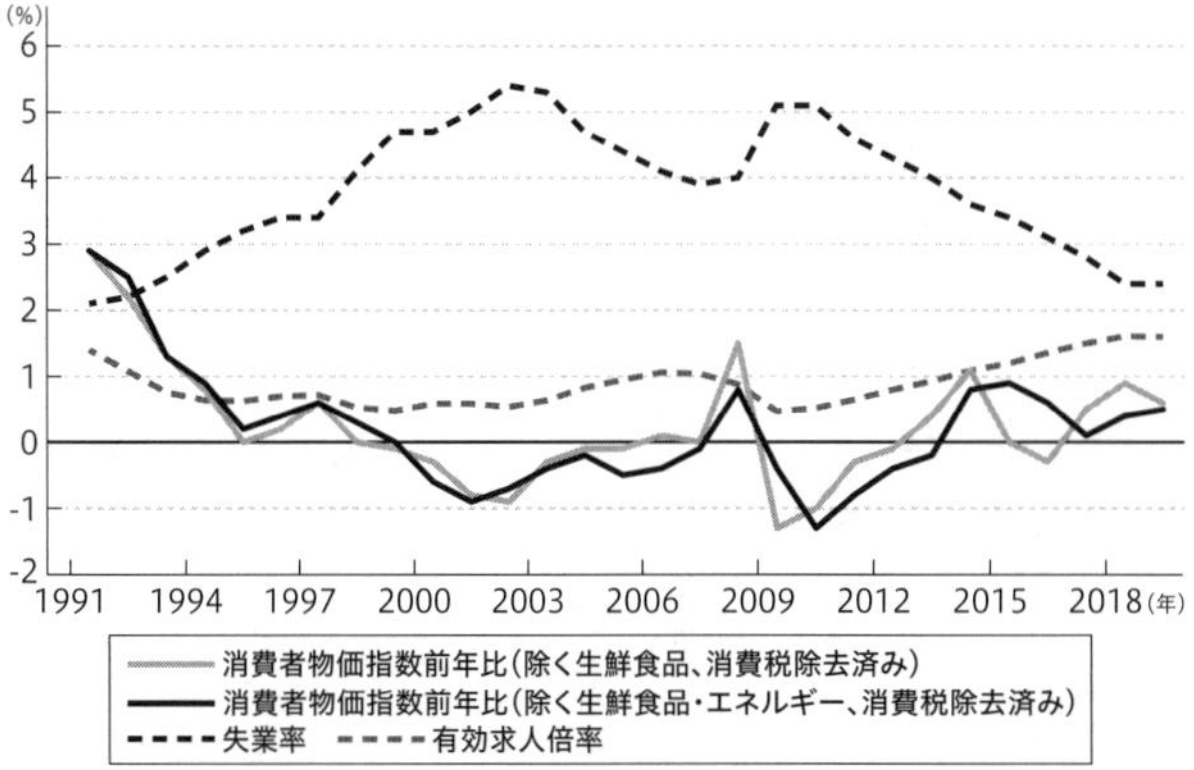


出所）消費者物価指数は総務省『消費者物価指数（CPI）』、失業率は総務省『労働力調査』、有効求人倍率は厚生労働省『一般職業紹介状況（職業安定業務統計）』より。

## 図表1-4　年齢階級別失業率の推移

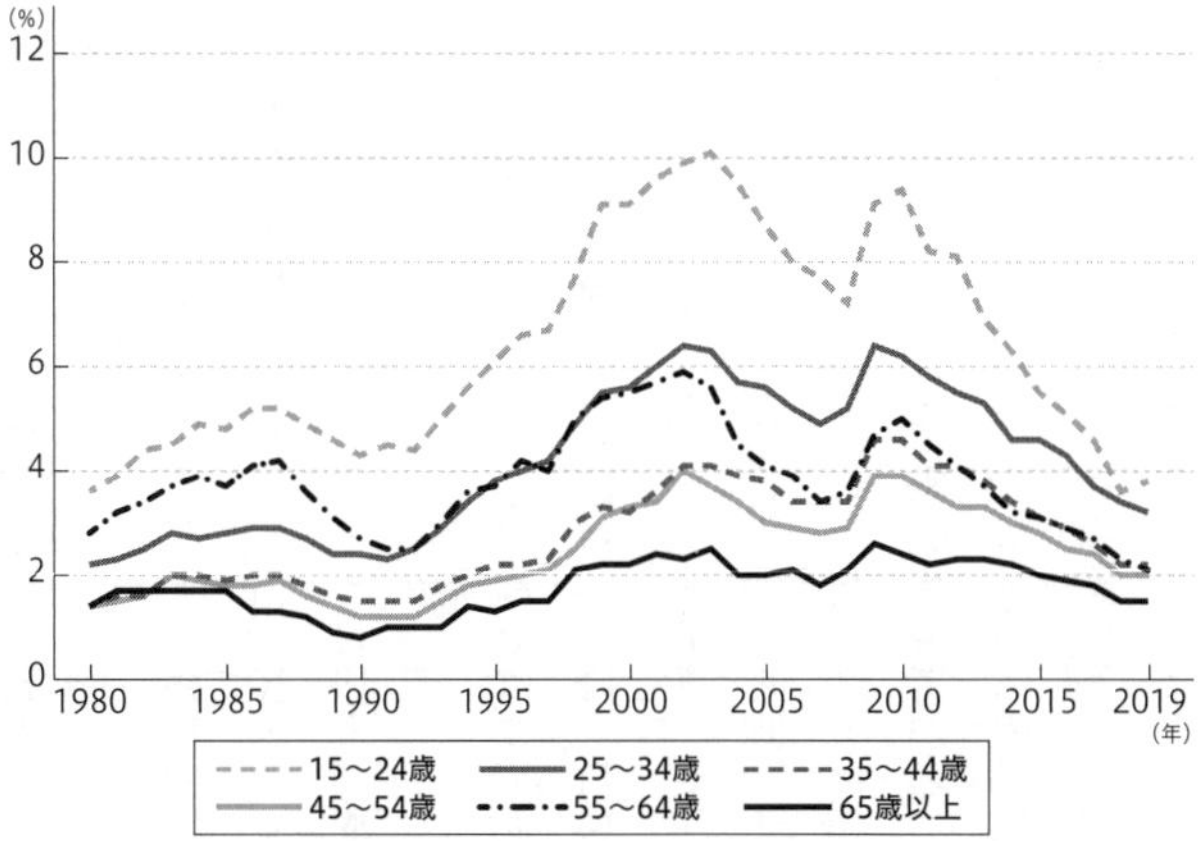


出所）総務省『労働力調査』より。

と、経済はディスインフレを経てデフレ（持続的物価下落）に陥るということである。

図表１‐５は１９８０年から２００１年までの消費者物価指数をマネタリーベースおよびマネーストックとともに追ったものである。この図表を理解するためには、マネタリーベースとマネーストックの関係を理解しておく必要がある。[1] マネタリーベースとは、民間金融機関（民間銀行と一部の証券会社を含む）が日銀に預けている預金（この預金を日銀当座預金あるいは準備預金といい、金融機関はいつでも引き出して現金化できる）と民間部門（銀行を含む民間企業と家計）が保有している現金の合計である。図表のマネーストックはＭ２（現金、普通預金などの要求払い預金と定期預金の合計）であり、取引の決済手段として使われる貨幣である（ただし、定期預金は解約して普通預金に換えて、決済手段として使う）。

マネーストックのうち預金は、民間銀行が貸し出したり、証券を非銀行部門から購入するときに増加する。例えば、読者が銀行から住宅ローンを借りると、その借入金は読者の預金口座に振り込まれる。この振り込まれた預金がマネーストックの増加である。読者が住宅を

1　マネタリーベースとマネーストックの増減の関係に関する理論的説明については、岩田規久男（２０００）の第５章を参照されたい。なお、岩田（２０００）では、マネタリーベースをハイ・パワード・マネーと呼んでいる。マネタリーベースは単に、ベースマネーと呼ばれることもある。

図表1-5　1990年代初めのマネタリーベースとマネーストックの増加率の急低下とデフレへの転落

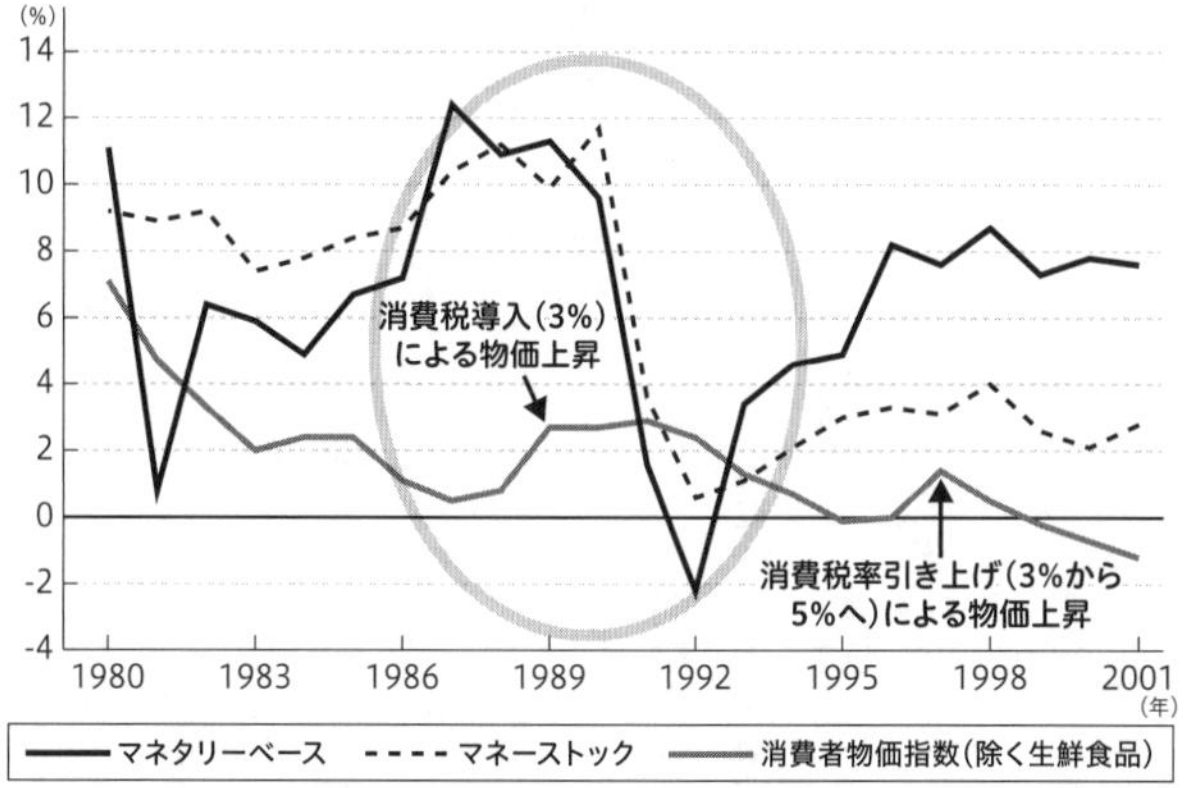


出所）マネタリーベースおよびマネーストックは日本銀行「時系列統計データ 検索サイト」、消費者物価指数は総務省『消費者物価指数（CPI）』より。

購入した不動産会社に住宅代金を支払うときには、この増えた預金を不動産会社の預金口座に振り込む。このとき、読者が預金している銀行（この銀行をA銀行と呼ぶ）は、不動産会社が預金している銀行（この銀行をB銀行と呼ぶ）に、読者が不動産会社に振り込んだ金額と同額の日銀当座預金（マネタリーベースの一部）を振り替えることにより、決済を完了させる。このA銀行の日銀当座預金をB銀行の日銀当座預金に振り替える仕事は、日銀によって遂行される。

このように、民間銀行は読者に貸し出すときに、読者の預金（マネーストック）を増やすことになるが、そのとき、読者が不動産会社の銀行口座に住宅代金を振り込みで支払うことに備えて、日銀当座預金というマネタリーベースを保有していなければならないのである。しかし、Ａ銀行はＢ銀行から振り替えにより、マネタリーベースを受け取ることもあるので、預金と同額のマネタリーベースを保有している必要はない。

一方、マネタリーベースのうちの日銀当座預金は、日銀が民間銀行から国債を購入したりする（これを国債の買いオペという）ときに、増加する。それは、日銀は民間銀行から購入した国債の代金を、当該の民間銀行が日銀に預けている日銀当座預金の金額を増やすことによって支払うからである。マネタリーベースのうちの現金は、民間銀行がこの日銀当座預金を引き出すときに、日銀からその民間銀行に現金が支払われることによって、増加する。これは読者が銀行預金から現金を引き出すときと同じである。

右に述べたことから、「日銀が国債の買いオペを減らすなどして、マネタリーベースの供給量を減らすと、日銀当座預金が不足するようになるため、銀行が貸出などによって預金というマネーストックの供給を増やすことができなくなること、したがって、マネーストックを増やすためには、日銀が国債の買いオペを増やしたりして、日銀当座預金というマネタリーベースを増やす必要があること」が分かる。ここで、重要な点は、マネタリーベースを増減させることができるのは、中央銀行（日本では日銀）だけであるという点である。

図表1‐5では、楕円形で囲んだ期間が重要である。この楕円形で囲んだ期間の1987年から89年の3年間のマネタリーベースは、84年から86年の3年間の平均増加率が6％だったのに対して、その2倍の平均12％台で増加し、それに伴って、マネーストック（貨幣）も87年から90年にかけて平均11％で増加している（マネーストックの増加はマネタリーベースの増加よりもやや遅れることに注意。なお、84年から86年のマネーストックの平均増加率は8％）。

当時は、この増加したマネーストック（貨幣）の多くは、株式投資と土地・事務所および住宅への投資（これらを総称して、不動産投資という）に向けられたため、株価と地価が経済の基礎的条件（企業の将来収益性や将来の家賃など）から見て、高すぎるという意味で、バブルが発生した。

## バブル崩壊とデフレを招いたマネーストック増加率の急低下

日銀はこのバブル、とくに土地バブルを止めることを意図して、1989年半ばから当時の政策金利であった公定歩合（日銀が民間銀行に貸し出すときの金利）を引き上げ、それに合わせてマネタリーベースの増加率を抑制し始めた。こうしてマネタリーベースの増加率が低下すると、マネーストックの増加率もやや遅れて、低下し始めた。マネーストックの増加率が低下し始めれば、市場の金利（銀行貸付金利や社債などの証券の金利など）も貨幣不足を反映して、上昇する。

株価と地価は、それまでのマネーストックの急増とその結果としての低金利に支えられていたから、マネーストックの増加率が低下し始め、投資家が将来、さらにマネーストック増加率が低下し、金利が上昇すると予想するようになれば、バブルは崩壊する。実際に株価は１９９０年１月から大幅な低下が始まり、地価は１年遅れて91年から暴落し始めた。

マネーストックは１９９０年にはまだ約12％で増加していたが、株価が90年に入り地価よりも先に低下し始めたのは、89年の年末に、大蔵省（現在、財務省）が通達で、当時、株価上昇を支えていた「営業特金」（証券会社が企業が購入した株式が値下がりしたときに、損失補填することを暗黙的に約束した特定金銭信託）の販売を違法であるとして、禁止したからである。

日銀は１９９０年に、株価が暴落し始めていたにもかかわらず、地価が下落しなかったため、マネタリーベースの増加率を91年には１・６％へ、さらに、92年にはマイナス２・２％へと大幅に引き下げた。それに伴って、マネーストック増加率も91年には３・６％、92年には０・６％へと急低下した。

以上の過程を月単位で見ると、次のようになる。マネタリーベースの増加率は、１９９０年４月の13・３％をピークに急速に低下し始め、92年４月にはマイナス４％と奈落の底に落ち込んだ。このマネタリーベースの低下を追うように、マネーストックの増加率も90年５月の13・２％から、92年10月と11月のマイナス０・６％へと急低下した。

これはまさに、バブルつぶしの金融政策である。この日銀の金融政策とリーマン・ショック（２００８年９月半ばに発生）後のアメリカの中央銀行であるＦＲＢ（連邦準備制度理事会）の金融政策を比べてみよう。

リーマン・ショックによる土地・住宅バブル崩壊に際して、ＦＲＢのとった金融政策は、マネタリーベースの前月比を、２００８年10月７・３％増、08年11月25％増、08年12月27％増という勢いで、急速に増加させるというものであった。このＦＲＢの政策により、リーマン・ショックから１年後の09年８月のマネタリーベースは、リーマン・ショックが起きた08年９月に比べて１０２％も増加した。すなわち、ＦＲＢはマネタリーベースを１年間で２倍も増やす政策を採用したのである。

ＦＲＢがリーマン・ショック後、このように驚異的な勢いでマネタリーベースを増やしたのは、１９３０年代にマネタリーベースとマネーストックを急減させたことが、大不況・大デフレの原因だったという教訓に学んでいたからである。

ところが、１９９０年代の日銀では、それまでマネーストックを重視していた日銀エコノミストに代わって、マネーストックは名目・実質ＧＤＰおよび物価とは関係がないと主張する日銀エコノミストが主流派になっていた。そのため、日銀はバブル崩壊後にマネーストック増加率を急速に引き上げるどころか、バブルをつぶし、すでにつぶれているバブルをもっとつぶせとばかりに、マネーストック増加率を急速に引き下げ、92年には、とうとう０・６％まで落としたのである。

このように、マネーストック増加率が急低下すると、経験的に見て、まず実質成長率が低下し、その後、名目成長率が低下し、次に物価（ＧＤＰの場合の物価はＧＤＰデフレーター）が下落する。

１９９０年代の日本のケースも同じ経過をたどった。すなわち、90年には４・９％だった実質成長率は、91年３・４％、92年０・８％、93年マイナス０・５％へと、年を追うごとに低下した。一方、名目成長率は90年の７・６％から、91年６・４％、92年２・５％、93年０％へと急速に低下した。最後に、ＧＤＰデフレーターの動きを見ると、90年の２・６％から、いったん91年の2・9%へわずかに上昇した後、92年に1・7%に低下し、その後も低下し続けて、95年にはとうとうマイナス0・5%にまで低下し、以後、低下し続けるというデフレに転落してしまったのである(以上、IMF[2021])。

図表1-5(38頁)の楕円形内の消費者物価指数前年比の動きを見ると、上昇率の低下が明確になるのは1993年からであり、94年までプラスを保ちながら低下している。この最初に起きたインフレ率の低下を、前述の通りディスインフレという。95年にはマイナス0・1%になるが、97年の消費増税で増税分だけ上昇して1・4%になる。しかし、99年(正確には98年6月)からは持続的な下落の局面、すなわちデフレに陥った。

マネタリーベースの増加率は1992年を底に上昇に転ずるが、マネーストックの増加率は2%程度で停滞したままであり、デフレは止まらなかった。これは、バブル期に大きな借金をした企業が、バブル崩壊後の急激な保有資産価格の下落と売上げの減少に直面し、借金してリスクのある投資を控えるようになったためである。企業が借金しなくなることは、貸し手の銀行から見れば、貸出が伸びないことを意味する。

すでに述べたように、預金という貨幣は、銀行が貸出や証券投資を増やすことによって増える。読者も住宅ローンを組んだ人なら、銀行から自分の普通預金口座に住宅ローン金額が振り込まれたことを経験したであろう。この振り込まれた預金は、銀行が住宅ローンによりつくり出した預金（貨幣）である。もっとも、読者は、読者の預金口座に振り込まれた住宅ローン額に等しい預金を、ただちに読者が住宅を買った販売業者に振り込まなければならない。しかし、この振り込みで読者の預金は減少するが、住宅販売業者の預金は増える。その結果、社会全体で見ると、銀行が住宅ローンにより創出した預金（貨幣）の額は変化しない。

しかし、１９８０年代にマネーストックの増加要因の１つだった住宅投資（87年は20・5％の増加）に対する銀行の貸出は、土地バブル崩壊の年である91年以降、90年代を通して、減少し続け、マネーストック増加率の低下要因になってしまったのである。

## 見せかけのデフレ解消

デフレにより雇用市場が悪化すれば、労働者の所得が減少するから、消費も減少する。消費が減少すれば、企業は設備に投資して生産を増やしても、ものが売れない。したがって、企業投資はさらに減少し、その結果、生産が減少して失業率が上昇し、さらにデフレが続くという悪循環に陥る。

こうした悪循環を取り除かなければならないことに気がついた政治家が、やっと２０１２

年になって現れ、政権を取ることに成功した。その政治家が安倍晋三衆議院議員である。そこで、次に、第２次安倍政権が誕生するまでの政治状況を振り返っておこう。

２００１年４月から06年９月まで、政権を担った小泉純一郎首相は、「痛みなくして、得るものなし（No Pain No Gain）」というスローガンの下に、不良債権処理と郵政改革には熱心で、規制改革などの構造改革も進めた。しかし、「インフレになったらどうする。大変だ」といって、デフレ脱却には取り組もうとしなかった。

小泉首相は「痛みなくして、得るものなし」といって、しばらく低成長が続くことを暗に伝えていたが、実際は、２００３年頃から実質成長率が上昇し、失業率も低下し始め、有効求人倍率も上昇し始めた。

しかし、これは小泉政権の政策の効果のおかげではない。２００３年から06年にかけて、世界の貿易量が拡大し（この期間の世界の財の貿易額の平均増加率は13％）、それに伴って、日本の実質輸出も年平均10％という高い水準で増加した。この堅調で、かつ持続的な輸出の増加が03年から06年にかけて日本経済を牽引《けんいん》し、失業率の低下をもたらしたのである。

一方、デフレについては、日銀は２００６年３月初めに、消費者物価指数（除く生鮮食品）の前年同月比が０％を超えたと考えて、01年３月から始めた日銀当座預金を増やすという、量的緩和政策を打ち切ってしまった。しかし、デフレが解消したように見えたのは、エネルギー価格が上昇していたためであり、生鮮食品とエネルギー価格の影響を除くと、消費者物価指数は量的緩和解除当時は前年同月比マイナス０・６％程度のペース、解除後はマイナス０・３％程度のペースで、低下していたのである（図表１‐３参照、36頁）。

当時、マクロ経済学や金融論を専門とする経済学者やエコノミストの多数派は、「大量の不良債権があるため、銀行の貸出が伸びない。その結果、デフレになるのだ」と主張し、小泉首相もその主張を信じて不良債権処理を進めた。不良債権はほぼ２００６年頃までには、一部の信用組合を除いて、処理を終えていた。しかし、デフレは解消しておらず、インフレ率が安定的にプラスに転換するのは、小泉政権が終わってから、ほぼ7年後に始まった13年の「量的・質的金融緩和」政策以降である。

## 第１次安倍政権から民主党政権までの短命内閣の迷走

２００６年９月の自民党総裁選に勝ち抜いて誕生した第１次安倍政権は、「戦後レジームからの脱却」を掲げ、「美しい国創り」をスローガンとした。「戦後レジームからの脱却」とは、戦後の憲法をアメリカの意思を反映した憲法であると考え、日本にふさわしい憲法に改正することを意味していた。そうした「新しい、日本人が独自に作成した憲法」を持った国こそが、安倍首相の考える「美しい国」であった。すなわち、第1次安倍政権の最大の課題は「憲法改正」であったと思われる。

確かに、総理就任の記者会見では、「5年間小泉総理が進めてまいりました構造改革を私もしっかりと引き継ぎ、この構造改革を行ってまいります」とも述べているが、構造改革は「憲法改正」よりも下位の目標だったように見える。

第1次安倍政権の自民党幹事長だった中川秀直氏は「上げ潮派」と呼ばれ、増税しなくても、金融緩和による景気刺激策やイノベーションにより経済成長を高めれば、税収の自然増で財政を再建できると主張していた。それに対して、第3次小泉改造内閣で内閣府特命担当大臣を務めた与謝野馨氏は増税による財政再建を主張し、両者は激しく対立していた。

「上げ潮派」の政策は、2012年末に誕生した第2次安倍政権と考え方に共通する面が多い。したがって、06年当時、「上げ潮派」が政権の中枢を担えば、日本経済は再生できるチャンスがあった。

しかし、残念ながら、「上げ潮派」は短命で終わってしまった。それは、2007年2月に、社会保険庁の年金記録の杜撰さが明るみに出たためである。政府は野党から「消えた年金」問題を国会で追及され、それが原因で、自民党は同年7月の参議院選挙で惨敗した。当時、自民党幹事長で、「上げ潮派」の代表であった中川氏は辞任せざるを得なくなり、中川氏の影響力は急速に低下し、さらに、第1次安倍政権も07年9月に、安倍首相（当時）が持病の悪化のため辞任に追い込まれてしまい、終了してしまった。

それ以後は、福田康夫内閣と麻生太郎内閣という短命内閣が続き、リーマン・ショック後の２００９年9月には、民主党政権が誕生したが、その内閣は1年ごとに代表が代わるという有様で、まともな経済政策が打たれぬまま、11年7月から12年10月までの期間は、製造業が悲鳴を上げるほどの円高・ドル安（円ドルレートが70円台まで低下）になり、日本経済のデフレはますます強まり、実質成長率は低下し、高水準の失業率が続いたのである。

## 政治家の金融政策への理解

２０１２年末から始まった第2次安倍政権は、アベノミクスを掲げて、日本経済が１９９0年代以降、抱え続けてきた問題の解決に取り組む経済政策をパッケージとして示した、久しぶりのしっかりした目的意識と解決手段の原理をわきまえた政権であった。

安倍首相の最終的な目的は憲法改正にあったと思われるが、第１次安倍政権で首相を辞任して以降のいわゆる「浪人時代」に、経済をまず立て直すことを最優先にしなければならないことを認識されたのだと考えられる。

ここで、第2次安倍政権の経済政策とも関係するので、私事に関することであるが、著者と安倍晋三氏をはじめとする政治家との関係に触れておきたい。

2010年頃だったと記憶するが、1995年当時、橋本龍太郎内閣の下に設置された「規制緩和小委員会」で、著者と同様に委員を務められていた中西真彦氏が、著者の研究室に来られ、「デフレ脱却のための運動を起こしたいので、協力してほしい」と提案されたのである。

「規制緩和小委員会」における中西氏は、「電力料金などがこんなに高くては、国際競争に勝てない」ことを中心に、舌鋒《ぜっぽう》鋭く規制緩和を主張する人だった。そのため著者は、中西氏は著者の「デフレによる円高こそが製造業の国際競争力を削いでいる」という主張に注目するような人ではないという印象を持っていた。その中西氏が「デフレ脱却のための運動を起こそう」というのである。具体的には、政治家を説得して回ったり、政治家を巻き込んだシンポジウムを開催したりするのだという。

当時、著者も「日銀の金融政策こそがデフレを引き起こした」と、1990年代の初めから雑誌の論文や著書で主張してきたが、世の中は何も変化しなかったので、政治家を動かさなければ、何も変わらないと考えるようになっていた。というのは、日銀の政策を決定するのは、日銀総裁と2名の副総裁、６名の日銀審議委員から構成される金融政策決定会合であるが、この会合の委員の候補を選ぶのは政府であり、その候補を承認するのは国会である。一般読者に向かっていくら主張しても状況は変化しないが、政権を取りそうな有力政治家を説得できれば、事態は前進するかもしれない。そこで、著者も「渡りに船」とばかりに、中西氏の提案を受け入れた。

その後、中西氏と新聞記者や政治家を説得して回ったり、前原誠司民主党衆議院議員のように、説明のために著者が事務所に呼ばれたりすることもあった。実は、前原誠司議員と石破茂自民党衆議院議員には2回、十分な時間をかけて、デフレ脱却のためにはマネタリーベースを大幅に増やして、２％程度のインフレの達成とその維持を目的とする金融政策（これをリフレ政策という）が不可欠であると説明している。

中でも石破議員には、日銀対リフレ派（リフレ政策を主張する浜田宏一イエール大学名誉教授、高橋洋一嘉悦大学教授と著者）の議論を聞く会に出席してもらい、「どちらに説得されたか」を判定していただくことにした。中西氏はこの会を「御前試合」と名づけた。日銀からこの「御前試合」への出席を引き受ける人はなかなか見つからなかったが、雨宮正佳企画局長（当時、2021年現在は日銀副総裁）が引き受けてくださった。著者は敵陣に1人乗り込んで出席された雨宮氏に敬服した。

この「御前試合」に石破議員を招待したのは、中西氏が次期自民党総裁は石破議員だと予想していたからである。しかし、石破議員は私たちの議論を2時間も聞いたあげくの果て、「分かんねぇ。雨宮さんに任せるよ」といって帰られてしまい、私たちリフレ派はがっかりし、無力感に襲われた。

安倍晋三議員には、中西氏とともに事務所を訪れて、2010年8月に中西氏が主催した「デフレ脱却国民会議シンポジウム」で私たちの考え方に賛成するスピーチをしていただきたいと依頼し、快く引き受けていただいた。このシンポジウムのパネリストには、金子洋一民主党参議院議員もおられた。

2011年の東日本大震災後には、山本幸三衆議院議員が主催する「増税によらない復興財源を求める会」に招かれ講演したが、この会の会長が安倍晋三議員で、講演に出席されていた。そのとき、安倍議員が著者の説明資料を見ながら、「こういう図表が第1次安倍政権のときに見ることができたらなあ」とつぶやくように言われたことが、未だに印象に残っている。

２０１１年には、次のようなハプニングが起きた。民主党政権時代の菅直人代表の辞任後の代表選直前に、著者の研究室に民主党の馬淵澄夫衆議院議員が訪ねてこられ、「インフレーション・ターゲティング（中央銀行が達成しようとするインフレ目標値を発表し、その達成を国民に約束した上で、適切な金融政策を運営すること。以下、インフレ目標政策）を掲げて、代表選に立候補します」と宣言されたのである。

この宣言には、著者もびっくりした。というのは、国会議員の中には、著者が主張する「インフレ目標政策」に賛成する議員は、山本幸三氏、渡辺喜美氏（２００９年にみんなの党を結成し代表になる）、金子洋一氏、小沢鋭仁氏（民主党議員）くらいしかいないと思っていたからである。中でも、山本幸三議員はまさに「孤軍奮闘」という状況で、民主党に金子議員や小沢議員以外に、「インフレ目標政策」賛成議員がいるとは思いもしなかった。

このときの民主党代表選（２０１１年８月）では、馬淵議員は「消費増税反対」も掲げて戦ったが、野田佳彦議員に破れ、代表になれなかった。もしもこのとき、馬淵議員が代表になっていたら、日銀と「インフレ目標」政策を採用する協定を結び、インフレ目標政策が実行され、消費増税もなく、デフレを脱却できたかもしれない。しかし、当時の日銀総裁は白川方明氏であったから、インフレ目標政策らしき政策を実行するだけで、馬淵議員が想定していたインフレ目標政策が採用された可能性はほとんどなかったのではないだろうか。

それから、ほぼ1年後の２０１２年9月の自民党総裁選に、安倍議員が立候補した。前評判では石破議員が優勢であり、実際、地方票では石破議員がリードしていた。しかし、国会議員票で、安倍議員が逆転した。

この総裁選で安倍議員は、日銀の金融政策を変えてデフレ脱却を目指すことを掲げていた。安倍自民党総裁（当時）は２０１２年11月半ばに、野田民主党代表から「解散する」という言質を引き出すことに成功し、自らが政権を取ったときには、「大胆な、異次元の金融政策を実施する」旨の発言をされた。

この「大胆な金融政策への転換」を当時の安倍首相に進言したのは、かつて著者の大蔵省（現在の財務省）経済理論研修におけるゼミ生（当時の大蔵省経済理論研修にはゼミ制度が設けられていた）であった本田悦朗内閣官房参与であった。

安倍首相は２０１３年1月末には、日銀と「2％のインフレ目標」について協定を結び、13年末に任期を迎える日銀正副総裁の人事に取りかかっていた。

## アベノミクスと「量的・質的金融緩和」の船出

安倍首相は政権につくと、３本の矢という経済政策を打ち出した。この経済政策はアベノミクスと呼ばれ、「大胆な金融政策」「機動的な財政政策」「民間投資を喚起する成長戦略」から構成される経済政策である。これらは次のような役割を分担している。

第１の矢である「大胆な金融政策」の役割は、デフレから脱却し、物価を安定させることによって、マクロ経済が潜在的な実質生産能力を発揮できるようにし、悪化した雇用を改善することである。

第２の矢である、「機動的な財政政策」の役割は、「第１の矢」と同様に、需要を拡大することによって、潜在ＧＤＰを実現するための民間需要の不足を埋めることである。

第３の矢である「民間投資を喚起する成長戦略」の役割は、規制緩和等により企業の投資を喚起して生産性を向上させることによって、デフレで落ち込んでいた経済成長率を引き上げることである。

以上のようなアベノミクスの役割分担を見ると、著者がデフレ脱却の必要性を説いて回った政治家である、石破、前原、安倍の各氏のうち、著者の提案の内容を理解されたのは、安倍氏だけだったことが分かる。すでに述べた通り「御前試合」に出席された石破議員は、

「分かんねぇ。雨宮さんに任せるよ」と言い残して帰ってしまい、著者が2回も会って、あれほど丁寧にリフレ政策の効果を説明した相手であった前原議員にいたっても次のような政治家であった。

すなわち、アベノミクスの第1の矢を実践するために、2013年3月末に日銀執行部（黒田総裁、中曽副総裁、そして著者）が変わり、同年4月4日から開始した「量的・質的金融緩和」政策（日銀が2％のインフレ率の達成とその維持を目標として、国債を中心に上場投資信託であるETFなどを大量に購入することにより、大量のマネタリーベースを市場に供給する政策）に対して、まだ6カ月しかたっていない13年10月21日の予算委員会で、持論の「1％インフレ」を展開し、「借金は先送りして今の景気刺激をする、異次元の金融緩和で日銀が大量の資産を買う、それは、それぞれの資産は上がりますよ。いいように見えますよ。だけれども、それが出口になるときにどういう財政コストを伴うのか伴わないのか。アメリカだって今苦労しているじゃないですか、出口を、QE3（アメリカの中央銀行であるFRBの量的緩和政策第3弾のこと―引用者注）。（中略）これが先に行ったときに、金利の問題、出口の財政コストの問題、そういうものをトータルで示して、そしてそれを評価するというのが正当な評価の仕方じゃないですか」（国会会議録検索システムのホームページから抜粋）と安倍首相と黒田日銀総裁を追及したのである。

「量的・質的金融緩和」を開始したのは２０１３年４月４日である。前原議員は、それから６カ月余りしかたっていないときに、出口（「量的・質的金融緩和」を止めること）の話をし、「アメリカだって今苦労しているじゃないですか」と述べた。

しかし、アメリカは２００８年９月のリーマン・ショック直後から量的緩和を始めている。ＦＲＢが自分たちの政策に「量的信用緩和」という名をつけたのは、08年11月である。前原議員が「アメリカが出口に苦労している」と述べているのは、13年10月末であるから、ＦＲＢはそのときまでに「量的緩和」をすでに5年間も続け、ようやく、出口を模索し始めていたのである。それも、ＦＲＢは「出口の財政コスト」で苦労していたのではない。「量的緩和」を止めると、経済にどのような影響を及ぼすか（インフレ率、失業率、景気など）の推測に苦労していたのである。

ところが、前原議員は、日銀が「量的・質的金融緩和」を始めてからまだ6カ月しかたっていない段階で、ＦＲＢの出口と日銀の「量的・質的金融緩和」の出口を同列に扱い、６カ月で「店じまい」しないと、「出口の財政コスト」が大変な大きさになると言うのである。しかも、「出口の財政コスト」とは何かも示していない。実は、「量的・質的金融緩和」の

図表1-6　アベノミクスによる雇用状況の大幅改善

| | 2012 | 2019 | 19年と12年の差 |
|---|---|---|---|
| 就業者数　（万人） | 6280 | 6724 | 444 |
| 雇用者　（万人） | 5513 | 6004 | 491 |
| 正規社員・職員　（万人） | 3345 | 3494 | 149 |
| 失業者　（万人） | 285 | 162 | −123 |
| 失業率　（%） | 4.3 | 2.4 | −1.9 |
| 若年者（15〜24歳）失業率　（%） | 8.1 | 3.8 | −4.3 |
| 有効求人倍率　（倍） | 0.8 | 1.6 | 0.8 |
| 大卒内定率　（%、12月時点） | 75.0 | 87.1 | 12.1 |
| 大学短大高等専門内定率（%、12月時点） | 74.8 | 98.7 | 23.9 |
| 高卒内定率　（%、12月時点） | 80.0 | 100.0 | 20.0 |

出所）総務省統計局『労働力調査』、文部科学省『大学・短期大学・高等専門学校および専修学校卒業予定者の就職内定状況等調査』『高等学校卒業予定者の就職内定状況調査』より。

「出口の財政コスト」なるものは、存在しないのである。この点を説明することは、本書の範囲を超えているので、興味のある読者は、岩田規久男（２０１９）の第４章２節を参照されたい。

いずれにせよ、著者たちリフレ派がリフレ理論を説明して回った議員の中で、この理論を理解し、実践したのは安倍首相だけだった。

## アベノミクスの功績と残された課題

アベノミクスの最大の功績は、雇用市場の劇的な改善である（図表１－６）。

２０１９年の就業者数と雇用者数は、アベノミクスが始まる前年の２０１２年よりも、それぞれ４４４万人と４９１万人増え、雇用者のうち正規社員・職員は149万人増え、失業者は123万人減少した。失業率は4・3%から2・4%へと低下し、有効求人倍率は倍になった。

安倍首相が2012年9月の自民党総裁選で、「デフレ下では、若い人の雇用がなく、希望が持てない」と述べた心配は、若者の失業率の大幅低下と就職内定率の大幅改善から見て払拭された。

インフレ率は、2回の消費増税による需要下押しの影響を受けて、2%に達しなかった。しかし、生鮮食品とエネルギーという金融政策の影響をほとんど受けずに、大きく変動する価格要因を除いた消費者物価指数（消費税による上昇分を除く。以下同じ）の前年度比は、「量的・質的金融緩和」が実施された2013年度から19年度までの7年間、プラスが続き、平均は0・5%である。

ちなみに、1999年度から12年度までの消費者物価指数（除く生鮮食品とエネルギー）は、08年度にプラスになっただけで、他の年度はすべてマイナスであり、平均はマイナス0・4%である。したがって、アベノミクスはその前の14年間よりも、消費者物価指数（除く生鮮食品とエネルギー）を0・9ポイントも引き上げたことになる。

図表1-2（32頁）に示されているように、アベノミクスの2013年から19年の7年間

の１人当たり実質成長率は１・３％であり、Ｇ７ではアメリカの１・７％に次ぐ第２位である。

安倍首相は、残念なことに、２０２０年８月28日、持病が再び悪化したため、辞任せざるを得なくなった。

安倍首相の辞任で、アベノミクスが解決しようとした問題のかなり多くの部分が解決されることなく残ってしまった。今後の日本経済の未来は、本書で提案する「政策パッケージ」のうち最重要なものをいくつか採用しなければ、危うい状況にある。次節では、その危うさを指摘し、危うさの究極的な原因は何かを検討しよう。

## １・２　綻び始める社会保障制度と賃金格差の拡大

### 止まらない少子化と高齢化

日本では、１９９０年以降、年少人口（15歳未満）の人口比率が低下し続ける一方で、高齢者（65歳以上）の人口比率が上昇し続けている（図表１‐７、62頁）。両者の人口比率が逆転し、高齢者人口比率が年少人口比率を上回るようになったのは、折しも、日本が消費者物価指数で見て、デフレに陥った98年である。

少子・高齢化の進展の結果、働き手である生産年齢人口比率は、ピークである１９９２年の69・８％から、２０１９年には59・４％まで低下した。このような少子・高齢化が急速に進んだのは、出生率が低下する一方で、平均寿命が延びたからである。

日本の合計特殊出生率は、２０１８年時点で世界１９６カ国中１８３位の低さで、主要国の中では最低の部類に属する（図表１‐８参照、62頁。ＩＭＦの定義による先進国のうち18年時点で日本よりも低い国は、イタリア１・29人、シンガポール１・14人、韓国０・98人など）。05年には１・26人にまで低下し、その後、上昇に転じて18年現在では１・42人であるものの、フランス、スウェーデン、アメリカなどの１・８〜１・９人を大きく下回っている。

フランスの合計特殊出生率は２０００年代初めから上昇したが、その要因としては、出産・育児と就労の選択肢を拡大する家族政策が挙げられる。スウェーデンも出生率が高く、これは育児休業制度や保育環境が充実しているためである。例えば、スウェーデンの育休は両親合計で４８０日もあり、そのうち３９０日間は給与の８割が保障される。なお、ドイツの合計特殊出生率は２０１３年頃から上昇に転じ、16年には１・６人にまで上昇したが、それは、移民のうち多くの女性が出産適齢期を迎え、彼女たちの出生率が上昇したためである。

図表1-7　止まらない少子高齢化

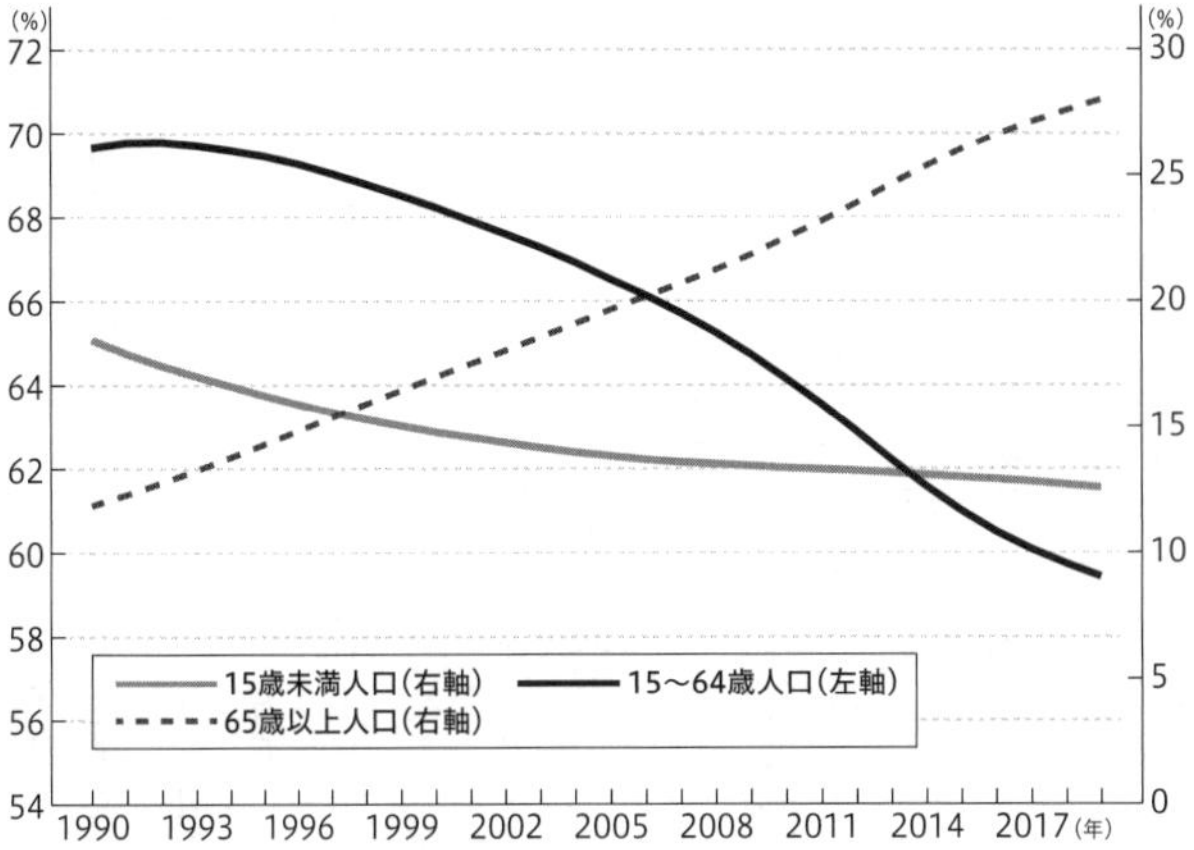


出所）World Bank Databaseより。

図表1-8　主要国の合計特殊出生率

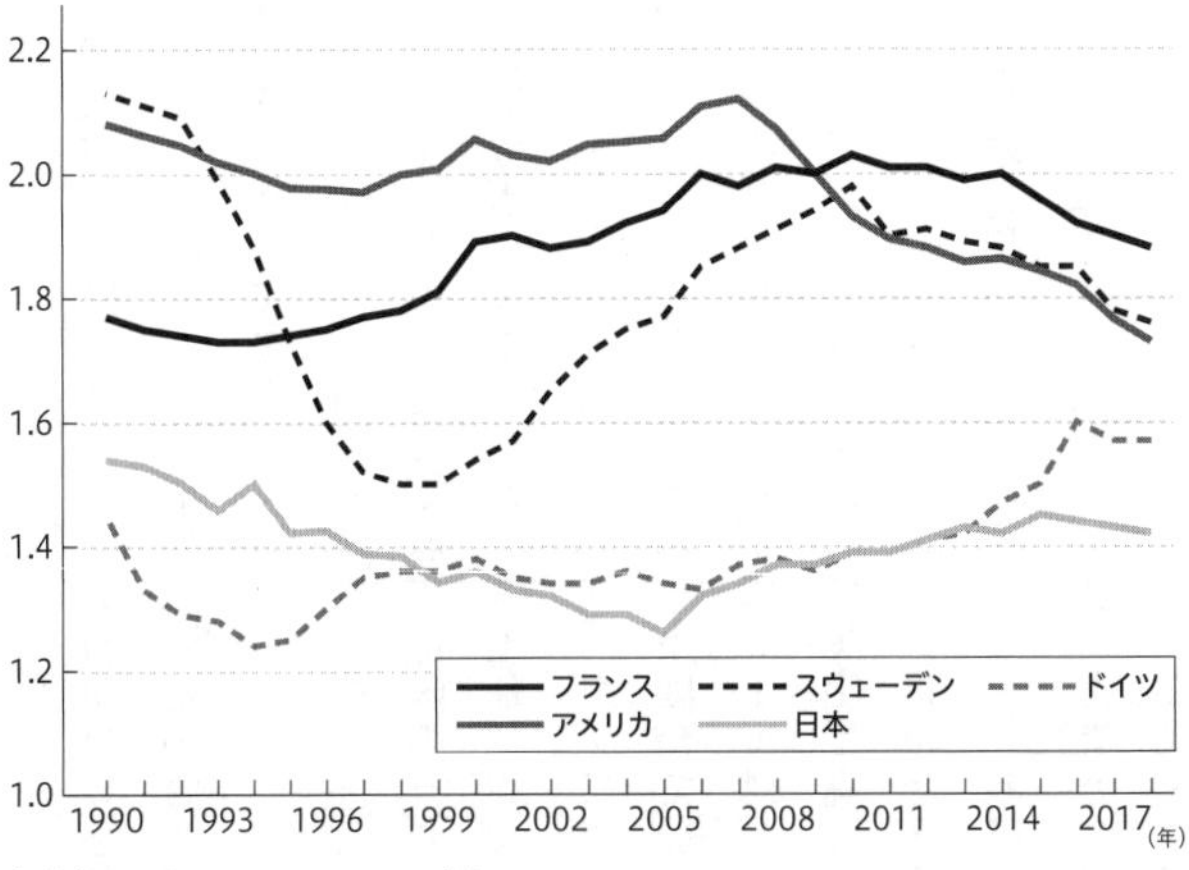


出所）World Bank Databaseより。

日本の合計特殊出生率が低い原因としては、①結婚しない人が増えている、②結婚した夫婦の出生数が減少した、③日本では全出生数に対する婚外出生数が少ない、といった要因が挙げられる。

①については、50歳時の未婚割合が、１９６０年の男性１・26％から２０１５年には23・37％へと大きく上昇した。女性も１・88％から14・06％の上昇である。とくに男女とも00年代以降に未婚割合が急増している（図表１‐９、国立社会保障・人口問題研究所２０２０年データによる。以下同じ）。

図表1-9　50歳時の未婚割合（%）

| 年 | 男性 | 女性 |
|---|---|---|
| 1960 | 1.26 | 1.88 |
| 1970 | 1.70 | 3.33 |
| 1980 | 2.60 | 4.45 |
| 1990 | 5.57 | 4.33 |
| 2000 | 12.57 | 5.82 |
| 2010 | 20.14 | 10.61 |
| 2015 | 23.37 | 14.06 |

出所）国立社会保障・人口問題研究所『人口統計資料集』（2020）より。

②については、妻の年齢が45歳から49歳の場合、１９７７年は２・33人だったが、２０１５年には１・86人まで減少した。さらに総数で見ても、合計特殊出生率は87年の１・96人から減少し続け、15年には１・68人となっている（図表１‐10）。

③については、イギリスやフランスが48～60％に達するのに対して、日本は２・３％である（２０１６年時点、

図表1-10　1990年代以降から減少した年齢別出生数（人）

| 年次 | 総数 | 20～24歳 | 25～29歳 | 30～34歳 | 35～39歳 | 40～44歳 | 45～49歳 |
|---|---|---|---|---|---|---|---|
| 1977 | 1.89 | 0.73 | 1.35 | 1.99 | 2.15 | 2.19 | 2.33 |
| 1982 | 1.93 | 0.50 | 1.28 | 1.99 | 2.16 | 2.21 | 2.21 |
| 1987 | 1.96 | 0.73 | 1.31 | 1.97 | 2.14 | 2.18 | 2.22 |
| 1992 | 1.90 | 0.69 | 1.09 | 1.76 | 2.15 | 2.16 | 2.18 |
| 1997 | 1.84 | 0.68 | 0.95 | 1.61 | 2.06 | 2.18 | 2.13 |
| 2002 | 1.79 | 0.85 | 0.96 | 1.52 | 1.90 | 2.17 | 2.20 |
| 2005 | 1.77 | 0.84 | 1.08 | 1.47 | 1.85 | 2.00 | 2.15 |
| 2010 | 1.71 | 0.93 | 1.11 | 1.36 | 1.74 | 1.87 | 2.01 |
| 2015 | 1.68 | 0.80 | 1.10 | 1.48 | 1.75 | 1.78 | 1.86 |

出所）国立社会保障・人口問題研究所（2020）『出産力調査』『出生動向基本調査』より。各年６月時点。各回調査とも妻が50歳未満の初婚どうしの夫婦を対象とする。総数は20歳未満を含む。

ＯＥＣＤのデータによる）。

**高所得国の出生率低下は必然か**

この日本の１９９０年代以降の出生率低下要因に対して、「成長して所得が高くなると、どの国でも出生率は下がるものだ」という反論がある。これは、高所得と出生率との間には負の相関関係があるという考え方で、先進国のような高所得国では、デフレによる低成長（とくに１人当たりの実質低成長）と少子化は無関係だという考え方でもある。

その理由としては、成長して所得が高くなった先進国では、①医療が充実して幼児死亡率が低下する、②老後のための資産が十分蓄えられ社会保障も充実する、③女性が高学歴化して社会進出が進み、晩婚化するとともに結婚して仕事を辞めなければならないことの損失が大きくなる、④教育費用が増加する、などが挙げられている。

確かに、低所得国は一般に合計特殊出生率が５人から６人と高い。したがって、成長率と合計特殊出生率の間には負の相関がありそうである。

しかし、先進国のように所得がかなり高くなった国は、１人当たり実質成長率が低下して、日本のように正規社員と非正規社員との間の所得格差が拡大すると、発展途上国並みに高くないとしても、合計特殊出生率と１人当たりの実質成長率との間に正の相関（１人当たり実質成長率が低下すると、合計特殊出生率が低下する）が復活する可能性がある。

図表１‐11は、合計特殊出生率は過去数年間の１人当たり実質成長率に影響されると考え、いくつかの期間に分けて、その期間における平均的な実質成長率と平均的な合計特殊出生率との間の関係を、日本と似た傾向を示している韓国と日本、および家族政策の影響で合計特殊出生率が回復したフランス、もともと家族政策が充実しているスウェーデンについて、示したものである。

１９８０年以降、日本と韓国については、１人当たり実質成長率が低下すると、合計特殊出生率が低下するという、高い正の相関関係が観察される。これは、所得が低すぎる人が多

図表1-11　１人当たり実質成長率と合計特殊出生率との関係

| | 日本 | | 韓国 | |
|---|---|---|---|---|
| | 1人当たり実質成長率（%） | 合計特殊出生率 | 1人当たり実質成長率（%） | 合計特殊出生率 |
| 1981～1990 | 1.79 | 1.90 | 8.65 | 1.82 |
| 1991～2000 | 1.80 | 1.69 | 6.00 | 1.58 |
| 2001～2012 | 0.45 | 1.09 | 3.85 | 1.20 |
| 2013～2018 | **1.31** | **1.53** | 2.51 | 1.14 |
| 相関係数 | | **0.99** | | **0.98** |

| | フランス | | スウェーデン | |
|---|---|---|---|---|
| | 1人当たり実質成長率（%） | 合計特殊出生率 | 1人当たり実質成長率（%） | 合計特殊出生率 |
| 1981～1990 | 1.96 | 1.83 | 2.32 | 1.80 |
| 1991～2000 | 1.71 | 1.77 | 1.95 | 1.75 |
| 2001～2012 | 0.64 | 1.96 | 1.49 | 1.82 |
| 2013～2018 | 0.93 | 1.94 | 1.41 | 1.84 |
| 相関係数 | | **−0.90** | | **−0.56** |

注）相関係数は各期間の１人当たり実質成長率と合計特殊出生率との相関係数
出所）1人当たり実質成長率はIMF World Economic Outlook Database,October 2019、合計特殊出生率はWorld Bank Databaseより。

くなり、結婚して子供を育てる（とくに子供に高等・大学教育を受けさせるだけの）経済力がない人が増加した結果であろう。

他方、フランスとスウェーデンでは、負の高い相関係数が観察される。フランスの１人当たり実質成長率は、１９８０年代以降低下傾向にあるが、合計特殊出生率は上昇傾向にあるということである。これは、手厚い家族政策が出生率上昇に貢献しているためであると考えられる。スウェーデンはもともと家族政策が充実している高福祉国家であるため、１人当たり実質成長率は低下傾向にあるが、出生率は１・８人程度で安定している。

以上から、日本では、１人当たり実質成長率の低下が少子化の一因になっているが、フランスやスウェーデンのような育児支援を中心とする家族政策を実施すれば、出生率を引き上げることが可能であることが分かる。

なお、ドイツとアメリカについても、弱い負の相関が見られるが、統計的に有意ではない。

## 少子高齢化による社会保障制度の機能低下

少子化が進む一方、高齢者の寿命が延びて、今後も高齢化が進展すれば、従属人口指数（15歳未満および65歳以上人口の15歳から64歳の生産年齢人口に対する比率）が急上昇すると予想される。

図表１‐12は、２０１９年時点の主要国の従属人口指数と高齢者１人当たりの働き手（生産年齢に属する人）を比較したものである。日本の従属人口指数は突出して高く、50％近くになっている。そのため２・１人の働き手（現役）が１人の高齢者の生活を支えている。一方、ドイツ、フランス、スウェーデン、イギリスなどのヨーロッパ諸国は３人以上で、アメ

図表1-12　主要国の従属人口指数と高齢者１人当たりの働き手（2019年）

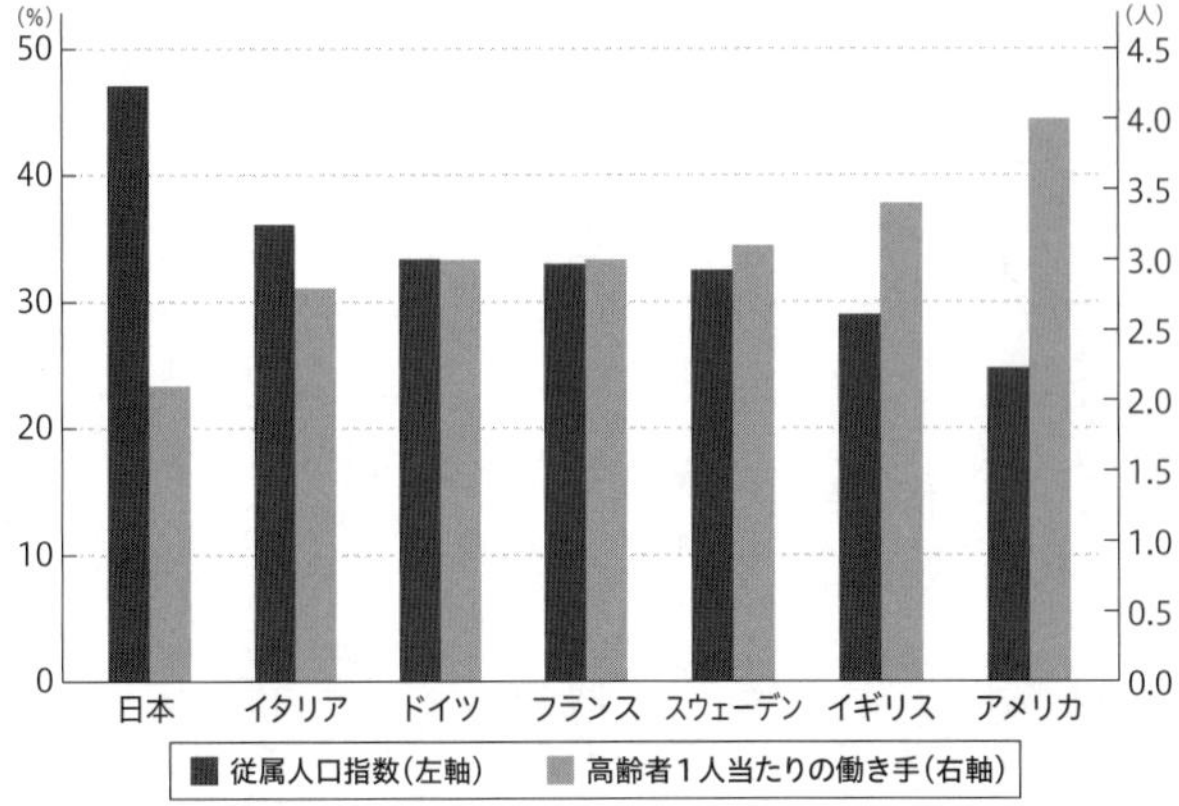


出所）World Bank Databaseより。

図表1-13　上昇する従属人口指数と減少する高齢者1人当たりの働き手

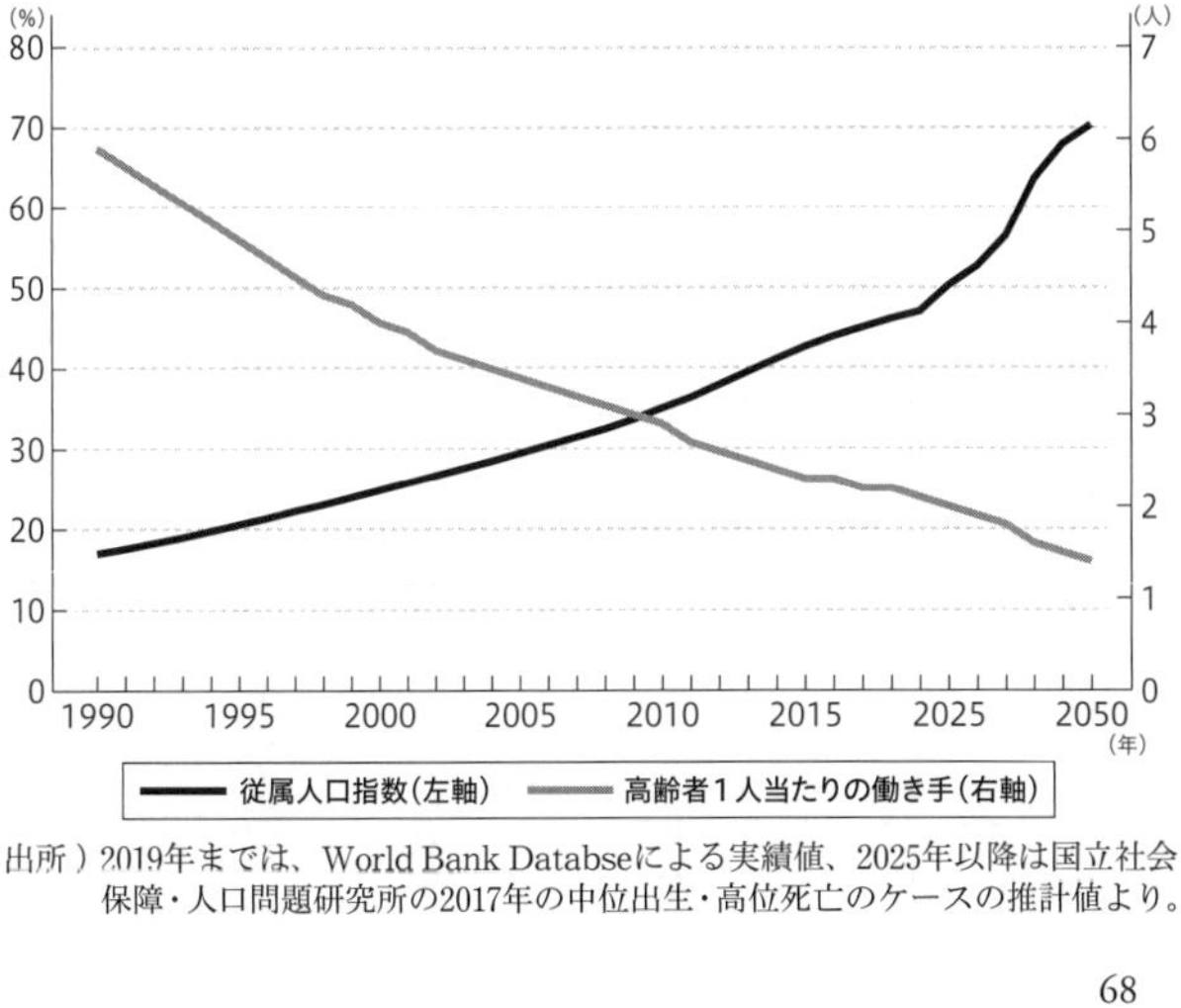


出所）2019年までは、World Bank Databseによる実績値、2025年以降は国立社会保障・人口問題研究所の2017年の中位出生・高位死亡のケースの推計値より。

リカでは４人で１人の高齢者の生活を支えている。

図表１‐13に示されているように、日本の従属人口指数は今後ますます上昇すると予想される。

国立社会保障・人口問題研究所の２０１７年の推計では、中位出生・高位死亡のケースで、30年には、従属人口指数は52・７％になり、１・９人の働き手で１人の高齢者の生活を支えなければならなくなる。さらに、50年になると、従属人口指数は70・３％に達し、１・４人の働き手で１人の高齢者の生活を支えなければならない。そんなことが可能であろうか。可能にするためには、経済成長率を引き上げて、将来の現役世代の所得を大幅に引き上げる必要がある。

## 現在の年金制度は破綻しないから安心してよい？

現在の年金は、右の推計のように従属人口指数が70・３％になっても破綻しない、といわれる。それは、年金の給付水準が「社会全体の公的年金制度を支える力（現役世代の人数と稼ぐ力）の変化」と「平均余命の伸びに伴う給付費の増加」というマクロで見た給付と負担の変動に応じて、自動的に調整される仕組みになっているからである、という。この制度を

「マクロ経済スライド制」[2]という。

要するに、現役世代が稼ぎ出す賃金総額が減少すれば、それに合わせて給付される年金も減少するということである。こうした仕組みがあるので、政府は現行の年金制度を「100年安心プラン」と呼んでいる（そうだとすると、100年後からは安心できないということだろうか）。しかし右の意味で、「年金は破綻しない」といわれて、「はい、そうですか。それなら安心しました」という人がいるであろうか。

1・9人や1・4人の働き手が稼ぎ出す賃金は、今後よほど高くならなければ、その人自身の生活を支えるだけで精一杯であろう。したがって、将来の遠い世代になるほど、彼らが高齢者になったときに受け取れる年金給付額は、たかが知れたものになってしまう。これを、常識的には「実質的に、年金制度は破綻した」という。

金融庁の金融審議会市場ワーキング・グループは、「収入も年金給付に移行するなどで減少しているため、高齢夫婦無職世帯の平均的な姿で見ると、毎月の赤字額は約5万円となっている」「この不足額約5万円が毎月発生する場合には、20年で約1、300万円、30年で約2、000万円の（金融資産の）取崩しが必要になる」（2019年6月3日）という報告書を出した。これは「2000万円問題」として、世間で大きな話題になり、「そんな貯蓄なんかできない」と多くの人が、「年金はあてにできない」ことを知って不安になった。

しかし、現実はもっと厳しい。現在の高齢夫婦無職世帯の毎月の平均赤字額５万円は、まだ恵まれた世代の年金給付額を前提にした試算である。将来の世代が受け取れる年金給付は、「１００年安心プラン」を守る（「年金制度」は実質的に破綻しているが、形式的に破綻させない）ために、世代を経るごとに減少していく。したがって、多少ともまともな老後を送るためには、現在、若い世代ほど年金生活者になるまでに２０００万円以上の貯蓄をしなければならない。

２０１４年度の消費増税後、若い世代ほど平均消費性向が低下し、貯蓄に励むようになった。これは、この増税をきっかけに、若い世代ほど、将来の税と社会保険料負担増および自分たちが受け取れる年金給付額の少なさを意識するようになったためであると推測される。

２０１９年における、世帯主が29歳以下の勤労世帯の平均消費性向が、たった55・３％にす

2　賃金や物価による年金額の伸びから、「スライド調整率」を差し引いて、年金額を改定する制度。「スライド調整率」は、現役世代が減少していくことと平均余命が伸びていくことを考慮して計算される。「１００年安心プラン」とは、このマクロ経済スライド制により、おおむね１００年後に年金給付費1年分の積立金を持つことができるように設計したという意味である。

ぎないこと（可処分所得の半分近くを貯蓄する）は、いま述べたことを象徴的に示している。

しかし、デフレから完全に脱却できていない状況で、彼らが貯蓄に励めば励むほど消費が落ち込むため、ＧＤＰが伸びず、したがって彼らの所得も伸びない。その伸びない所得に対して、貯蓄率を上げても貯蓄は増えない。これは、ジョン・メイナード・ケインズ『雇用・利子および貨幣の一般理論』（１９３６）が述べた「合成の誤謬」（個々人が貯蓄を増やそうとすると、経済全体では逆に、貯蓄総額が減少してしまうこと）の罠にはまってしまうということである。

さらに、現行の社会保障制度には、世代間の不公平を増大する効果がある。この点については、次章で説明する。

**非正規社員の急増とその原因**

１９９０年代以降、非正規社員比率がほぼ一貫して、２０１９年まで上昇した。同比率（男女合計した全体）は84年には15・３％だったが、19年には38・３％である。つまり、10人中ほぼ４人は非正規社員である。

図表１‐14は、非正規社員比率が大きく上昇した期間は、１９９２年から２００７年であ

図表1-14　非正規社員比率の期間別上昇率

| 期間 | 全体（%） | 男性非正規社員比率の上昇率（%） | 女性非正規社員比率の上昇率（%） |
|---|---|---|---|
| 1985–1991 | 20.7 | 14.9 | 15.9 |
| 1992–2007 | 63.4 | 105.6 | 39.7 |
| 2008–2012 | 3.2 | 2.6 | 1.7 |
| 2013–2019 | 4.4 | 7.5 | 0.4 |

出所）総務省『労働力調査』より。

ることを示している。この期間に、男性の非正規社員比率は約１０６％（約２倍）も上昇した。この期間は、バブルが崩壊し、まず新卒の就職難が始まり、97年頃からデフレがはっきりしてくると、それまで景気が悪化しても雇用が守られていた正規社員のリストラ（希望退職の募集・解雇）が始まった期間に相当する。男性正規社員数はバブル崩壊後も96年頃までは増加していたが、05年の対97年比は10・７％も減少した。まとめると、92年から07年にかけての非正規社員比率の上昇は、デフレによる雇用市場の悪化の結果である。

なお、２０１３年から19年にかけて、男性の非正規社員比率が08年から12年にかけてよりもかなり大きく上昇しているのは、この期間に雇用市場が改善したため、65歳以上の雇用者が、19年には12年と比較して65％も増加したためである。この増加により、19年の65歳以上の雇用者が全体に占める割合は、12年よりも４・２ポイント上昇し、11％になった。彼らの73％（19年時点）は非正規社員であるから、彼らの雇用市場への参入がこの期間の非正規社員比率を引き上げた主因である。

## 正規社員と非正規社員の賃金格差の拡大

デフレによる雇用市場の悪化によって非正規社員比率が大きく上昇したが、この非正規社員比率の上昇は、正規社員と非正規社員の賃金格差と大量のワーキングプアを生み出した（以降の賃金に関するデータの出所は、厚生労働省『賃金構造基本統計調査』であり、同調査では、正社員・正職員と正社員・正職員以外という用語が用いられているが、本書では前者を正規社員、後者を非正規社員と表記している）。

非正規社員の年間賃金の正規社員のそれに対する比率は、少しずつ上昇しているが、2019年になっても、56〜64%程度にとどまっている（図表1‐15）。ちなみに、19年における中小企業（従業員10人から99人の企業）の非正規社員の年間賃金は、全産業の正規社員の51%（約半額）で、273・99万円（月額22・8万円）である。

さらに、正規社員は年功序列賃金制の下に、19歳以下の255・5万円（年間賃金、以下同じ）から55〜59歳の652・2万円まで、2・5倍増加するが、非正規社員は19歳以下の

図表1-15　正規社員の年間賃金に対する非正規社員の年間賃金比率（%）

| 年 | 全産業 | 全産業男性 | 全産業女性 | 中小企業 |
|---|---|---|---|---|
| 2005 | 51.4 | 55.1 | 60.9 | 60.4 |
| 2011 | 53.5 | 55.7 | 59.7 | 64.1 |
| 2019 | 55.5 | 58.0 | 60.3 | 64.4 |

注１）中小企業は従業員10人から99人の企業、全産業は従業員10人以上の企業。

注２）以下の資料では正社員・正職員および正社員・正職員以外という用語を用いているが、図表では前者を正規社員、後者を非正規社員とした。

出所）厚生労働省『賃金構造基本統計調査』より。

図表1-16　正規社員と非正規社員の年齢階級別年間賃金
（全産業、2019年）

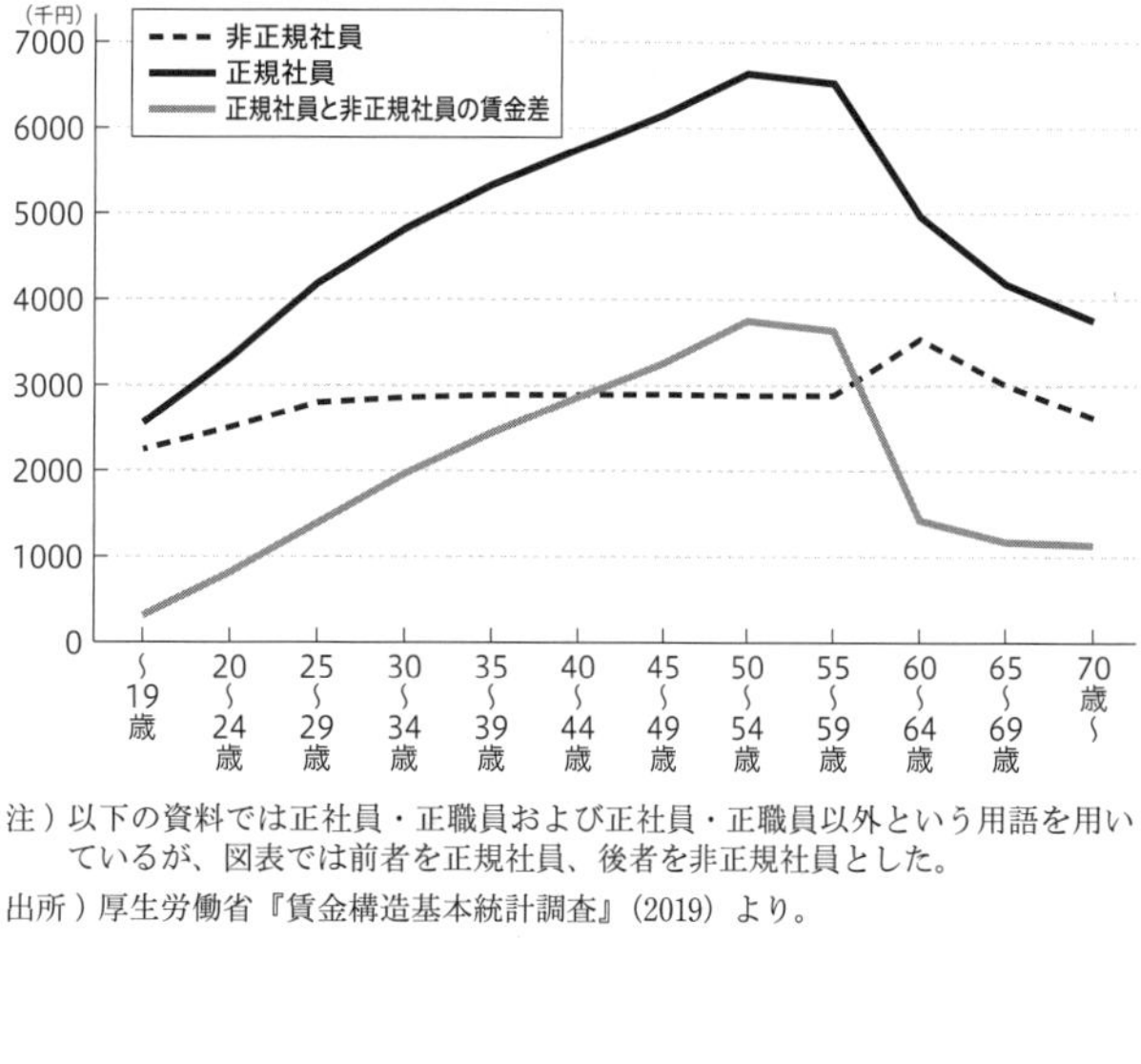


注）以下の資料では正社員・正職員および正社員・正職員以外という用語を用いているが、図表では前者を正規社員、後者を非正規社員とした。
出所）厚生労働省『賃金構造基本統計調査』（2019）より。

224・5万円から55～59歳の288・4万円までと、1・3倍しか増加しない（図表1‐16、75頁）。図表1‐16では非正規社員の60～64歳は354万円に増加しているが、これは退職金が支払われるからである。その退職金を含めても、非正規社員の年間所得は、同年齢階級の正規社員の69％にとどまっている。

正規社員と非正規社員の賃金格差が拡大する最大の要因は、正規社員の賃金が年功序列賃金制の下で、54歳まで上昇し続けるのに対して、非正規社員の賃金は年齢が上がっても、低水準（35歳から54歳まで、年間賃金は290万円弱）のままほとんど上昇しない点にある。

正規社員と非正規社員の賃金格差は、定年前の59歳まで年齢が上がるとともに拡大する。この格差拡大により、男性については、退職金を含めないケースでは、大学卒の正規社員の生涯所得（学校を卒業してからただちに就職し、60歳で退職するまでフルタイムの正規社員で同一企業に働き続け、退職金を含めないケース。以下の生涯所得は労働政策研究・研修機構『ユースフル労働統計2019』による、17年のケースである）は2・9億円になるが、大卒の非正規社員は1・6億で、1・3億円の差がつく。

右の統計では、非正規社員の退職金を含めた生涯所得が示されていないが、大学・大学院を卒業した正規社員（60歳で退職金を得て、その後は平均引退年齢66・8歳までフルタイム

図表1-17　1990年代以降に増加した低所得者層

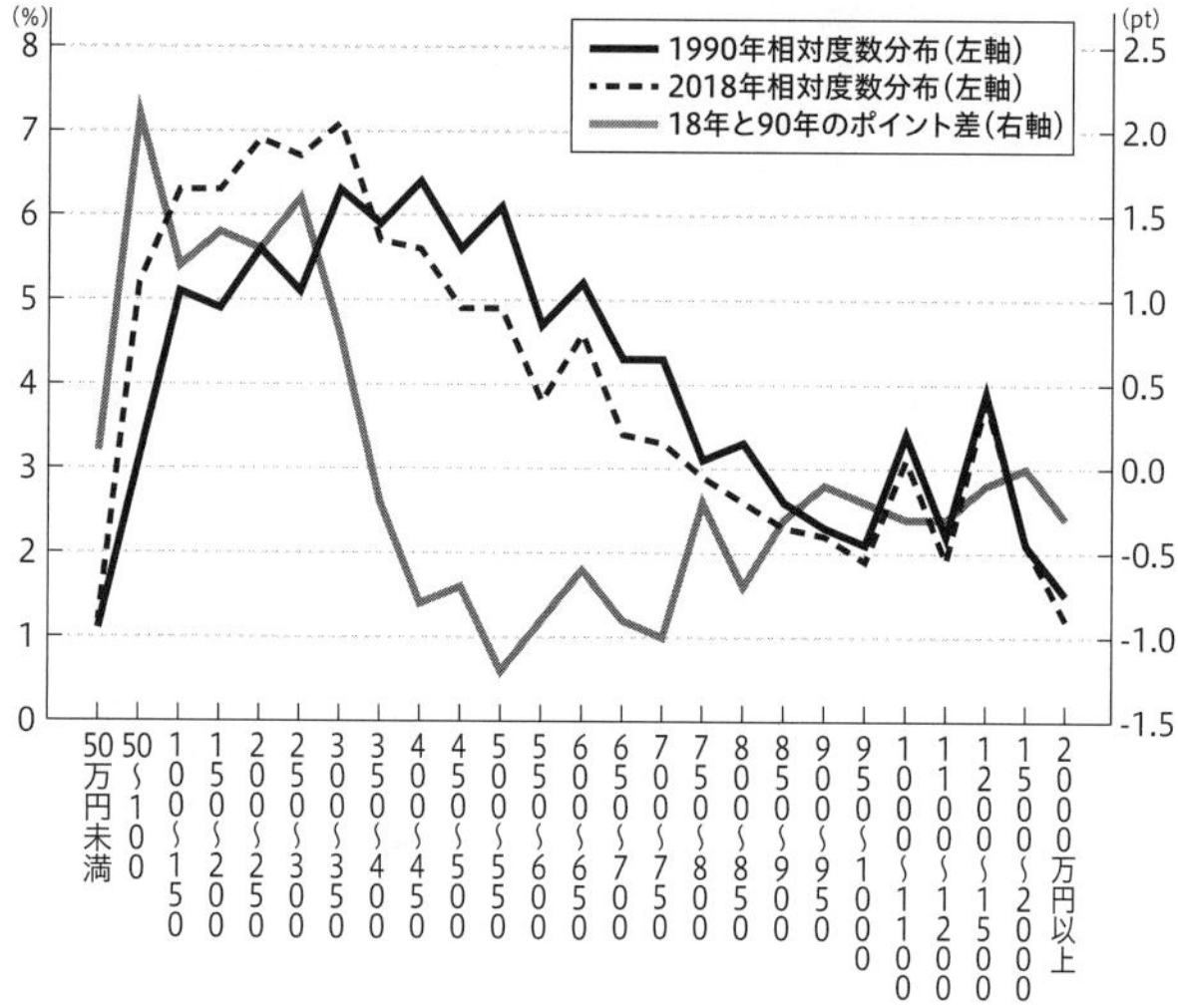


出所）厚生労働省『国民生活基礎調査』(2019) より。

の非正規社員として働くケース）では、退職金を含めると、その生涯所得は３・３億円（うち、退職金は１８９０万円）に達する。

**増大するワーキングプア**

１９９０年代以降、低賃金の非正規社員と低年金の高齢者が増加したため、図表１‐17に示されているように、２０１８年と90年を比較すると、18年の年収３５０万円未満の所得階級の全体に占める割合が、90年よりも上昇している。年収２００万円は生活保護を受ける資格のある水準である。

一方で、３５０万円以上の割合は減

少している。とくに減少が大きいのは、年収５００万〜７５０万円層である。これは、日本の中流階層が大きく減少したことを意味している。年収が１０００万円を超える層の減少はごくわずかで、ほとんど変化していない。なお、所得の中央値（所得が全体の真ん中に位置する人の所得）は、２０１８年は４２５万円で、１９９０年の４７５万円から50万円減少している。

１９８０年代後半は、日本経済はバブル景気に沸き、「一億総中流」社会といわれた完全雇用型平等社会を実現したが、90年代に入って、バブルが崩壊し、資産デフレとそれに続くデフレが起きると、たちまちこの完全雇用型平等社会も崩壊し始めたのである。

岩田規久男（１９９５）は、完全雇用型平等社会の崩壊をもたらすデフレに陥らないためには、金融の量的緩和が必要であることを説いたが、日銀を代表するエコノミストは著者の提案に反対し続けた。

また、年収が２００万円以下は、いわゆる「ワーキングプア」と呼ばれる人であると思われるが、図表１‐16（75頁）に示されている、家計の支え手である35〜54歳までの非正規社員の人々（年間賃金は２９０万円弱）も、子育ての出費などを考慮すると、「ワーキングプア」であろう。

# １・３　規制緩和とグローバリズムは雇用を悪化させたか

## 規制緩和における誤解

　１９９０年代に非正規社員が急増したのは、デフレのためではなく、規制緩和のせいであるという主張が根強く存在する。マスメディアを含め、少なからぬ数の人々が、小泉純一郎政権による２００４年の「製造業における労働者派遣事業の解禁」が非正規社員を増大させ、08年のリーマン・ショックにおける大量の「派遣切り」を引き起こした、と批判している。

　しかし、非正規社員比率は１９９０年代以降、一貫して上昇しており、その究極的原因は、日銀のデフレ政策によりマクロ経済が需要不足状態になり、その結果、雇用市場で超過供給（企業側の買い手市場）＝雇用の需要不足が続いたからである。

　財政政策も１９９０年代はストップ・アンド・ゴーを繰り返し、アベノミクス期は緊縮的で、日銀の「量的・質的金融緩和」の効果を阻害した。

　デフレにより、雇用需要が減少すると、日本的雇用慣行の下では、正規社員を解雇することは困難であるから、景気に応じて雇用調整ができる非正規社員が増えるのは、当然の帰結である。

仮に、製造業における労働者派遣事業を禁止し続ければ、製造業の非正規社員採用が減少し、企業の海外への生産拠点移動を促進したであろう。製造業の海外移転が進めば、非正規社員だけでなく、正規社員も減少した（つまりは、正規社員が退職しても補充しなかったり、2000年代前半に起きたようなリストラが一層進んだ）であろう。

2002年の道路運送法改正によるタクシーの参入規制緩和も、タクシーの運転手の待遇が悪化し、過労運転による安全性・サービスの質の低下などを招いたという強い批判がある。

著者はタクシーの参入規制が緩和された当時、乗車したタクシーの運転手が「八田って野郎がタクシー業界を滅茶苦茶にした」と怒りを爆発する場面にであったことがある。八田とは、八田達夫アジア成長研究所（AGI）理事長・所長（電力・ガス取引監視等委員会委員長、国家戦略特区諮問会議議員、国家戦略特区ワーキンググループ座長）のことで、タクシーの参入規制緩和をはじめ、多くの規制改革に携わった著者の親友であるから、このタクシー運転手の怒りの言葉にはびっくりした。しかし、著者がこの運転手に反論すれば、どんなに危ない運転をされるか分からないので、黙っているしかなかった。

ところで、タクシーの規制緩和後の事故率であるが、統計で見ると、規制緩和で事故率が上昇したことは確認されない。当時タクシーを利用していた著者も、事故率が上がったと実感することはなく、むしろ運転の質は向上したのではないかと感じている。

そこで、私的な話で恐縮であるが、規制緩和の前後で著者の身に起きたことについて、タクシーの規制緩和前とその後の事故率に関することなので、お話しすることをお許しいただきたい。

タクシーの規制が緩和される以前の京都のタクシーは、ＭＫタクシー以外は、運転が実に乱暴だった。京都では繁華街を除いて、夜になると信号が赤の点滅信号（一旦停止）と黄色の点滅信号（注意進行）に変わる。ある晩、著者が夜になってから、嵐山観光を終えてホテルに戻るときに乗ったタクシーが、交差点の真ん中で、あわや衝突という目にあい、命拾いしたことがある。どちらかの運転手が一旦停止しなかったか、注意進行しなかったか、どちらも交通規則を守らなかったかのいずれかである。あわや衝突しそうになったタクシーの運転手は、著者に「これしきのことで驚いてたまるか」と叫んだが、このときも、それ以後、一層運転が乱暴になることを恐れて、黙っているしかなかった。

ところが、タクシー規制が緩和された後に、京都のタクシーはＭＫタクシー以外でも、運転が安全運転に変わっただけでなく、運転手が親切に観光案内し、顧客の荷物をトランクから出し入れするようになった。タクシー規制の緩和で競争が強化されたため、MKタクシーのように安全運転でないタクシー会社の無線利用者が大幅に減ったため、規制緩和反対者の主張とは逆に、タクシーのサービスの質は向上したのである。

タクシーの規制緩和後、タクシー台数が増加し、東京の多くのタクシー会社で、高齢者雇用が顕著に増加し、年間所得が東京のタクシー運転手の半分未満だった地方中小都市の運転手が東京に流入して、彼らの所得は増加した。仮に、タクシー台数が制限されたままであれば、地方の失業率はさらに高くなったと考えられる（八田達夫［２００９］５３０－５３１頁）。

## 規制とは既得権益を保護すること

リーマン・ショックのときの「派遣切り」や「雇い止め」を「新自由主義」の思想の下での規制改革に原因があるとして、規制改革に反対したり、１９９５年頃から進んだ規制改革が非正規社員比率の上昇の原因だと考えたりすることは、消費者や多くの雇用者の利益を犠牲にして、一部の人や企業の既得権益を守ることである。

自称リベラルに代表される人々は、「新自由主義」に「邪悪なモノだ」というレッテルを貼り、規制改革は「新自由主義」による「弱者いじめ」の政策だと宣伝して回っているが、そろそろ物事を客観的に見るべきときである。「新自由主義は悪＝規制改革は悪」という等式で物事を語ることは、それこそ自称リベラルが非難してやまない「印象操作」である。

すでに例として挙げたタクシーの参入規制の緩和は、他の地域からの参入規制に守られて、地方よりも高い賃金を得ていた東京の運転手の賃金を引き下げたと思われるが、この参入規制の緩和は、３つの利益をもたらした。第一に、タクシー運賃の値下げや京都のタクシーに典型的に見られるような安全運転などによって消費者の利益が増加したことである。第二に、高齢者の運転手雇用の増加であり、第三に、東京以外の地域の運転手の賃金上昇である。

このように、規制緩和は既得権益をなくし、消費者の利益を増大させ、雇用を増やし、東京以外の運転手の賃金を引き上げることにつながったのである。

### 消費者全体の利益を考える視点

東京のタクシー運転手も消費者である。したがって、他の規制改革や自由化から、彼らも消費者として大きな利益を得ている。

例えば、２０１９年の日本のカロリーベースの食料自給率（１人１日当たり国産供給熱量

÷1人1日当たり供給熱量）は38％である。これは残りの1人1日当たり供給熱量である62％は輸入食料品によってまかなわれていることを示している。豆類、野菜、果実、肉類、魚介類の自給率は、1965年度は、それぞれ、25％、100％、90％、90％、100％だったが、2018年度は、それぞれ、7％、78％、38％、51％、55％である。これらの数値から、いまやわたしたちが毎日食べているもののほとんどは輸入品であることが分かる。

このように食料輸入品が大きく増加したのは、これらに対する輸入量制限規制が大幅に緩和され、輸入関税が大幅に引き下げられたからである。こうした規制緩和と関税の大幅引き下げがなかったならば、わたしたちはいまでも高価格で種類の少ない食料品を消費するしかなく、ずっと貧しい食生活を送っていたはずである。

食料品輸入の増加は、国内でそれらの食料品を生産していた農家や水産業者の所得の減少という犠牲を伴った。しかし、日本人全体の消費者の利益のほうが彼らの所得の減少よりもはるかに大きかった。

規制緩和や輸入関税の引き下げの際には、それによって所得が減少する生産者に所得補償したり、転作のための支援金を公的に補助したりして、彼らの犠牲（規制や高い輸入関税によって守られていた既得権益を失うこと）を和らげる政策がとられることが多い。しかし、そうした政策がとられるかどうかは、生産者が失う損失の程度に依存する。

さまざまな既得権益を守る規制が緩和され、輸入関税が引き下げられれば、規制緩和や輸入関税の引き下げで損失を被った人も、他の多くの規制緩和や輸入関税の引き下げによって、消費者として利益を得、全体として見れば、損失以上の利益が得られる。したがって、規制緩和のたびに所得補償をしたり、転職を支援するだけでなく、次章以降で述べるような、理由にかかわらず所得が低下した人を支援するセーフティネットを整備することが不可欠である。

## グローバリズムへの対応

１９３０年代の大恐慌期には各国が関税合戦を繰り広げたため、貿易が大幅に縮小し、どの国もそれによって利益を得ることはなかった。戦後の資本主義経済国は、そのことを認識し、ＧＡＴＴ（関税及び貿易に関する一般協定）による自由貿易を推進した。この自由貿易で最も利益を得た国は、日本のような資源の乏しい国であった。日本の戦後の経済成長は、石炭・石油や工業用の貴金属、広大な平地といった自然資源にまったく恵まれていない国でも、技術と教育水準の高い人的資源があれば、成長できることを証明したのである。

しかし、１９８０年代に、中国を代表とする社会主義国とその他の発展途上国が資本主義国との貿易と資本取引に本格的に参加し始めると、貿易の勝ち組といわれた日本の輸出に異変が生じた。この貿易と国際資本取引（とくに、先進国から発展途上国や新興国への直接投資）の急増現象は、グローバリゼーション（グローバル化）と呼ばれる。

日本では、１９８０年代半ば頃から、中国製品が怒濤《どとう》のごとく輸入されるようになった。88年からリーマン・ショック前の２００７年まで、中国からの輸入金額は毎年10～30%の勢いで増加し、07年の対88年比は12倍に達した。中国からの輸入増加率はリーマン・ショック後に低下したが、19年の対88年比は15倍である。

このような中国からの輸入急増で瀕死《ひんし》状態に陥った産業の１つに「今治のタオル」産業がある。四国の今治をはじめとするタオル企業数は、１９７５年には４９５社存在したが、２００５年には１５９社へと、約70%が倒産して消滅していた。タオルの輸入比率が75年には13%にすぎなかったが、05年には86%に達したのである。

このように瀕死の状態にあった今治タオルは、２００６年に中小企業庁の「ＪＡＰＡＮブランド育成支援事業」に採択され、「国内・欧米の富裕層など、新しいライフスタイル、健康・環境への関心が高い層を『ロイヤルユーザー』として獲得し、本物志向層に支持される産地として、ブランドイメージの確立・定着を図る」ことを目指した。この事業を牽引したのは佐藤可士和クリエイティブディレクター（慶應義塾大学特別招聘教授）であった。この事業は成功し、消滅の危機にあった今治タオルは高級ブランド品として生き残った。

今治タオルの高級ブランド化は、グローバリズムに対応する１つの方向であろう。しかし、いつでもこのように成功するわけではない。

発展途上国や新興国との競争は、先進国の未熟練労働者にとっては賃金低下・失業の脅威となり、先進国における格差拡大の要因である。この点で、世界的に有名になったのがアメリカ中西部のウィスコンシン、ミシガン、ペンシルベニア、イリノイ、インディアナ、オハイオなどのラストベルト（錆びた工業地帯）と呼ばれる、かつて鉄鋼業や自動車産業で栄えた州である。これらの州では、１９８０年代頃から、輸入品との競争に敗れて倒産したり、メキシコなど賃金の安い国に工場を移転する企業が増え、その結果、鉄さびで覆われた稼働しない工場が残された。この地域に取り残された低所得者層の多くは白人労働者である。

こうした白人低所得者層を取り込み、大統領に上り詰めたのがドナルド・トランプ氏である。トランプ前大統領のラストベルト再生の手法は輸入関税の引き上げと補助金による直接投資の抑制である。

トランプ前大統領が最初に標的にしたのが、自動車大手のフォードの電気自動車生産をミシガン州からメキシコに移転する計画であった。フォードは、トランプ氏が大統領に就任したときには、「メキシコからアメリカへの自動車輸出に高関税をかける。ＮＡＦＴＡも見直す」（ＮＡＦＴＡ：北米自由貿易協定。これによりメキシコ生産の自動車は関税ゼロでアメリカに輸出できる）という脅しに屈したのか、メキシコ移転計画を撤回し、ミシガン州から補助金を得て、ミシガン州で電気自動車を生産することになった。トランプ大統領誕生当時は、フォードと同じように、トランプ大統領にすり寄る企業が続出したのである。

しかし、輸入関税を負担するのは、メキシコの消費者ではなくアメリカの消費者である。そのため、アメリカの消費財産業はトランプ前大統領の政策に猛反対した。

トランプ前大統領がアメリカを分断したと言われるが、その前から、グローバリズムの恩恵を受ける人と損失を被る人との間に分断が存在し、ラストベルトの人々に代表される低所得白人層と、金融やＩＴ産業で巨額の富を築いた人たちの間の格差が、許容できないほど拡大していたのである。トランプ氏はこの分断に目をつけ、分断を煽《あお》ることで、40%という堅い支持基盤を築いた。

しかし、トランプ前大統領の保護主義政策は、多くの消費者の利益を損なうだけで、ラストベルトの人々を救済することはできなかった。そのことは、２０２０年の大統領選挙で、ラストベルトの州のうち、ジョセフ・バイデン氏がウィスコンシン、イリノイ、ミシガン、ペンシルベニアで勝利し、トランプ氏はインディアナとオハイオの2州でしか勝てなかったことが示している。

## グローバリズムによる格差拡大をどう考えるか

それでは、消費者の利益を損なう保護主義を採用しないとして、グローバリズムにより損失を被る人々にどのように対応すべきなのであろうか。その１つの回答は、ペンシルベニア州の第二の都市であるピッツバーグにある。

ピッツバーグは、１８７０年代には鉄鋼王アンドリュー・カーネギーの成功により、鉄鋼業の発展とともに大きく成長した都市であるが、１９８０年代に入ると、鉄鋼業が国際競争に敗れたため、衰退した。この衰退を救ったのは、研究開発センターと金融都市への転換の成功である。いまではピッツバーグは、グーグル、アマゾン、アップルなどの先端企業がリサーチセンターを置くテクノロジー都市である。カーネギーメロン大学を代表とする最先端の研究を行う大学機関と地方自治体の積極的なスタートアップ支援の組み合わせが成功した例である。

日本でも、産業構造の大転換に見事に成功した例が存在する。１９６０年代に、日本のエネルギー政策は高価な石炭から安価な石油利用の転換へと舵を切った。これは石炭産業で働いていた人の大量失業の発生を伴うエネルギー政策の大転換であった。そのため、資本家と日本労働組合総評議会に代表される労働者との一大対決と呼ばれるほどの大争議が頻繁に起きた。それでも、結局、日本のエネルギー政策は石炭から石油に転換した。このとき、政府は石炭産業で職を失った人たちの雇用を確保するために、雇用促進事業団を創設するなどして、積極的な失業対策を実施した。この再就職を伴った所得再分配政策が功を奏して、その後の高度成長が実現したのである。

以上から、次のような結論が導かれる。すなわち、グローバリズムには、世界中から、日本で生産するよりも良質で安価なものを輸入できるという、消費者にとって大きな利益があること、したがって、この利益を享受《きょうじゅ》しつつ、グローバリズムにより損失を被る人に対しては、輸入関税などにより保護するのではなく、転職を公的に支援したり、地域がそれぞれの利点を生かして（地域の大学と金融機関および企業の産学金融の連携など。第３章の富山市の事例参照）、産業再生を図り、それを公的に支援して、地域が自立できるようにする政労働市場政策と第5章のセーフティネットの整備を参照されたい。

## 雇用を守るのは政府・日銀の仕事である

ここで確認しておくべきことは、雇用を守るのは企業ではなく、スウェーデンで典型的に見られるように、政府と中央銀行（日本では日銀）によるマクロ経済安定化政策と切れ目のないセーフティネットの構築である、ということである。

確かに、１９８０年代のバブル期までは、経営者の中には、「雇用を守り、従業員の生活を安定化させることこそ我が社の方針であり、株主重視ではありません」と胸を張る人が多かった。識者の中にも「日本の株式会社はアメリカと違って、株主の利益ではなく企業の利害関係者（ステークホルダー）の利益を第一にしている」と主張する人が少なくなかった。

しかし、１９９０年代以降のデフレ下の低成長経済の過程で、企業は正規社員の雇用を守りつつ生き残るためには、退職者の穴を正規社員で補充せず、非正規社員を増やすとともに、新規採用を減らすしかなかった。

大企業は正規社員の解雇をできるだけ避けてきたが、２０００年代に入るとその力も尽きて、リストラ（希望退職の募集など）に踏み切る企業が増えた。製造業大企業は、生産拠点を海外に移す方法もとれたが、その他の多くの企業にはその手は使えなかった。

リーマン・ショックのような大ショックに襲われたときには、雇用の規制緩和が実施されていなくても、ほとんどの企業は雇用を守ることはできない。

２０２０年に起きたコロナショックも同じである。このようなショックに対しては、政府は雇用保険を中心とする、現在よりも堅固なセーフティネットを整備する（これについては次章以下で述べる）とともに、マクロ経済政策としての財政政策（減税や堅固な医療体制を整備するための財政支出増など）を発動し、日銀はこれまでと同様の金融超緩和政策を維持し、金融庁と協力して金融システムを安定化させる政策を採用することが必要である。

## デフレからどのようにして脱却するか

この章では、１９９０年代以降の、日銀のディスインフレ政策とその後のデフレ政策の長期化が低成長を招き、失業者と非正規社員を増やし、格差の拡大と少子化をもたらしたことを示した。

したがって、格差縮小対策の本命は、政府と日銀が協調して「リフレ政策」を採用し、まずはデフレから完全に脱却することである。このデフレ脱却のための財政金融政策については、著者の『なぜデフレを放置してはいけないか』で詳細に論じたので、本書では要点だけ述べておこう。

①金融政策はこれまで通り、2％の物価安定目標を達成するように、「長短金利操作付き量的・質的金融緩和」政策を継続する。

②財政政策は基礎的財政収支の黒字化を急がずに、その赤字を現状程度で維持しつつ、財政を緊縮的にならないように運営する。すなわち、財政赤字の縮小を急がないことである。アベノミクスでは、毎年度、財政赤字のGDP比の縮小が続いたため、金融緩和政策の需要刺激効果を相殺してしまった。そのため、インフレ率（生鮮食品とエネルギーを除く）はプラスに転換したが、2％には届かず、デフレから完全に脱却できなかった。

一方で、少なからぬ数の人が、「財政再建」を急がなければ、財政は破綻するのではないかと危惧している。したがって、右の②で述べたような「財政赤字の縮小を急がない」という提言には賛成しかねると考えるであろう。しかし、財務省自身がホームページで述べているように、日本のように自国通貨建て（日本の場合は円建て）で国債を発行している場合には、国債の債務不履行は起こり得ない。ただし、長期的には、財政の持続可能性に配慮する必要はある。財政の持続可能性が維持できなくなるのは、長期的に見て国債残高のＧＤＰ比が発散経路に入り、際限なく上昇する場合である。長期的にこのような発散経路に入ることは、次のような財政金融政策によって回避することができる。

いま、基礎的財政収支をゼロとしよう。基礎的財政収支とは、税収と税外収入（税外収入には国債発行による収入は含まれない）から、国債費を除いた歳出を差し引いた収支である。国債費とは国債の利払い費と償還費の合計である。したがって、基礎的財政収支がゼロであることは、新たに国債を発行せずに、国債費を除く歳出をまかなえるということを意味する。このとき、これまでに発行されて積み上がっている国債残高（国債残高のＧＤＰ比の分子）は、毎年、国債の名目金利分だけ増加する。これは、読者が預金を引き出さない限り、読者の預金残高は名目預金金利分だけ増えることと同じことである。

一方、国債残高のＧＤＰ比の分母であるＧＤＰは、毎年、名目成長率分だけ増える。したがって、名目成長率が国債の名目金利よりも大きければ、国債残高のＧＤＰ比の分母である

ＧＤＰのほうが、分子の国債残高よりも、毎年、より大きく増加することになる。その結果、国債残高のＧＤＰ比は年々低下していく。一方、基礎的財政収支はゼロであるから、そのＧＤＰ比はゼロで変化しない。

以上から、基礎的財政収支がゼロで、名目成長率が国債の名目金利よりも大きければ、国債残高のＧＤＰ比は次第に低下し、発散しないことが分かる。

次に、基礎的財政収支が赤字で、その赤字が一定で、増えも減りもしない場合を考えよう。この場合は、基礎的財政収支の赤字分は、国債発行でまかなわなければならない。しかし、基礎的財政収支の赤字が一定で、名目成長率がプラスであれば、基礎的財政収支の赤字のＧＤＰ比は、分母のＧＤＰが毎年増加するため、年々低下し、やがてゼロに収束する。以上から、基礎的財政収支が赤字でも、その赤字を一定に維持すれば、名目成長率が国債の名目金利よりも大きければ、国債残高のＧＤＰ比は年々低下し、発散しないことが分かる。

そこで、①の金融政策によって、国債の名目金利の上昇を抑制し、②で述べたように財政政策を運営すれば、名目成長率が国債の名目金利を上回る状況（これを経済学では、ドーマー条件が満たされる状況という）が続く。この状況が続く限り、基礎的財政収支の赤字分を一定に維持すれば（すなわち、基礎的財政収支を黒字化する必要はない）、国債残高のＧ

ＤＰ比が上昇し続けることなく、長期的には一定の値に収束し、財政の持続可能性を維持できるのである。

日本では、２０１３年４月の「量的・質的金融緩和」政策開始以降、新型コロナウイルス感染症問題が起きるまで、ドーマー条件は満たされてきた。したがって、基礎的財政収支の黒字化を目指す必要はなかったのである。

ところが、２０２０年以後、コロナショックが起きて、名目成長率は20年第2四半期と第3四半期は、それぞれマイナス9％とマイナス4・6％まで低下したため、ドーマー条件は満たされなくなった。しかし、コロナショックが収束すれば、名目成長率が上昇して、再びドーマー条件は満たされるようになるであろう。

それは、ここで提案したようなデフレ脱却の政策を実施しても、日本では長期にわたってデフレが続いたため、人々の予想インフレ率がなかなか上がらないからである。予想インフレ率の上昇に時間がかかれば、名目金利が上昇することにも時間がかかり、その結果、ドーマー条件が満たされる時間も長くなる。すなわち、長期的な財政の持続可能性を維持しながら、デフレから脱却できる余地は大きいということである。

それに対して、基礎的財政収支の黒字化を急げば、経済全体で見ると、総需要不足に陥り、かえって名目成長率の低下を招くため、税収は増えず、財政の持続可能性も低下し、財政再建は遠のいてしまう。

安倍前首相は、首相就任当時は「経済成長なくして財政再建なし」と述べて、アベノミクスを始めた。しかし、抵抗勢力が強く、途中から「成長と財政再建は両立する」と言わざるを得なくなり、２０１４年度に消費増税を実施し、２％の物価安定化に失敗した。やはり、「経済成長なくして財政再建なし」という初心が正解だったのである。

# 第2章　「日本型格差」の特徴

第1章では、デフレ下での失業率の上昇と非正規社員比率の上昇に象徴される雇用の悪化が格差拡大の主たる原因であること、したがって格差縮小対策の本命は、政府と日銀が協調して「リフレ政策」を採用し、デフレから完全に脱却することであることを示した。デフレから完全に脱却していない経済状況の下での２０１４年度と19年半ばの2回にわたる消費増税は「リフレ政策」と真逆なデフレ政策であり、当初のアベノミクスのシナリオにはなかった政策である。アベノミクスがデフレから完全脱却に失敗したのは、この2回の消費増税と「基礎的財政収支の黒字化」を達成する日にちを、そのときの経済状況にかかわらず、前もって決めて実施する（日付ベースまたはカレンダーベースの政策）という、財政緊縮政策をとったことにある。

しかし、格差対策としては、マクロ経済の安定化政策とは別に、税と移転支出政策（補助金や医療サービスのような現物の補助など）および公的な職業訓練などがある。そこで、ここでは、これらの政策により、格差がどの程度縮小したか、そしてどのような問題があるかを見ておこう。

以下、第1節では、日本の税と社会保障（医療保険や年金保険など）により、どの程度所得分配が改善しているかを検討する。第2節では、日本の貧困問題は先進国の中でも比較的深刻な状態にあり、生活保護世帯から抜け出せない人が増えていること、年金未納者の増加は将来の貧困問題のさらなる深刻化を招く可能性が高いことなどを明らかにする。第３節では、年金の世代間格差の問題を取り上げる。これは、生まれた年の早い人ほど年金の純受給額（受け取る年金から支払った年金保険料を差し引いた値の現在価値）が大きく、若い世代になると、年金純受給額が負になるといった問題である。この年金の世代間格差は相続により、将来の世代内格差の原因になる。これらの問題の解決策は、第３章から第５章にかけて提示する。

## ２・１　日本の不均衡な所得の再分配

**日本の所得再分配効果は小さい**

はじめに日本の所得を、税と移転支出前後、すなわち所得再分配政策の前と後の所得のジニ係数で、国際比較しておこう。

ジニ係数は０から１の間をとる値で、大きくなるほど所得が不平等になり、格差が大きいことを示す。図表２‐１はＯＥＣＤ（経済協力開発機構）の主要国21カ国の所得再分配政策

図表2-1　OECD21カ国のジニ係数

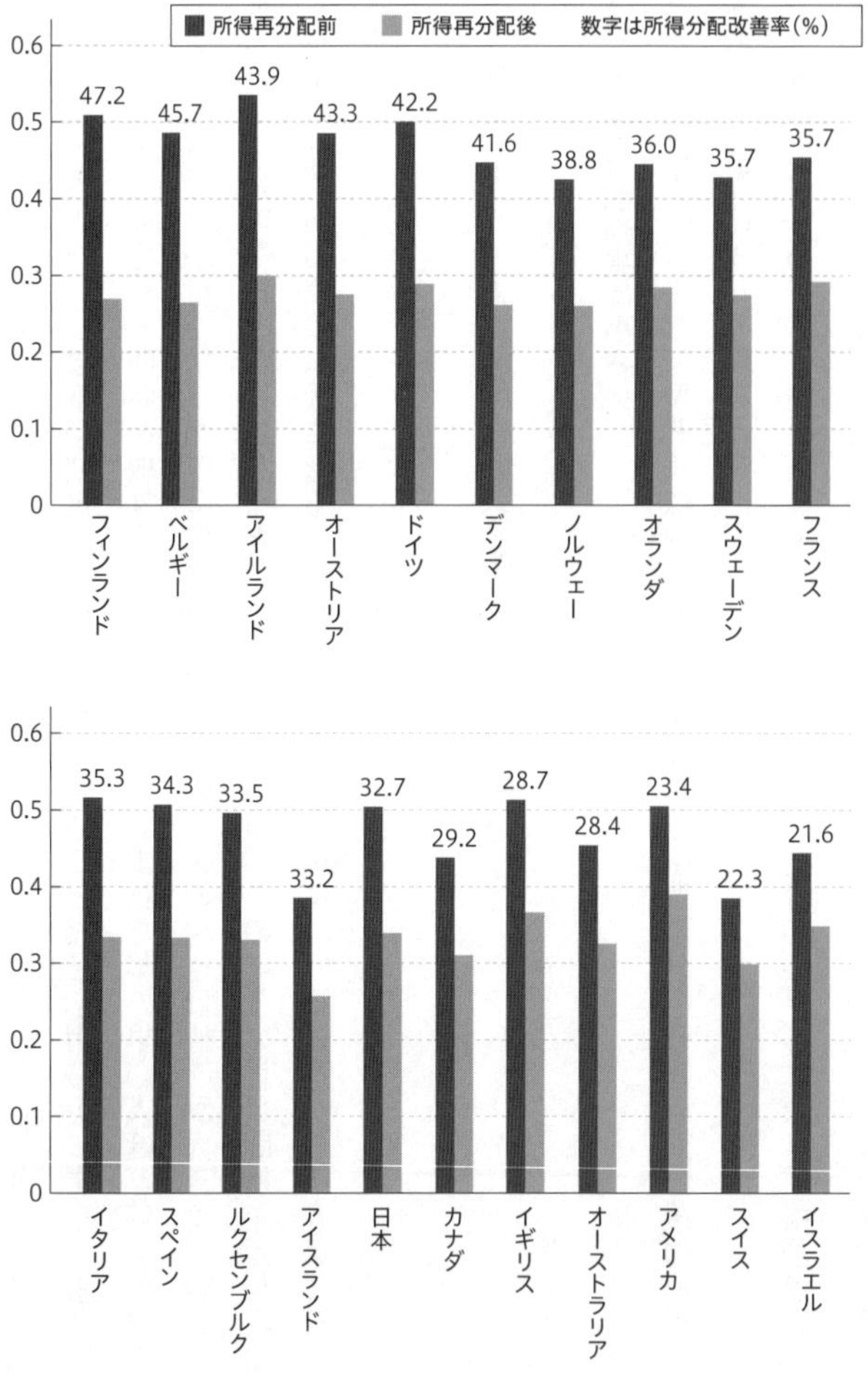


出所）OECD Databaseより。

前と政策後（税と移転支出後）のジニ係数を示したものである。

一般的に見て、ヨーロッパ諸国の所得分配改善率は大きく、アメリカ、イギリス、カナダ、オーストラリアなどのアングロ・サクソン国は小さい。

例えば、アイルランドとフィンランドの所得再分配政策前のジニ係数は、それぞれ０・５３５と０・５０９で、アメリカの０・５０５よりも大きく、したがって、これらのヨーロッパの国の所得再分配政策前の所得格差は、アメリカよりも大きい。しかし、所得再分配政策後では、アイルランドとフィンランドは、それぞれ０・３（ジニ係数の低下率で定義した、所得分配改善率は43・９％。以下同じ）と０・27（所得分配改善率47・２％）まで低下し、アメリカの０・39（所得分配改善率23・４％）をかなり下回る。

日本の所得分配改善率は32・７％で、ヨーロッパ諸国よりも小さく、どちらかといえば、アメリカ以外のアングロ・サクソン国に近い。その結果、図表２‐１の21カ国中、所得再分配後のジニ係数の大きさは４位で、おそらく、多くの国民が想像しているよりも、日本は不平等な国である。

## 高所得者ほど有利な日本の所得税制

図表2－2は2018年の申告所得の所得階級別税負担率（所得税の所得に対する比率）である。

所得（年収）が1500万円以下までの所得階級については、全所得者と給与所得者の税負担はほぼ同じである。所得がこの階級を超えると、給与所得者の税負担率が全所得者の税負担率を上回り始め、次第にその差が大きくなる。全所得の税負担率は1億円以下でピークに達し、それ以上では低下する。

こうした差が生じるのは、全所得が1500万円を超えると、全所得に占める「他の区分に該当しない所得」の割合が急激に大きくなるためである。「給与所得」と「他の区分に該当しない所得」の税負担率がほぼ同じになる所得は1200万円以下である。1200万円を超えると、「他の区分に該当しない所得」の税負担率は緩やかに18・8％まで上昇する一方（正確には、10億円以上20億円以下の層で19・4％のピークに達する）、「給与所得」の税負担率は急上昇し、両者の税負担率は逆転する。

所得が100億円を超える超富裕層は31名存在するが（2018年時点。ただし、申告所得者に限る）、全員が「他の区分に該当しない所得」だけで、給与所得は得ていない。この

図表2-2　所得階級別・所得種類別所得税負担率（2018年）

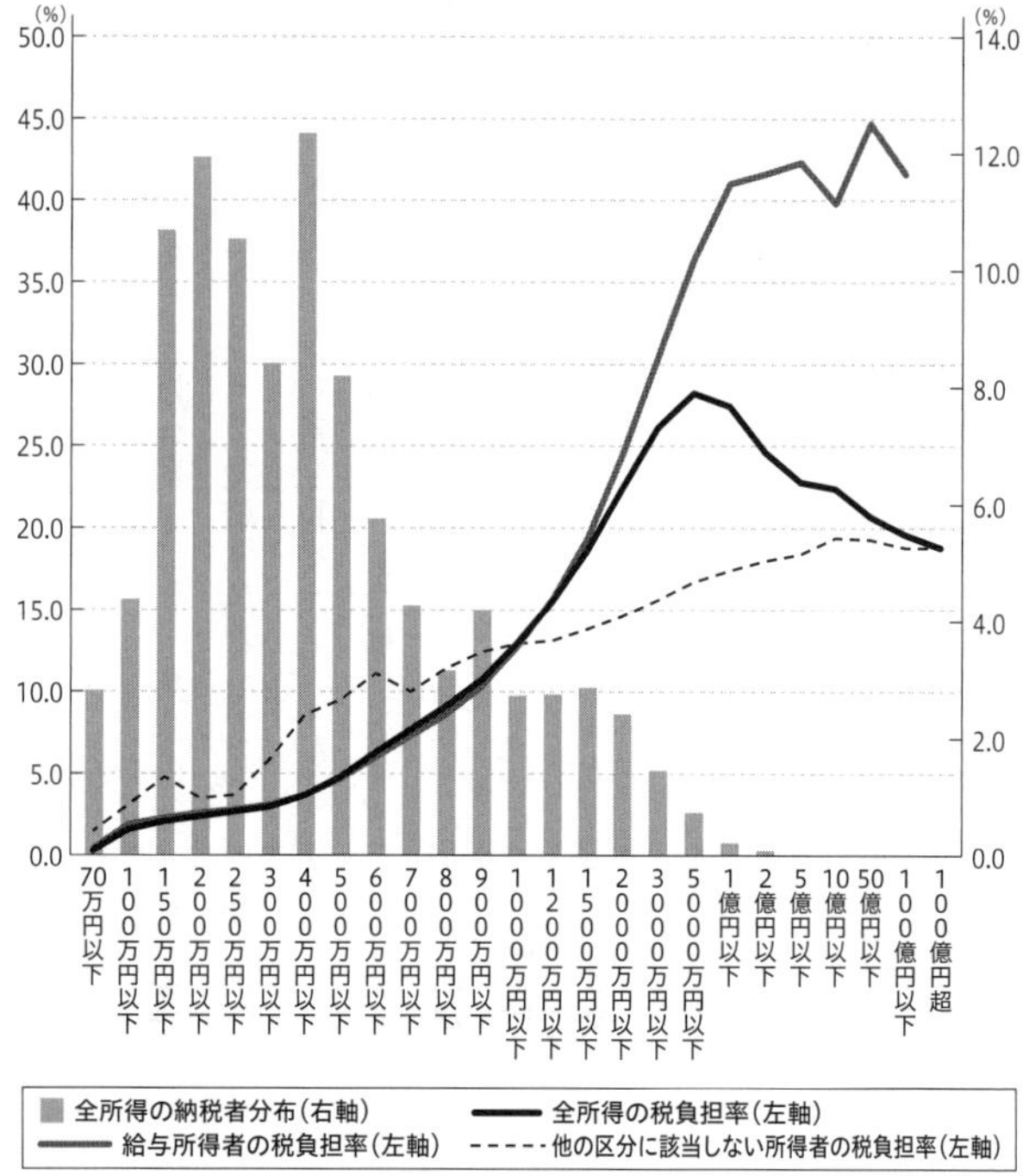


出所）国税庁『申告所得税標本調査』（2019年３月）より。

人たちの総所得100億円超に対する税負担率は18・8%にすぎず、1500万円以上2000万円以下の給与所得者とほぼ同じ水準である。

「他の区分に該当しない所得」とは、利子所得、配当所得、株式や土地の譲渡所得などである。第5章で説明するように、こうした資本所得（あるいは資産所得）に対しては、日本の税制は主要先進国の中でも優遇度の高い国である。

以上のように、日本の所得税制は資本所得を優遇しすぎているため、累進制（所得が増加するにつれて税率が上昇する税制）が大きく侵食されている。全所得が1億円を超えると、所得に対する税負担率が低下することは、多くの国民にとって許容できることであろうか。本書の多くの読者の税負担率のほうが、資本所得の割合が高い著名な経営者等の税負担率よりも高い可能性があるのである。

## 不均衡な所得再分配政策

次に、ジニ係数で見て、全体的な所得格差の状況と税と社会保障給付金・現物給付（医療サービスなど）による所得再分配効果が、どのように変化してきたかを見てみよう。

図表2-3の等価当初所得とは、所得再分配前の世帯の所得を家族数の平方根で割った所

図表2-3　ジニ係数でみる所得再分配効果

| 調査年 | 等価当初所得 | 等価再分配所得 | 改善度 | | |
| --- | --- | --- | --- | --- | --- |
| | | | 全体 | 社会保障によるもの | 税によるもの |
| 1996 | 0.3764 | 0.3096 | 17.70% | 13.70% | 4.70% |
| 2005 | 0.4354 | 0.3225 | 25.90% | 22.80% | 4.10% |
| 2008 | 0.4539 | 0.3192 | 29.70% | 26.20% | 4.70% |
| 2011 | 0.4703 | 0.3162 | 32.80% | 28.60% | 5.80% |
| 2014 | 0.4822 | 0.3083 | 36.10% | 32.10% | 5.80% |
| 2017 | 0.4795 | 0.3119 | 35.00% | 30.80% | 6.00% |

出所）厚生労働省『所得再分配調査』より。

得である。これは、家族数が多い世帯と所得が同じでも、生活費が増えることを考慮した所得である。所得を家族数で割らないのは、家族が増えても、家族共通で使用するものがあるため、家族数に比例して、生活費が増加するわけではないからである。

等価当初所得のジニ係数は、１９９６年は０・３７６４だったが、その後上昇傾向を示し、２０１７年は０・４７９５で、所得分配の不平等度は大きくなっている。この不平等化の主因は90年代以降進んだ高齢化と正規社員と非正規社員との所得格差の拡大であろう（例えば、太田清［２００５］参照）。高齢化が進むと、高齢者の間では所得の格差が大きいので、全体の格差も大きくなるのである。

それに対して、社会保障（年金保険や医療保険など）と税および現物給付の所得再分配後の等価再分配所得のジニ係数は１９９６年が０・３０９６だったのに対して、２０１７年は０・３１１９でそれほど上昇していない。すなわち、所得再分配政策により、所得の不平等化は防止されている。所得再分配政策による平等化（図表２‐３の再分配による改善度）は、96年の17・7％から、17年には35％に達している。

所得の平等化に最も効果を発揮したのは、社会保障（社会保障給付金から社会保険料を差し引いた効果と現物給付の効果）で、２０１７年におけるその効果は30・8％である。それに対して、税の効果は６％にとどまっている。

図表２‐４は、２０１７年の厚生労働省『所得再分配調査』の年齢階級別のジニ係数の改善度を示したものである。この図表からも、日本の所得再分配は社会保障によるものが中心で、税による再分配効果が非常に小さいことが分かる。そのため、ジニ係数の改善度は60歳以上、とくに65歳以上の高齢者について大きい。

以上を要約すると、次の3点になる。

① 日本の社会保障制度は、ほとんど高齢者の利益のための制度であり、60歳未満では平均してみると、その恩恵を受ける度合いは60歳以上の3割程度にとどまっている。

図表2-4　年齢階級別のジニ係数改善度（%）

| 世帯員の年齢階級 | 全体の改善度 | 社会保障による改善度 | 税による改善度 |
|---|---|---|---|
| 総　数 | 35.0 | 30.8 | 6.0 |
| 0～4歳 | 16.6 | 11.9 | 5.4 |
| 5～9歳 | 16.5 | 12.2 | 4.9 |
| 10～14歳 | 17.8 | 8.8 | 9.9 |
| 15～19歳 | 17.5 | 8.2 | 10.2 |
| 20～24歳 | 11.5 | 6.4 | 5.5 |
| 25～29歳 | 6.9 | 4.8 | 2.2 |
| 30～34歳 | 10.4 | 7.1 | 3.6 |
| 35～39歳 | 19.7 | 17.0 | 3.2 |
| 40～44歳 | 21.3 | 14.1 | 8.4 |
| 45～49歳 | 20.3 | 14.2 | 7.1 |
| 50～54歳 | 16.1 | 10.9 | 5.8 |
| 55～59歳 | 16.1 | 10.5 | 6.3 |
| 60～64歳 | 29.3 | 25.5 | 5.1 |
| 65～69歳 | 44.4 | 42.0 | 4.1 |
| 70～74歳 | 54.6 | 51.9 | 5.6 |
| 75歳以上 | 53.2 | 50.5 | 5.4 |

出所）厚生労働省『所得再分配調査』（2017）より。

② 税による所得再分配効果が極めて小さい。
③ ②の税には消費税が含まれていない。したがって、消費税の逆進性を考慮すると、税の再分配効果はさらに低下する。

## 所得格差は拡大していない？　いくつもの研究結果

日本では、１９９０年代以降、成長率が低下し、非正規社員が増加の一途をたどっており、母子家庭も増えていたから、常識的に考えて、格差が拡大し、貧困家庭も増加しているであろうと、だれしも予想していたことだった、と思われる。

ところが、所得分配を専門とする研究者の多くは、そうは考えていなかったのである。例えば、労働経済学・所得分配の専門家として高く評価されている大竹文雄（２００５）によると、１９８０年代から２００２年までに「日本の所得格差は拡大した。しかし、所得格差の拡大をもたらした大きな要因は人口の高齢化であり、世帯主の年齢別に見ると、所得格差は拡大していない」という。このことは、他の研究でも確認されているというのである。

著者は信じて疑わなかったことをひっくり返されたので、これらの所得分配研究者たちの結論にはびっくりした。

この著者の思いに応えてくれたのは、太田（２００５）である。同論文によると、大竹等の従来の所得分配研究では、非正規社員のデータが含まれていなかったという。２００２年には、非正規社員比率が全体で29％、男性で15％、女性で49％にも達しているというのに、非正規社員を考慮せずに、所得分配の研究をしても、そもそも意味がないではないか。

非正規社員を考慮した太田（２００５）の研究は「すべての年齢層で所得格差は拡大した」という結論を導いた。太田氏によると、従来の研究が非正規社員の所得を考慮しなかったのは、それまで「年齢５歳階級別の格差の拡大状況と、その最大の原因である労働力の非正規化の影響の様子を把握できるデータが公表されていなかったためである」という。

## ２・２　深刻化する日本の貧困問題

### 子供の貧困は7人に1人というショック

大竹（２００５）が「日本では、世帯主の年齢別の所得格差は拡大していない」と述べてから、わずか1年後に、ＯＥＣＤの『対日審査報告書』（２００６）が「日本の相対的貧困率は、先進国ではアメリカに次いで高い」と発表し、日本に「貧困ショック」が起きた。

１９９０年代に格差が拡大したとは思っていたが、格差の大きさでは先進国トップを走り続けていたアメリカと日本の相対的貧困率がほぼ同じ（２０００年はアメリカ13・7％、日本13・5％。その後、データが更新され、21年のデータではアメリカ16・9％、日本15・3％である）というのである。

相対的貧困率とは、ＯＥＣＤの定義では、等価可処分所得（税と社会保障による再分配後）が全人口の中央値（最も人口の多い人の所得）の半分以下の人口（この人たちを相対的貧困者という）の全人口に対する割合である。

それに対して、絶対的貧困者という概念がある。これは、人が人らしく生存するために必要な最低限の所得よりも少ない人である。現在の日本には、絶対的貧困者はごく少数であると思われる。

一方、相対的貧困の存在が問題になるのは、相対的貧困者は当該の社会における標準的な生活を送ることができないからである。例えば、お金がないために、友達と一緒に出かけて、食事をしたり、映画を見たりすることができないというように、普通の社会生活に参加できない。相対的貧困家庭の子供は、高等教育以上の教育が受けらず、結婚もできず、子供を産めず、普通の人が享受している家庭生活が送れないといった状態に置かれる可能性が高い。

仮に家庭を持ち、子供を産んでも、その子供も満足な教育が受けられないため、貧困に陥るという「貧困のワナ」にはまってしまう。

図表２‐５は、２０２１年現在利用可能なＯＥＣＤのデータで、先進国の相対的貧困率を比較したものである。日本のデータが一番古く、15年である。アメリカと韓国は17年のデータである。

全体を見て、貧困率の高い国はアメリカに次いで韓国で、日本は３番目である。中でも、韓国の66歳以上の貧困率が突出して高いことには驚かされる。

貧困率が低い国は、デンマーク、ノルウェー、スウェーデンのスカンジナビア諸国とフィンランド、フランスである。１９９０年代のサッチャー改革で格差が拡大したといわれるイギリスの貧困率は11・７％（２０１７年）で、日本よりも低い。

日本の相対的貧困率は、１９８５年の12％から、94年には13・８％まで上昇し、その後も上昇し続け、２０１２年には16・１％まで上昇したが、18年に15・４％に低下した（図表２‐６参照）。

子供貧困率も１９９０年代以降上昇し続けたが、２０１８年には14％に低下した。子供貧困率とは、子供（17歳以下）全体に占める貧困線（相対的貧困）以下の等価可処分所得しか

図表2-5　相対的貧困率の国際比較

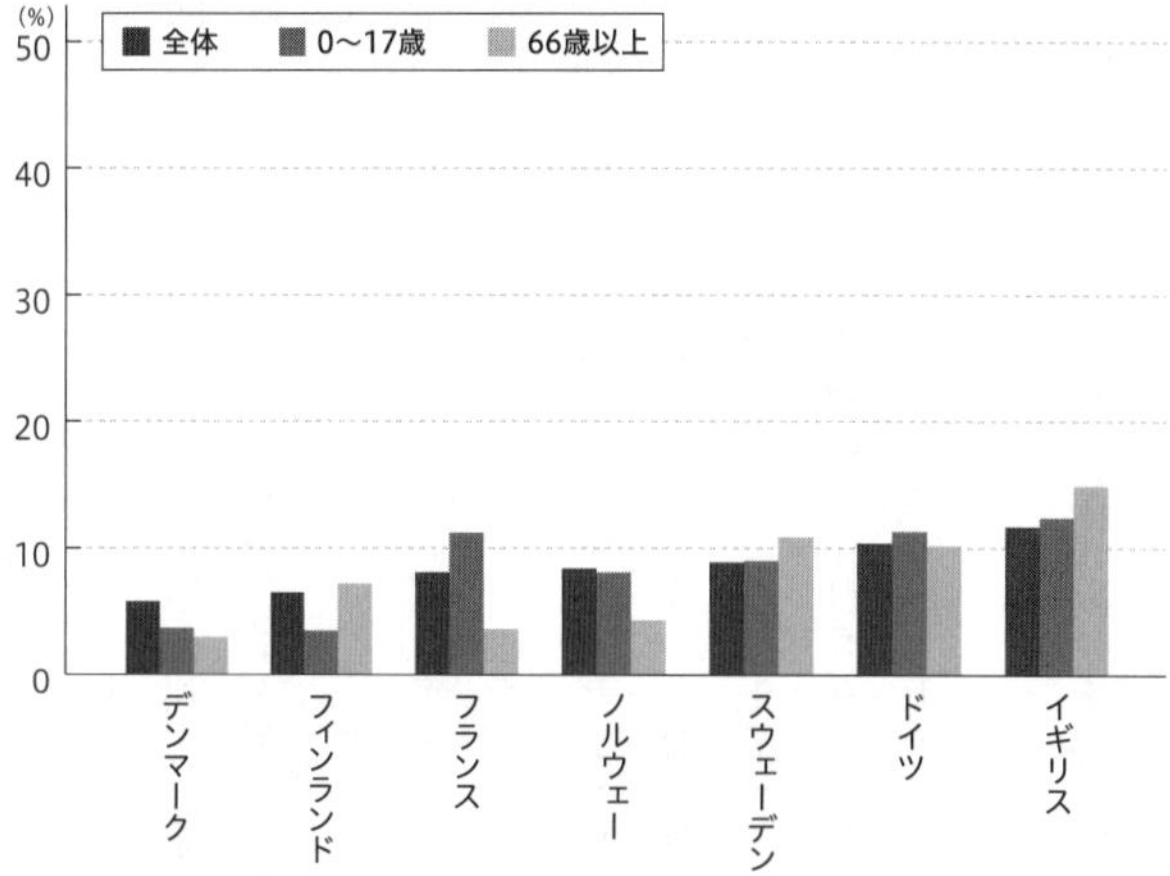


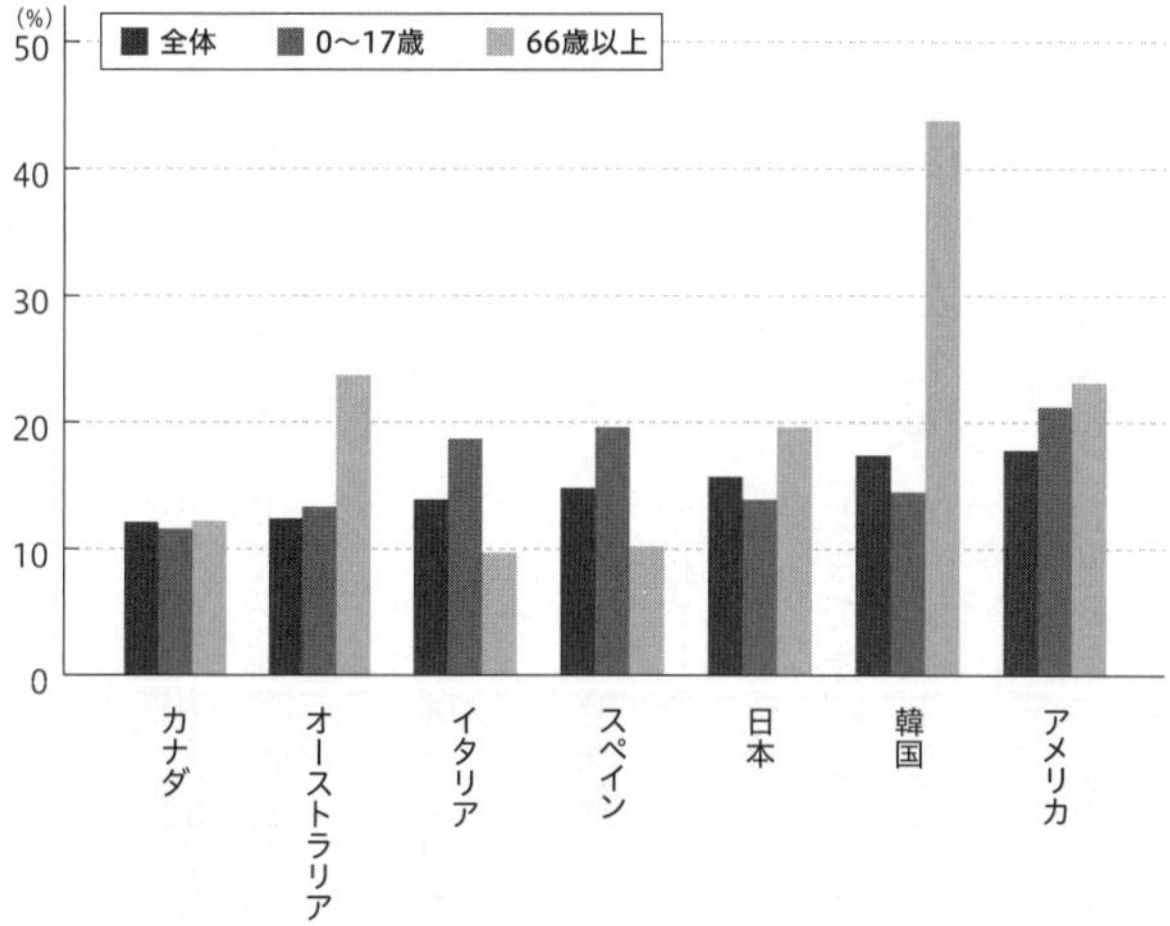


出所）OECD Databaseより。

図表2-6　日本の相対的貧困率の推移

| | 1985 | 1994 | 2006 | 2012 | 2018 |
|---|---|---|---|---|---|
| 相対的貧困率（%） | 12.0 | 13.8 | 15.7 | 16.1 | 15.4 |
| 子供貧困率（%） | 9.5 | 12.2 | 14.2 | 16.3 | 14.0 |
| 子供がいる<br>１人親現役（%） | 54.5 | 53.1 | 54.3 | 54.6 | 48.2 |
| 中央値（万円） | 216 | 289 | 254 | 244 | 245 |
| 貧困線（万円） | 108 | 144 | 127 | 122 | 122 |

注１）1994年は兵庫県を除く。

注２）2018年はOECDによる新基準。従来の可処分所得から、自動車関連税と企業年金と個人年金を差し引いた金額。

注３）子供は18歳未満。１人親現役とは、18歳以上65歳未満の世帯。

出所）厚生労働省『被保護者調査』より。


ない子供の割合をいう。この場合、17歳以下の子供に所得がなく、親が相対的貧困であるケースと17歳以下の子供自身が相対的貧困であるケースがある。後者は、親が死亡しているとか育児放棄しているなどのケースである。こうした子供は、経済的貧困が直接・間接の原因となって実の親と暮らせず、児童養護施設や里親の下で生活せざるを得なくなる。子供貧困率が14％であることは、子供全体の７人に１人は貧困線以下であることを意味する。

子供のいる一人親の現役世帯の多くは母子家庭であるが、その相対的貧困率は２０１８年に低下したとはいえ、48・２％と約半数の世帯が相対的に貧困である。なお、図表２‐６の注２に示されているように、18年は、相対的貧困率を算出するときの等価可処分所得の定義が変更されたことに注意する必要がある。

図表2‐7で、年齢階級別貧困率の推移を見ると、66歳以上は傾向として右下がりであるが、それ以下の年齢階級は傾向として右上がりである。中でも、18～25歳の最も若い年齢階級の貧困率が上昇傾向にあり、76歳以上に次いで高くなっている。

以上のように、日本の相対的貧困率は、先進国の中でも高いほうに分類され、現役世代の貧困率は上昇傾向にあり、見逃すことのできない問題である。

## 生活保護から抜け出さない世帯

以上で説明したように、1990年代以降、相対的貧困層をはじめとする低所得者が急増したが、それを反映して、生活保護世帯も急増した（図表2‐8）。2008年のリーマン・ショック後、12年まではさらに増加率が高まった。アベノミクスの期間は雇用が改善したため、母子家庭とその他の世帯の被保護世帯が減少する一方、高齢者世帯の増加が続いている。その結果、被保護世帯数は15年頃からほぼ横ばいで推移している。

生活被保護世帯の動きで注目されるのは2008年のリーマン・ショック以後の「その他の世帯」の急増である。これは、同ショックで企業倒産と失業者が急増したが、雇用保険受給資格のない人（雇用保険を12カ月間支払っていないと受給資格がない）が多く、これらの

## 図表2-7　年齢階級別貧困率の推移

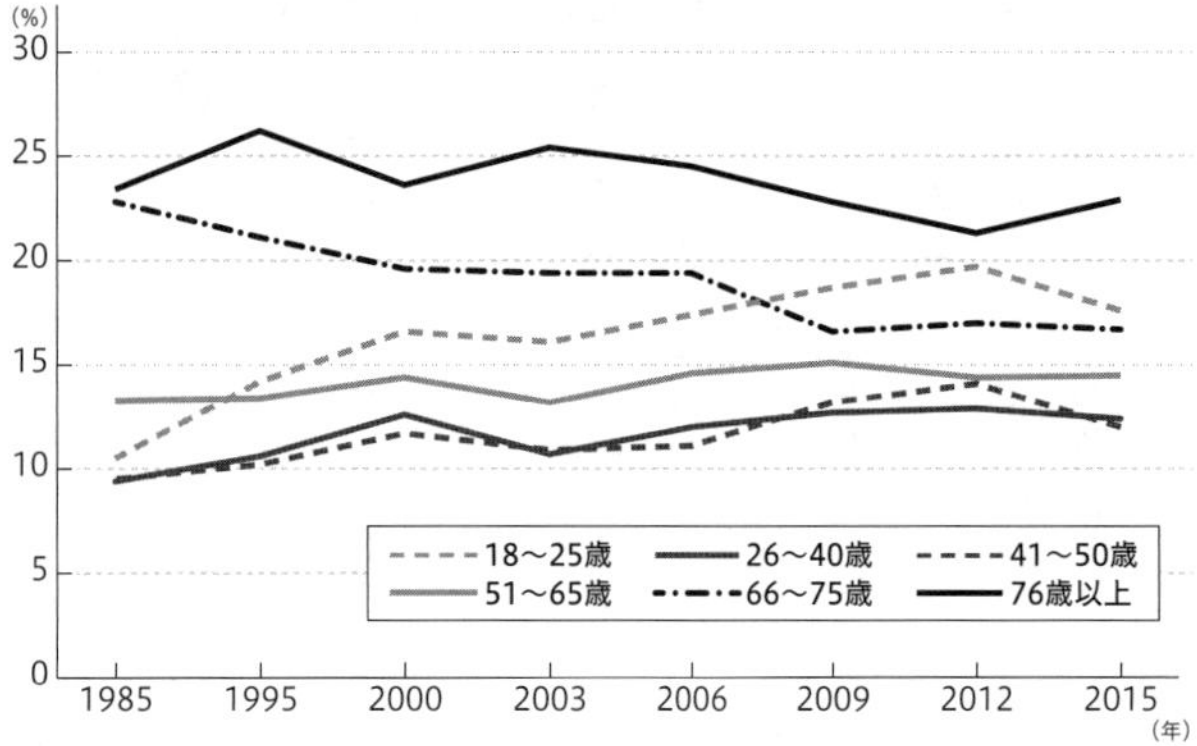


注）2012年以降は、新しい定義。ただし、2009年と2012年は旧定義と新定義と貧困率は同じ。2015年は新定義のデータしか得られない。

出所）OECD Databaseより。

## 図表2-8　1990年代以降に急増した生活被保護世帯

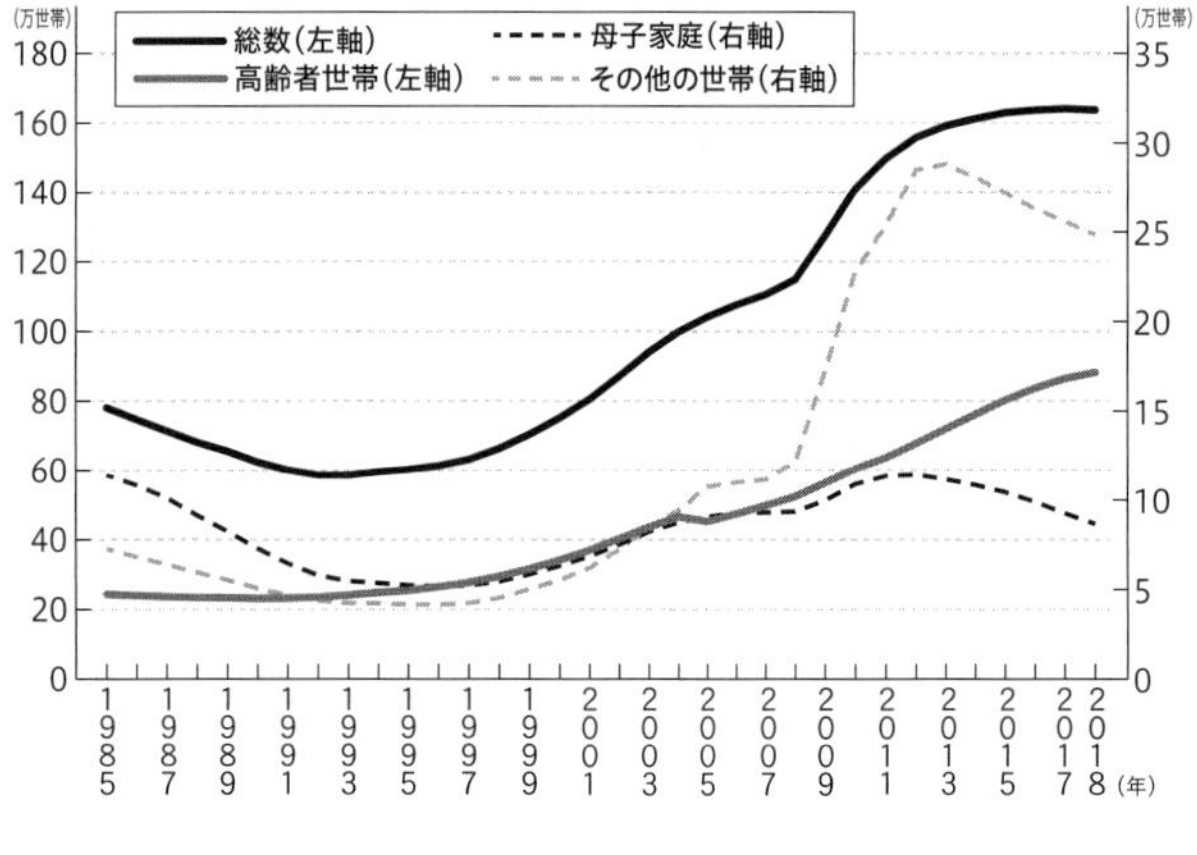


出所）厚生労働省『被保護者調査』より。

人を通常よりも寛大な条件で、生活保護制度で救済したためである。これらの人の多くは稼働能力（働く力）があると思われるが、アベノミクスで雇用が改善しているにもかかわらず、14年度以降の減少率は、母子家庭よりも低い。すなわち、稼働能力がある人たちが母子家庭よりも、被保護世帯から抜け出そうとせずに、被保護世帯として滞留しているのである。これは、生活保護制度に問題があることを示唆している。この問題の改善策は第5章で提案する。

## 年金保険料未納が招く将来の貧困

自営業者・農業従事者・学生などの第1号被保険者（国民年金）の対象者の中に、年金保険料を支払わない人や年金保険料納付免除や猶予の適用を受ける人が増えている。これらの人は、将来、無年金となるか低年金しか受け取れず、生活保護の被保護世帯にならざるを得ない可能性がある。

図表2－9は国民年金保険料納付率と未納率の推移を示したものである。この未納率には年金保険料納付免除や猶予を受けた人は含まれない。これらを見ると、国民年金保険料納付率は1990年代以降のデフレの過程で低下し、未納率が上昇したが、2013年度以降は

図表2-9　国民年金保険料納付率と未納率の推移

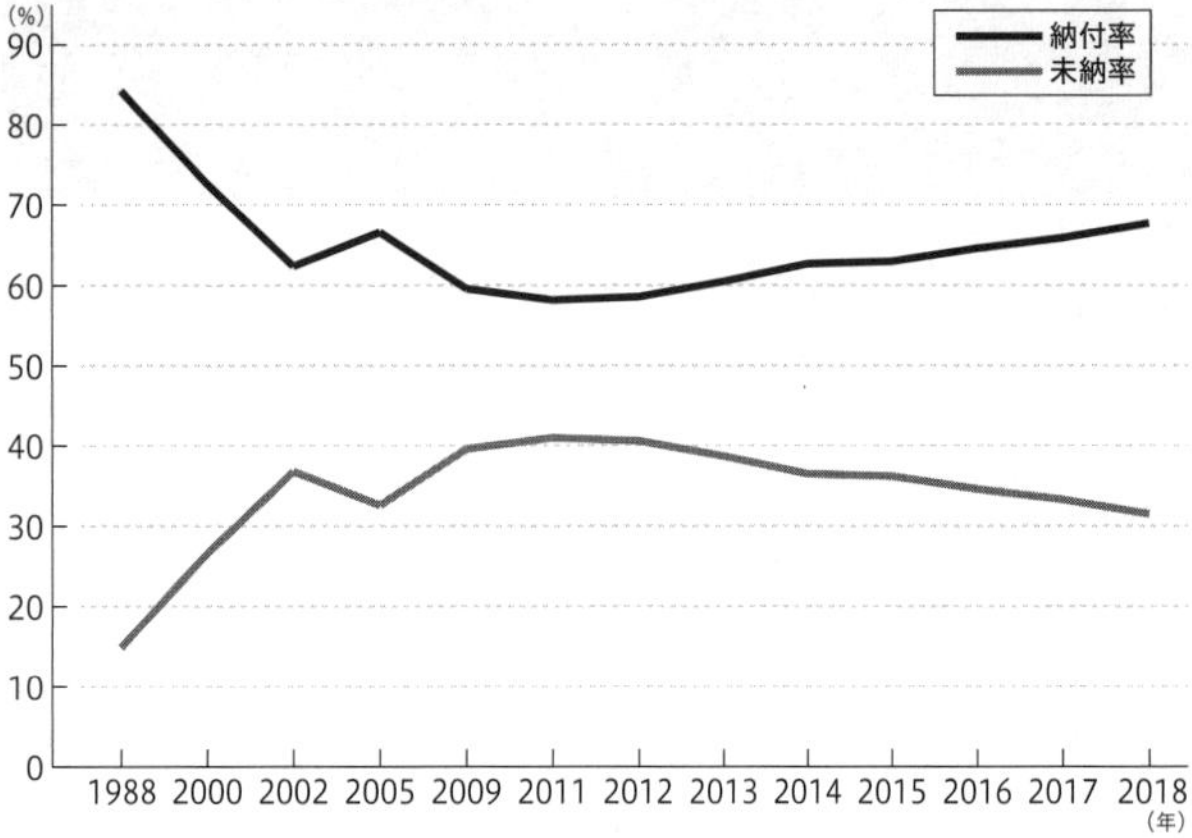


出所）厚生労働省『平成30年度の国民年金の加入・保険料納付状況』より。

図表2-10　年齢階級別の国民年金保険料納付率

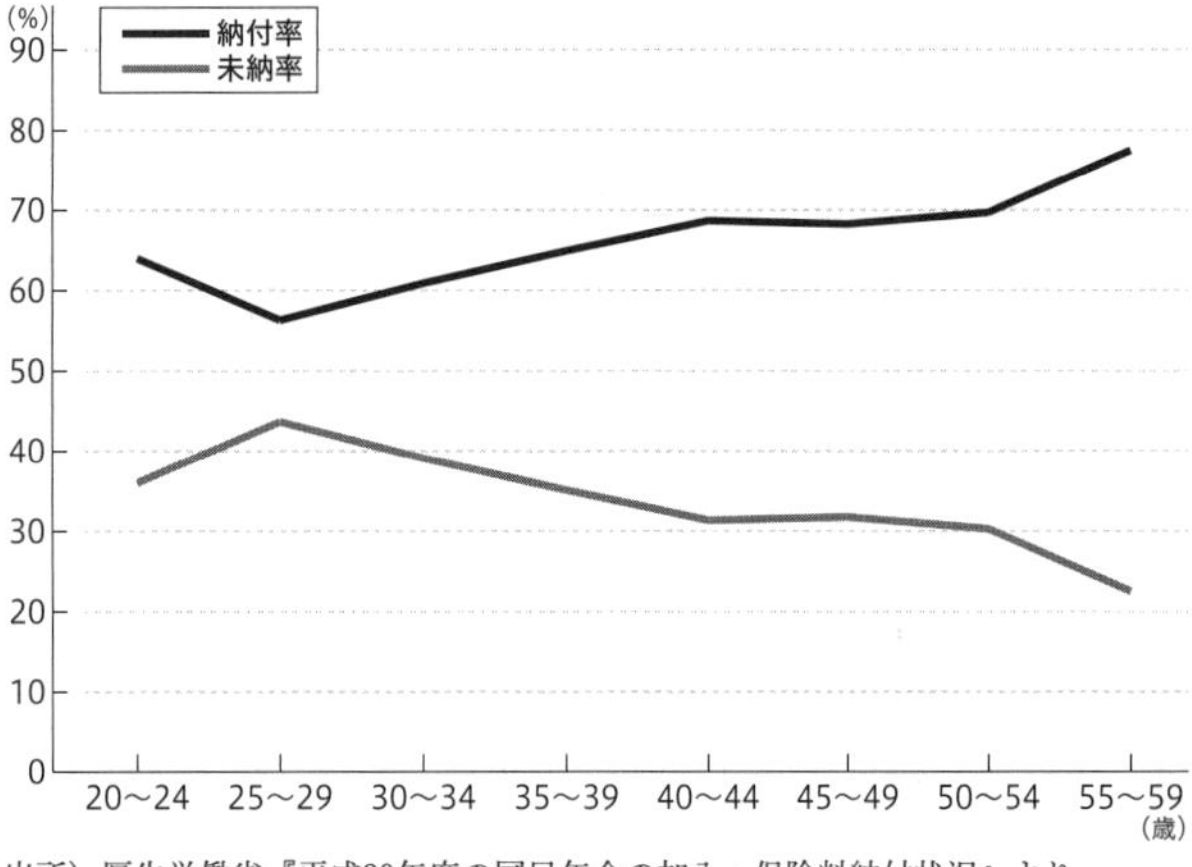


出所）厚生労働省『平成30年度の国民年金の加入・保険料納付状況』より。

図表2-11　国民年金保険料未納の理由（%）

| | 世帯所得なし | 200万円未満 | 200万円以上から500万円未満 | 500万円以上から1000万円未満 | 1000万円以上 |
|---|---|---|---|---|---|
| もう少し生活にゆとりができれば、保険料を納めたい | 66.5 | 72.7 | 69.1 | 62.0 | 50.1 |
| 年金制度の意義や有利な点が理解できれば、納付するつもりである | 4.9 | 4.8 | 5.1 | 5.7 | 10.7 |
| 年金制度や厚生労働省・日本年金機構は信用できないので納める考えはない | 3.6 | 4.2 | 6.8 | 10.7 | 6.5 |
| 国民年金はあてにできないので、納める考えはない | 4.7 | 6.0 | 5.8 | 5.9 | 12.2 |
| その他 | 20.3 | 12.2 | 13.2 | 15.8 | 20.5 |

出所）厚生労働省『平成29年国民年金被保険者実態調査』より。

納付率が上昇し、未納率が低下していることが分かる。この未納率の低下は、アベノミクスで雇用が改善したことに加え、猶予等の条件を緩和したためである。

図表２‐10（１１９頁）からは、国民年金保険料納付率は年齢が上がるにつれて上昇する傾向があるが、若いときに納付率が低いことは、それだけ納付期間が短くなることを意味し、老後の低年金が懸念される。さらに、未納率には納付猶予者などが含まれていないが、それらの人を含めて考えると、将来、貧困線（相対的貧困）を下回る高齢者の急増が

予想され、生活保護制度を維持する国民負担の増加が憂慮される。

それでは、老後に貧困者に転落する可能性が高いにもかかわらず、なぜ、国民年金保険料を納付しない人が30～40％も存在するのだろうか。

図表2‐11は、国民年金保険料未納の理由とその所得階級ごとの割合を示したものであるが、最多の理由は、「生活にゆとりがない」である。所得が1000万円以上の人でさえ、この理由で未納の人が50・1％もいるが、信じがたい割合である。

図表2‐11には、未納理由記入欄に「老後は生活保護を受けるつもりだから」という理由の選択肢はないが、著者の知人の中には、その理由で未納の人がいる。実際に、厚生労働省『被保護者調査』（2018）によれば、生活保護を受けている高齢者の35％は無年金者である。

## 2・3　年金制度における世代間格差と世代内格差

### 6000万円にもおよぶ年金の世代間格差

日本の格差問題を考える場合、現在の所得格差や富の格差だけでなく、年金に関する「世代間格差」問題にも目を向ける必要がある。これは、世代間で生涯に受け取れる年金給付総額と生涯支払った年金保険料総額との差が大きく異なるという問題である。この差を考えるときには、年金保険料を支払った時期と年金を受け取る時期が異なる点を考慮する必要がある。その場合、合理的に考えると、支払った年金保険料総額と比較されるべき年金給付総額の価値は、適切な割引率で割り引いた現在価値である。

例えば、最も分かりやすい単純なケースを想定して説明すると、次のようになる。

ケース1　現在、年金保険料を50万円支払って、1年後に、55万円の年金給付を受けるとしよう。それに対して現在、50万円を預金すると、1%の金利が得られるとしよう。1年後の預金の元利合計は50・5万円になる。これは、1年後の50・5万円が、現在の価値にすると50万円（つまり現在の預金額）に相当することを意味する。この50万円は、1年後の50・5万円を（1＋金利÷100）で割った値に等しい。そこで、この金利（ここでの例では1%）のことを、1年後に受け取る金額を現在価値に換算するときの割引率という。この1%の割引率を使うと、1年後の年金給付額55万円の現在価値は約54・5万円になる。したがって、年金給付額の現在価値と年金保険料額との差は４・５万円になる。このケースでは、４・５万円が年金制度から受け取れる利益になる。この利益を年金の純受給額といい、年金給付額の現在価値54・５万円を支払った年金保険料額（50万円）で割った値を年金の給付負担倍率という。この例では、給付負担倍率は１・09である。

**ケース２**　ケース１に対して、１年後の年金給付額が45万円であるとしよう。この現在価値は、割引率をケース１と同じ１％とすると、44・55万円になるから、年金給付額の現在価値と年金保険料額との差はマイナス５・45万円（マイナスの年金純受給額）になり、損失が発生する。年金給付負担倍率は０・89になり、１を割る。

ケース１では、年金給付負担倍率は1を上回り、年金加入は得になるが、ケース２では、年金給付負担倍率は1を下回り、年金加入は損になる。

鈴木亘（２０１２）は最近の金融市場を考慮した割引率と平均的な年金給付期間を設定し、

図表2-12　生まれ年度ごとの厚生年金の給付負担倍率と純受給額

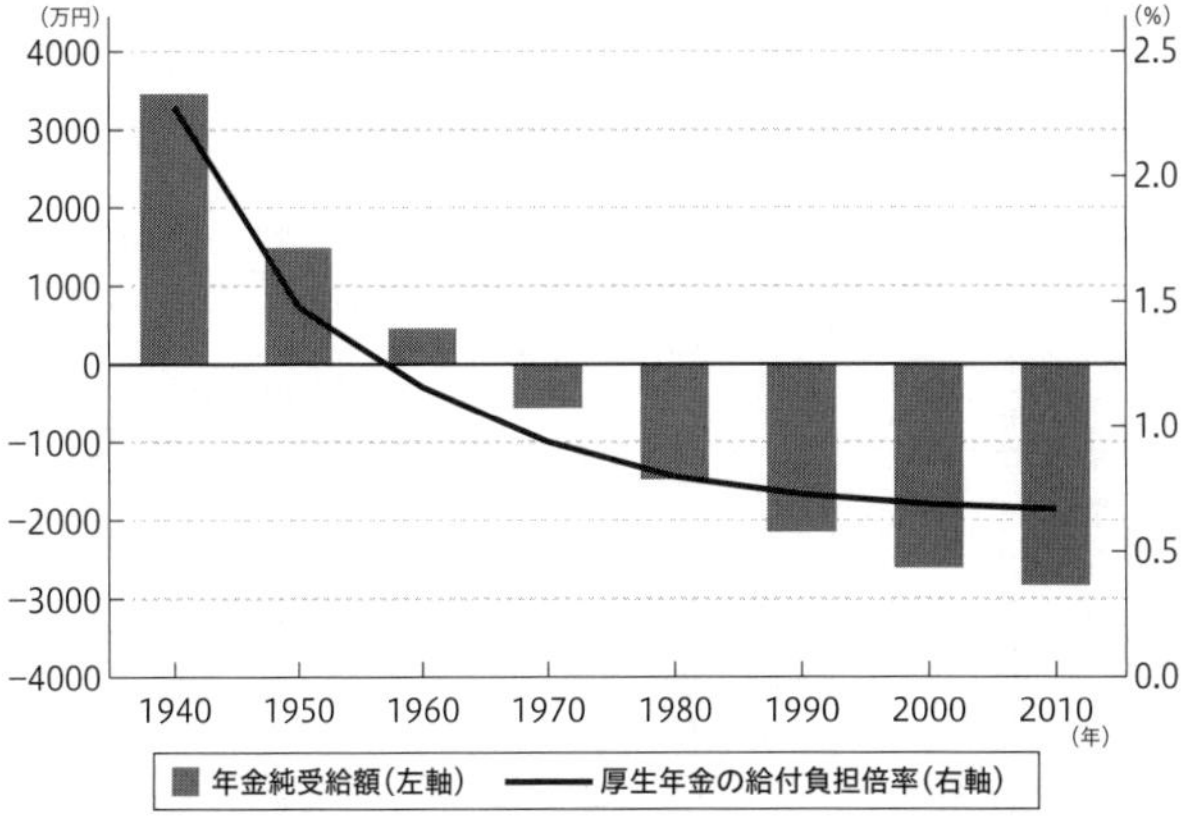


出所）鈴木亘『年金問題は解決できる！　積立方式移行による抜本改革』（日本経済新聞出版社）の図表３－３および図表３－５より、一部改変。

図表２－12のような、生まれ年度ごとの厚生年金給付負担倍率と年金純受給額を試算している。

これから、以下のことが分かる。

①　年金純受給額は１９６５年度以前生まれの人ではプラスであるが、それ以後の生まれの人はマイナスである。損得でいえば、65年度以前生まれの人は得をしているが、それ以後の生まれの人は損をしている。

②　早く生まれた人ほど得をし、遅く生まれた人ほど損をする。

③　１９４０年度生まれの人は３４６０万円の得であるが、２０１０年度生まれ

の人は２８３０万円の損であるから、前者と後者の差は６２９０万円に達する。

④　１９４０年度生まれの人は生涯の年金保険料負担の２・23倍の生涯年金給付を受けることができるが、２０１０年度生まれの人は、生涯の年金保険料負担の62％しか生涯年金給付を受けられない。

このような「年金の世代間格差」が生まれるのは、年金制度が「修正賦課方式」をとっているためである。これは、年金基金からの若干の支払いを除くと、現役世代が支払った年金保険料で高齢世代に年金を支払うという制度で、「世代間の助け合い制度」と呼ばれてきた。「賦課方式の年金」は、人口が増加し、成長率が高い経済であれば持続可能であるが、少子化が進み、成長率の低い経済では、老後にある程度安心して暮らせる年金を保障することはできない。ここにも、少子化と低成長をもたらした長期デフレの弊害が見られるのである。

## 「年金の世代間格差は存在しない」という幻想

ところが、「親が年金をもらえば、子供は親の老後の面倒を見る必要がないから、子供も年金制度から利益を得ている。年金給付負担倍率で、年金世代間の公平性を判断するのは間違っている」という意見がある。

年金制度がない時代は、子供は老後の親を扶養しなければならなかった。そのため、高所得の子供を持った親は子供の扶養のおかげで、悠々自適な老後を送れたが、低所得の子供を持った親は子供からの支援を期待できないため、貧しい老後を送らなければならなかった。

それに対して、年金制度の下では、社会全体の子供が協力して、老後の親を扶養していることになる。この制度により、子供の貧富の差が親の老後の生活水準に影響を及ぼす程度は大きく低下した。それとともに、子供は老後の親を扶養する負担からかなり解放された。しかし、だからといって子供たち全体で老後の親たちを扶養する負担が減少したわけではない。

その最大の理由は、日本人の平均寿命が飛躍的に伸びたことにある。例えば、1960年には、65歳の男性の平均余命は11・6年、女性は14・1年だったが、2015年には、それぞれ19・4年と24・2年へと大幅に伸びた。すなわち、個々の子供が老後の親を扶養しなくてもよくなったとしても、社会全体の子供が老後の親たちを扶養しなければならない期間が、この55年間で、男性の親については7・8年、女性の親については10・1年も長くなったのである。

さらに、親が産んだ子供たちが減少したため、社会全体で見て、少ない数の子供たちで多くの老後の親を扶養しなくてはならなくなった。そのため、子供が現役時代に支払う保険料は大きく上昇した。例えば、現在の年金受給者が、１９６０年度の現役時代に支払った保険料率はわずか３・５％で、70年度でも６・２％にすぎなかった。

現在の厚生年金のいわゆる「１００年安心プラン」では、保険料率は２０１７年の18・３％で固定されることになっている。しかし、鈴木（２０１２）は「１００年安心プラン」が前提にしている条件を満たすためには、35年度までに、保険料率を24・８％まで引き上げなければならないと試算している。１９６０年頃の現役世代が支払った保険料率の７倍の保険料率である。

このように考えると、「いまの子供は公的年金制度のおかげで、老後の親を扶養しなくてよくなったのだから、年金の世代間格差は存在しない」という主張は、正当性を欠く議論であろう。

## 親リッチ時代の格差

これまでは、所得分配の状況を見てきたが、ここで富の分配状況も見ておこう。

図表２‐13から、日本の富の分配はアメリカ、フランス、ノルウェーに比べて、平等であ

図表2-13　富の分布の国際比較（占める富の割合、％）

| | 日本 | アメリカ | フランス | ノルウェー |
|---|---|---|---|---|
| 上位1％の人 | 10.8 | 42.5 | 18.7 | 20.1 |
| 上位10％の人 | 41.0 | 79.5 | 50.6 | 51.5 |
| 下位60％の人 | 17.8 | 2.4 | 12.1 | 7.3 |
| 上位1％の下位60％に対する倍率（倍） | 36.4 | 1062.0 | 92.4 | 65.4 |

注）日本は2014年、アメリカは2016年、フランスは2014年、ノルウェーは2015年のデータを用いた。

出所）OECD Databaseより。

ることが見てとれる。アメリカは上位１％が富全体の42・5％を占めている。これは平均的な人の42・5倍の富を所有していることを意味する（上位１％の人の富が平均的な人の富と同じであれば、富全体の１％を占めることになる。実際は42・5％であるから、平均的な人の42・5倍の富になる）。それに対して、下から数えて60％以下は、わずか２・４％（２・４％の富を60％の人で分けあっているから、１人当たりの富は平均の０・04倍＝２・４÷60になる）しか保有していない。その結果、上位１％の人の富は下位60％の人の１０６２倍に達する。

しかし、図表２‐13の日本のデータは２０１４年で、21年現在から見ると古い。以下に示すように、「親リッチ」が急増しており、富の不平等は14年よりも大きくなっているのではないかと思われる。

すでに述べたように、「公的年金のおかげで子供が老後の親の扶養から解放された」という主張があるが、１９９０年代以降の低成長経済では、むしろ子供の所得が低いため、親は子供が就職した後でも、子供と孫の生活の面倒を見なければならない状況である。しかし、低所得の引退後の親には、子供や孫の面倒を見る余裕はない。その結果、親が裕福かどうかで、子供と孫の世代内格差が拡大している。

宮本弘之（２０１９）は、「同じような年齢や職業であっても、普通の若者とは明らかに異なる暮らしぶりの若者を見ることがある。例えば、都心のマンションに住み、頻繁に海外旅行に出かける若者、自分の収入ではとうてい買えないような高価な洋服や宝飾品を身につけている若者である」と述べている。

著者も、新幹線のグリーン車に乗っている若いファミリーや、飛行場でビジネスクラスのゲートに向かう若者を見ることがよくあり、「ＩＴ長者か」と思って見ていた。

しかし、宮本（２０１９）によると、そうした若者は親や祖父母が超富裕層・富裕層に属する人で、親や祖父母から援助を受けて裕福な生活を送っているのだという。野村総合研究所では、こうした親や祖父母からの援助を受けて裕福な生活をしている20～50歳代の人を「親リッチ」と呼んでいるそうである。

政府統計と野村総合研究所の調査を利用した結果によると、日本の超富裕層（純金融資産残高5億円以上）の世帯は、２０１７年は8・4万世帯で、11年よりも1・7倍も増えた。富裕層（純金融資産残高1億円以上5億円未満）の世帯は、17年は１１８・３万世帯になり、11年よりも1・6倍も増加した。こうした急増は、アベノミクスによる株高・外貨高の結果であると思われる。

２０１７年の超富裕層と富裕層の世帯の20～50歳代までの子供と孫の平均的な数を勘案すると、２３５万人になる。これらの人が「親リッチ」である。これに20歳未満の子供・孫（２９９万人）を加えると、超富裕層と富裕層の子供と孫は５３４万人に達する。これは、17年の59歳以下の人口（総務省統計局『人口推計』より）の6・1%を占める。

## 富裕層は教育に熱心

超富裕層・富裕層の支出を見ると、授業料、塾の費用、仕送り費など、教育関連が占める割合が多い。

図表2‐14は、年収が１２５０万円に達するまで、教育・仕送り費支出（月額）が増大することを示している。年収が１２５０万円以上になると教育支出が減少するのは、すでに子供が大学を卒業して、独立している場合が多いためであると思われる。

図表2-14　年収階級別教育費支出等と純金融資産残高

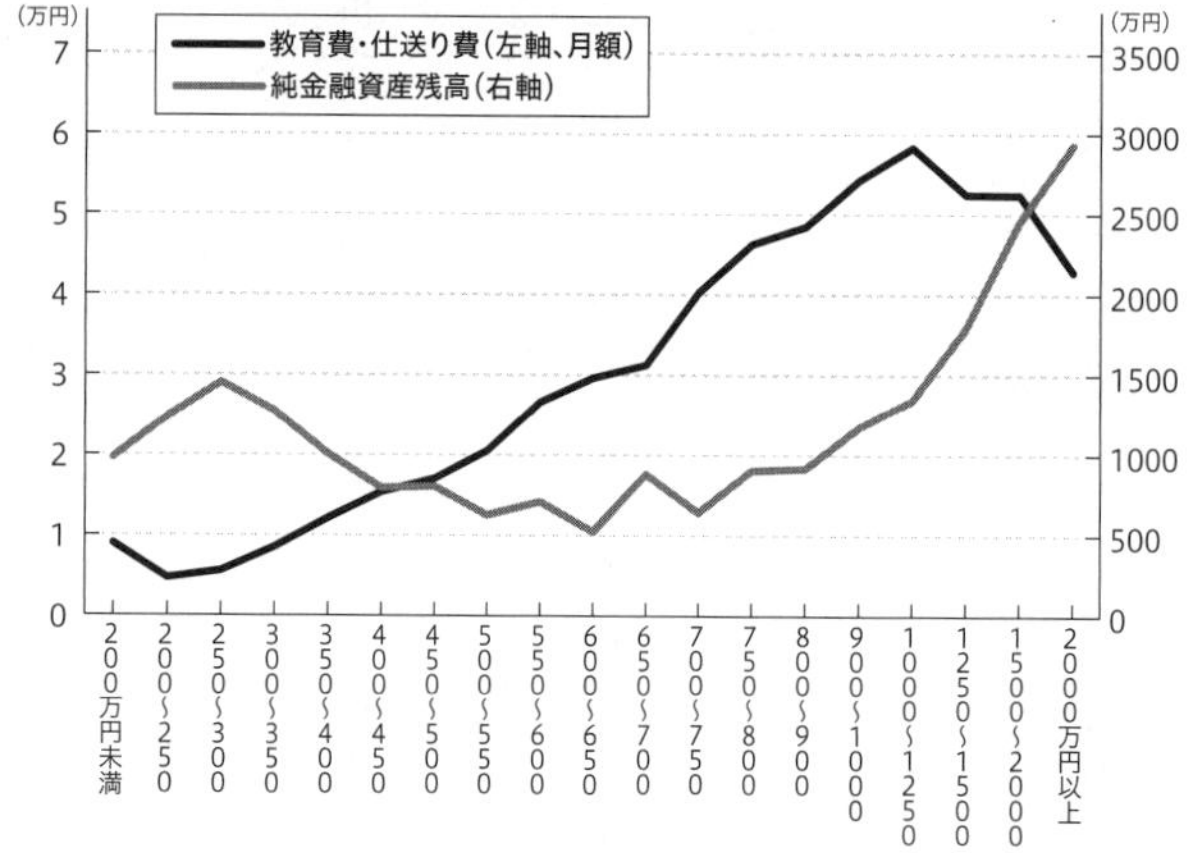


出所）総務省『全国消費実態調査』（2014）より。

所得階級の上位者は富の所有においても富裕層に属するが、この層の人の子供や孫に対する大きな教育投資が、人的資本の形成をもたらし、世代を経るごとに世代内の所得と富の格差を拡大していく要因になる。

なお、年収が４００万円未満の人の純金融資産残高が所得との対比で比較的高いのは、年金給付を受けている高齢者が保有している純金融資産が含まれているからである。ちなみに、２０１９年における高齢者（60歳以上）の貯蓄額の中央値は１５００万円、平均値は２２８５万円である。

## 世代間格差が世代内格差の原因になる

右で述べた親リッチは世代内格差をもたら

す原因であるが、年金について述べた世代間格差は実は、将来の世代内格差を拡大する要因である。例えば、鈴木（２０１２）によれば、前述の通り１９６５年度以降に生まれた人は、現在の年金制度では損失を被る。しかし、40年度に生まれた人は年金制度による年金純受給額が大きい分、多くの相続財産を残すであろう。年金制度による年金純受給額が大きい親の子供や孫は、自分自身の年金制度により損失を被るが、相続財産が大きくなることによって、年金による損失は相殺される。つまり、年金純受給額が大きい親を持った子供や孫ほど裕福になれ、年金の世代間格差は将来世代内の格差拡大要因になるのである。

この問題と相続税のあり方は関係があるので、第5章で再び取り上げる。

## 21世紀の日本経済の課題

最後に、次章以下で解決策を検討する、日本経済の課題をまとめておこう。

① 日本経済に低成長、少子化、非正規社員の増加、所得と富の格差など、さまざまな困難な問題をもたらしている根本的原因は、長期にわたって続いているデフレである。したがって、デフレから完全に脱却して、日銀が物価安定の目標としている２％程度

の安定したインフレ経済を実現することが重要である。

②　人々の生活水準を引き上げるためには、生産性を向上させて、長期的に１人当たり実質成長率を２％から３％程度に維持する必要がある。

③　社会保障制度を実質的に機能させるためにも、少子化の下では、現役世代の負担の能力を高める１人当たり実質成長率の引き上げが必要である。

④　高齢者の所得保障に偏った社会保障制度を、保育や幼児教育などの家族政策のためにも活用する。これは少子化対策であるとともに、女性の労働力を最大限活用して成長率を高め、それによって財政の持続可能性と充実した社会保障制度の構築にも資する。

⑤　格差を縮小するための雇用政策と税制改革が必要である。

⑥　年金の世代間格差を解消する抜本的政策が必要である。

以上の課題を解決する経済政策を採用しなければ、日本経済の未来は暗い。ジョン・メイナード・ケインズは大恐慌の最中に、「孫の世代の経済的可能性」（１９３０）を発表し、孫の世代の経済を楽観視していた。しかし、日本国民が右に挙げた６つの課題に真剣に取り組む政府を選択しなければ、著者の「孫の世代以降の経済的可能性」は極めて悲観的である。

# 第3章　成長を取り戻すデフレ脱却と公正な競争政策

第1章と第2章では、日本経済の課題について説明した。この章と次章では、それらの課題のうち、効率性に関わる問題を解決するための政策を提案する。効率性を改善することは、マクロ経済的には成長率を高めることであり、アベノミクスで言えば、第3の矢が担当すべき仕事である。第3の矢の課題は多いため、この章では、著者がとくに重要であると考える点に絞って、政策を示すことにする。

成長率を高めるためには、労働生産性を高める必要がある。そこで、はじめに、デービッド・アトキンソン氏（2020年10月から政府の成長戦略会議の有識者となった）の1990年代以降、日本の労働生産性が低下したという議論を検討し、その議論の不適切性を指摘する。この問題を議論するのは、仮に、労働生産性が低下したとしても、その原因を間違ってとらえると、労働生産性を引き上げるための政策手段の選択を誤るからである。この議論により、労働生産性を引き上げるためには、経営者や労働者が労働生産性向上に本格的に取り組むことができるような経済環境を整備することが先決であるという結論が導かれる。

具体的には、政府と日銀が協力して、デフレという経営者や労働者にとって最悪の経済環境を、インフレ率が2％程度で安定し、転職が容易になる（これを雇用の流動化という）経済環境をつくることである。その経済環境とは、人手不足の経済である。人手不足経済であれば、アトキンソン氏が労働生産性が低い企業として指摘する中小企業も、労働生産性を引き上げなければ生き残れなくなるため、労働生産性を向上させる対策（ＩＴ投資やＳＮＳの活用など）に取り組むようになる。さらに、人手不足経済であれば、転職の可能性が高まるから、失業者の増加を心配することなく、雇用を守るためだと主張されている中小企業保護などの産業保護政策から、労働生産性の向上に資する、公正な競争政策に転換することが可能になる。

## ３・１　90年代以降、日本の生産性はなぜ低下したのか

### 人手不足経済が成長の土台になる

日本経済は２０１９年までに2％のインフレ目標を達成できなかったが、失業率は２・4％で、１９８０年代後半のバブル期の２・８％より低下し、有効求人倍率も１・51倍（除く新卒とパート）まで上昇し、労働市場は売り手市場の状態（人手不足経済）になった。

このような完全雇用に近い状況こそ、アベノミクスの第3の矢である規制緩和など、供給サイドの成長政策を本格的に進める時期である。なぜならば、ほぼ完全雇用で人手不足経済

であれば、規制緩和により競争に敗れて企業が倒産しても、従業員に転職の機会が豊富に存在するからである。

ところが、いよいよ成長政策に本格的に取り組める時期が到来したと思った矢先の２０２０年の初めから、新型コロナウイルス感染症が全世界で広がり、世界中で経済活動が縮小し続けている（２０２０年11月時点）。

日本では、２０１９年10月の消費税増税（8％から10％への引き上げ）の影響で、景気はすでに19年第４四半期から悪化し始めていたが、これに新型コロナウイルス感染症の影響が加わって、失業率は20年１月以降上昇し続け、９月には３％まで上昇した（19年12月は２・２％）。20年7月から9月の有効求人倍率も１・06倍に低下し（19年12月は１・57倍）、１を割るのも時間の問題という状況である（２０２０年12月時点）。

こうした経済状況の悪化の下で最優先すべき経済政策は、医療関係者と休業や失業等により生活難に陥った人を支援するための公費投入およびマクロ経済安定化政策であり、生産性を引き上げる規制改革等の構造対策は、新型コロナウイルス感染症問題が収束してから取りかかるべき政策である。その点を確認した上で、以下では新型コロナウイルス感染症問題が収束した後にとるべき成長政策を検討しよう。

## 本当の実力を示す真の労働生産性とは

これからしばらく、労働生産性の話をする。一国の労働生産性は、実質ＧＤＰを就業者数や総労働時間（就業者×労働時間）で割って求める。就業者数で割る場合の労働生産性は就業者１人当たりの労働生産性であり、総労働時間で割る場合は、１時間当たりの労働生産性である。すなわち、１時間当たりの労働生産性＝実質ＧＤＰ÷総労働時間であり、総労働時間＝就業者数×１人当たりの労働時間である。

ここで、注意すべきは、労働生産性の分子である実質ＧＤＰである。実質ＧＤＰについては、２つの実質ＧＤＰを区別して考える必要がある。

第一は、実際に実現した実質ＧＤＰである。第二は、実質ＧＤＰを生産するためには労働と資本（工場や機械や建物など）を投入しなければならないが、ある期間において、利用可能な労働と資本をすべて生産のために投入し、それらを限度一杯利用したとき（稼働率の上限までという意味である）に実現できる実質ＧＤＰである。この実質ＧＤＰを潜在ＧＤＰまたは完全雇用ＧＤＰという。この潜在ＧＤＰはある期間（例えば1年間）に実現可能な最大の実質ＧＤＰである。

実際に実現されるＧＤＰは潜在ＧＤＰに一致するとは限らない。例えば、総需要（家計消費、住宅投資、在庫投資、民間企業設備投資、公共投資、輸出の合計から輸入を差し引いた値）が不足する場合には、実現される実質ＧＤＰは潜在ＧＤＰを下回る。したがって、この実現した実質ＧＤＰを就業者数や総労働時間で割って、労働生産性を求めると、潜在ＧＤＰを就業者数や総労働時間で割って求めたときの労働生産性よりも低くなる。前者を実現した労働生産性といい、後者を本書では真の労働生産性と呼ぶことにする。これを真の労働生産性と呼ぶのは、当該の国にとって、当該の期間に達成可能な最大の労働生産性であり、いわば当該の国の実力を示す労働生産性だからである。

## 単純な比較はできない各国の労働生産性

右に述べたことを念頭に置いて、しばしば引用されるＯＥＣＤ統計で示されている労働生産性の国際比較を見てみよう。

２０１８年のＯＥＣＤ統計によると、ＯＥＣＤ加盟国36カ国中で、日本の労働生産性は21位で、ＯＥＣＤ平均よりも18％低い水準である。リーマン・ショック後に政府債務危機に陥って、一時はユーロ離脱かという危機的状況にあったギリシャの労働生産性は27位であるが、日本の労働生産性はそのギリシャよりもわずか8％高いだけで、信じがたい数値である。アイルランドはずば抜けて労働生産性が高いので、それを除外し、第3位のアメリカと比べると、日本の労働生産性はアメリカの6割にすぎない。

しかし、右で述べた労働生産性の国際比較には、次のような問題があり、とくに日本の労働生産性を国際的に比較すると、いかにも低く見えるという点には注意が必要である。

第一は、比較の尺度に関わる問題である。労働生産性を国際的に比較するためには、付加価値や実質ＧＤＰなどの経済変数を国際的に同一の尺度で測らなければならない。１つの方法は、為替レートであるが、これは変動が大きく、安定した比較の尺度としては適切ではない。例えば、２０１９年の日本の実質ＧＤＰは５３６兆円である。これを、20年9月初め頃の１ドル１０６円で換算すると、５兆ドル程度になる。仮に、12年に起きたように、1ドル75円程度の円高・ドル安になると、日本の実質ＧＤＰは７兆ドル程度になる。就業者数が変わらなければ、この為替レートの変化だけで、日本の実質ＧＤＰと労働生産性は１・４倍に上昇する。逆に、為替レートが１ドル１２０円の円安になると、日本の実質ＧＤＰは４・５兆ドルになり、実質ＧＤＰと労働生産性は10％低下する。

## 国際比較に有効だが限界のある購買力平価

そこで、このように労働生産性が為替レートの変化で大きく変動するのを避けるために、為替レートではなく、購買力平価が使われる。購買力平価には、絶対的購買力平価と相対的購買力平価とがあるが、通常使われているのは相対的購買力平価である。これは次式によって求められる。

相対的購買力平価＝基準となる為替レート×自国の物価÷相手国の物価［３－１］

この式から分かるように、相対的購買力平価は基準となる為替レートに大きく依存する。日本では、１９７３年４月から６月期の平均である1ドル２６５円が基準の為替レートになっている。この相対的購買力平価は次のことを意味する。

話を分かりやすくするために、アメリカと日本の同じ財Aの価格（よく例として挙げられるのは、ハンバーガーである）について、相対的購買力平価を考えよう。右の相対的購買力平価の基準年である１９７３年４月から６月期の財Aの価格が、アメリカで１ドルとし、日本では２６５円であるとすると、１ドルで２６５円を買い、日本でその２６５円で財Aを１

単位購入できる。これは財Ａに関して、１ドルの日本における購買力は２６５円であることを意味する。そこで、73年４月から６月期の１ドルの購買力平価は２６５円になる。実際には、購買力平価はドル表示で示されるから、このことは、円の購買力平価は１÷２６５＝０・００３８ドルであることを意味する。

次に、１年後に、日本では財Ａの価格は５％上昇して２７８・25円になり、アメリカでは10％上昇して、１・１ドルになるとする。すると、日本での財Ａの１単位の価格２７８・25円と、アメリカでの財Ａの１単位の価格１・１ドルが等しくなる為替レートは、１ドル＝２５２・95円（＝２７８・25円÷１・１ドル）である。この為替レートであれば、２７８・25円で１・１ドルを買って、アメリカで財Ａを１単位買うことができるから、日本とアメリカで財Ａの価格は同じになる。

以上に述べたことを、財Ａの価格を物価と考えて、基準年の物価を日本とアメリカでともに１に基準化して式で表せば、次のようになる。

１年後の購買力平価＝２６５円×１・05［１年後の日本の物価］÷１・１［１年後のアメリカの物価］＝２５２・95円［３‐２］

このように、相対的購買力平価とは、ある基準年の2国間の為替レートをその後の2国間の物価の変化を考慮して、両国の財・サービスの価格が等しくなるような為替レートのことである。

日本とアメリカについていえば、日本の物価上昇率がアメリカよりも低くなると、日本のドル表示（1円が何ドルに相当するかという意味）の購買力平価は高くなる（円高・ドル安）。また、購買力平価は為替の基準レートをいつの時期の実際の為替レートにするかによっても、大きく変化する。

さらに購買力平価は、①異なる国の貿易財がまったく同じものであり、②競争が完全であり、したがって、「一物一価の法則」が成立することを仮定している（右の例では、財Aの価格は日米で等しくなる）。この法則は、同じ財が為替レートで換算して異なる価格になると、簡単化のために輸送料や保険料を無視すれば、安い国で買って、高い国で売って利益を上げようとする裁定取引が生ずるため、安い国では需要が増えて、価格が上がり、高い国では供給が増えて、価格が下がることにより、両国の価格は等しくなる、という法則である。

それに対して、貿易されない非貿易財（主としてサービス。財でも貿易されないものを含む）については、異なる国の間の価格に関する裁定取引が生じないため、一物一価の法則は成立しない。さらに、サービスは財以上に内容・質が国ごとに異なり、比べることは困難である。例えば、著者が日本で受けている理髪店のサービス（質がよい）は、海外の理髪店サービス（著者にとっては妻にカットしてもらったほうがはるかにまし）とはまったく異なるサービスであり、比べようがない。これは一例であるが、サービス全体についていえる。

以上から、［３‐１］の自国の物価と相手国の物価を構成する財・サービスが（質の相違を考慮すると、とくに）異なるため、購買力平価でＧＤＰを国際比較することには限界があることが分かる。

## 景気に左右される労働生産性の問題点

第二の、第一よりもむしろ大きな問題（あるいは根本的な問題といったほうがよい）は、ＯＥＣＤが公表しているような事後的な実質ＧＤＰを就業者数（あるいは総労働時間）で割って求めた労働生産性は、単に景気を反映して変化する実質ＧＤＰを比較しているのと変わらないという点である。

とくに、ＯＥＣＤなどが公表している日本の労働生産性は、長期にわたるデフレという鏡に映った姿にすぎないのであり、真の労働生産性ではない点が問題である。

すでに述べたように、実現される実質ＧＤＰは潜在ＧＤＰと一致するとは限らない。景気が悪いときには、非自発的失業（現行の賃金で働きたいと思っていても就職先のない人）が存在するため、利用可能な労働は余っている。働いている労働者の稼働率も上限を下回る。

このことは、次のような例を考えると分かりやすい。景気が悪いときの衣料品店の店員の行動を想定してみよう。店員は来店する人がいないので、暇を持て余している。たまに客が来ると、その人が探しているものを聞いて、説明し、あれこれ勧めるが、その客は買わずに帰ってしまう。そこで、店員は客が試着した洋服をたたんで、元の場所に戻したりして、店の飾りつけを整えたりする。店員が8時間店にいて、売れた洋服の額は1万円でしかない。この売上高を労働時間8時間で割ると、1時間当たりの労働生産性は１２５０円になる。

一方、景気が良くなり来店者数が増え、店員は8時間忙しく働いて、1日の売上高が10万円になったとしよう。すると、この店員の1時間当たりの労働生産性は10倍の1万２５００円になる。労働生産性が10倍になったのは、この店員が洋服を売る技術が進歩したからではない。ただ景気が良くなり来客数も増えて、売上高が増えたにすぎないからである。

以上のように、実現した売上高で労働生産性を測ると、単に景気の良し悪しを見ているにすぎないことになる。

いま述べたことから、労働生産性や実質ＧＤＰを国際比較することには限界あるいは問題があり、とくに日本の労働生産性の国際比較にはほとんど意味がなく、それが上がった下がったと一喜一憂しないことである。なぜならその労働生産性は、景気の良し悪しで変動しているにすぎないからである。

景気が悪いときの衣料品店の店員の生産性が低いことを観察して、店員の販売技術の能力が低いためだと考え、技術指導（これを供給サイドの政策という）しても効果はほとんどない。政府と日銀が景気を良くする政策（これを需要サイドの政策という）のほうがはるかに効果的である。これは、原因を追究せずに、事後的に観察された現象だけに注目した対策をとると効果が上がらない、という例である。

### １人当たり実質ＧＤＰを〝展開〟して見えてくるもの

ここで、労働生産性の国際比較の問題から離れて、国民の生活水準にとって重要な指標である国民１人当たり実質ＧＤＰと労働生産性の関係を説明しておこう。これら２つの関係は、次のようになる。

国民1人当たり実質GDP＝実質GDP÷人口
＝（実質GDP÷就業者数）×（就業者数÷人口）［3－3］

［3－3］の右辺の（実質GDP÷就業者数）は定義により、労働生産性である。

労働生産性＝実質GDP÷就業者数［3－4］

次に、［3－3］の右辺の（就業者数÷人口）は次のように書き直すことができる。

就業者数÷人口＝（就業者÷15歳以上人口）×（15歳以上人口÷人口）［3－5］

［3－5］の右辺第1項（就業者÷15歳以上人口）を就業率、第2項の（15歳以上人口÷人口）を15歳以上人口比率という。

これらの用語を用いると、就業者÷人口＝就業率×15歳以上人口比率になる。この関係を使うと、[3-3] は次のように書き直すことができる。

国民1人当たり実質GDP＝労働生産性×就業率×15歳以上人口比率 [3-6]

[3-6] の右辺から、国民（以下では、国民を省略する）1人当たり実質GDPを引き上げる要因は次のようになる。

・労働生産性を引き上げる。
・就業率を引き上げる。
・15歳以上人口比率を引き上げる。

しかし、いま述べた1人当たり実質GDPを引き上げる労働生産性要因は、供給サイドから見たものであり、労働生産性の定義である分子の実質GDPは総供給と総需要で決まるという点を考慮していない。この点を考慮していないために、アトキンソン（2018）に代表されるように、OECDなどの統計で見て、「日本の労働生産性は国際的に見て極めて低

図表3-1　1人当たりGDP、労働生産性上昇率、就業率の推移

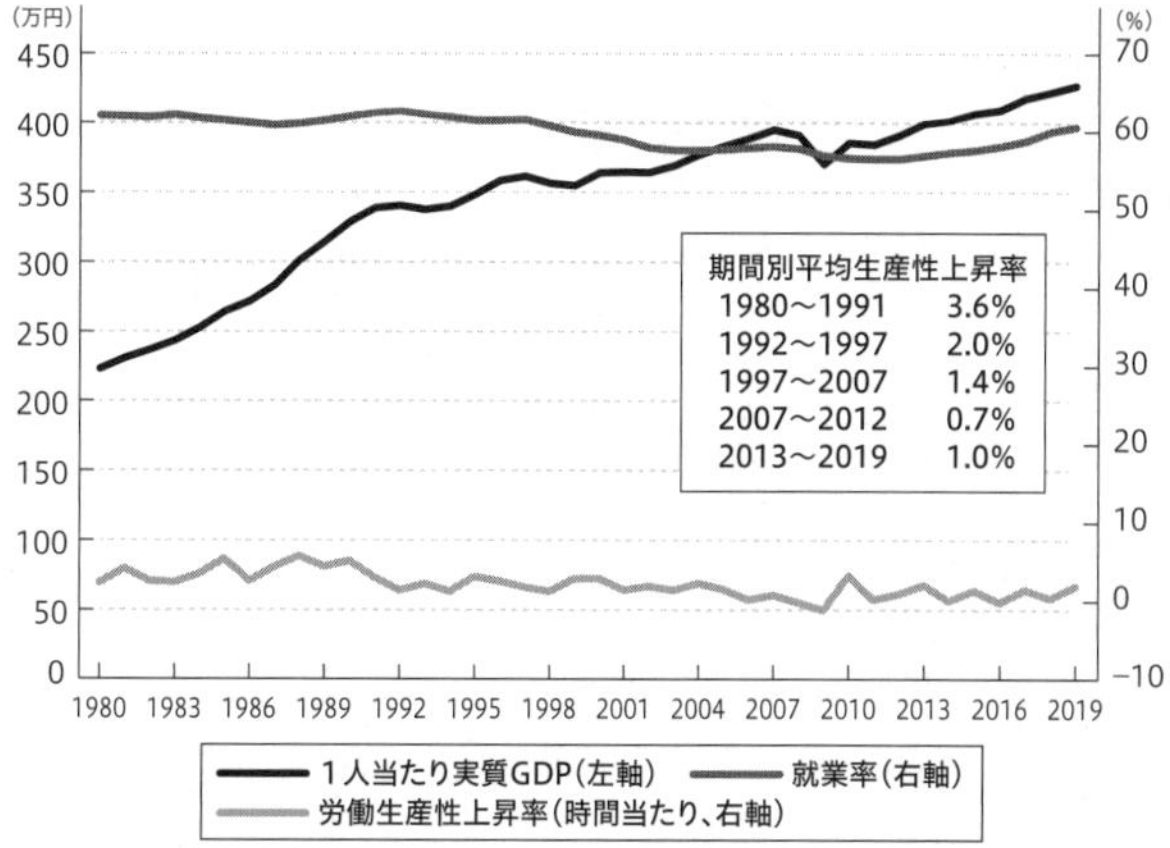


出所）総務省『労働力調査』およびIMF International Economic Outlook Databaseより。

い」という誤解に基づく悲観論が生まれるのである。

## コロコロと変動する労働生産性

いま述べた誤解された状況を示すために、日本の実際の1人当たり実質GDPと実現した労働生産性等との関係をグラフで見てみよう。

図表3-1から、労働生産性の変化について、次のことが分かる。

期間①　労働生産性上昇率は、1980年からバブル崩壊が始まった91年までの間に、年平均3・6％で上昇した。

**期間②**　バブルが崩壊した後、１９９２年から消費税の税率が３％から５％に引き上げられた97年までの期間、労働生産性上昇率は低下傾向に転換し、この期間の年平均上昇率は２％にとどまった。

**期間③**　１９９７年からリーマン・ショック前の２００７年までの期間は、労働生産性の上昇率の年平均は１・４％とさらに低下した。

**期間④**　２００８年半ばから09年にかけてのリーマン・ショックを含んだ07年から12年までの労働生産性上昇率の年平均は０・７％まで落ち込んだ。

**期間⑤**　２０１３年から19年までの期間の労働生産性上昇率の年平均は１％まで回復した。

以上から分かるように、事後的に観察された労働生産性上昇率は、年々かなり変動する。この変動は次項で説明するように、景気の変動によってもたらされるものである。もしも労働生産性が、主として供給サイドの要因によって変化するのであれば、その年々の変動は小さくなるはずである。なぜならば、労働生産性を決める供給サイドの要因である、利用可能な最大の労働や資本および技術や知識などは短期間で大きく変化しないからである。

## １９８０年代——バブルとともにあった労働生産性

まず、右に述べた期間①から見ていこう。この期間である１９８０年代の10年間で、労働生産性は40％も上昇した。しかし、この期間にこれほど大きな上昇を引き起こすような技術進歩や知識、労働の質の向上あるいは規模の経済性をもたらすような企業大編成が起きただろうか。そうしたことは一切起きなかった。起きたことは、「日本的経営は最高だ。アメリカ的な労働者をすぐ解雇するような資本主義経済はだめだ。人間を大事にする人本主義こそ日本型資本主義の成功の鍵だ」と日本的経営を絶賛して、バブルに酔っていただけである。

つまり、１９８０年代の労働生産性の急上昇の原因は、総需要が大きく増加し続け、その結果、実現した実質ＧＤＰが大きくなったことにある。91年の１人当たり実質ＧＤＰは80年の１・５倍にも増加した。

総需要が強ければ、完全雇用に達するまでは、いま述べたように、実現する実質ＧＤＰは大きくなる。したがって、この大きな実質ＧＤＰを就業者全体の総労働時間で割った時間当たり労働生産性は高くなる。

景気が良くなり、労働市場は売り手市場になった（有効求人倍率［失業率］は１９８８年に１を超え［２・５％まで低下］、バブルの余韻が残っていた91年は１・４倍［２・１％］）。

当時は、若者はいつでも働けるので、働きたいときだけ働く「フリーター」という言葉が登場したほどである。

次に、右で述べた期間②に移ろう。バブルが崩壊し、その余韻が冷めた１９９２年の労働生産性上昇率は、前年の３％から１・４％へと急降下した。この期間の年平均労働生産性上昇率は、期間①よりも45％も低下した。

この急低下の原因を求めるとしたら、読者はまず何を考えるであろうか。著者は、論理ずくめで犯人を自白に追い込むコロンボ刑事（テレビ番組で長期にわたり人気を維持している『刑事コロンボ』の刑事）であれば、１９８０年代と90年代で最も大きく異なる経済状況に注目すると考える。

バブル時代を経験した読者ならだれでも考えると思われる１９８０年代と90年代の最大の経済状況の違いは、80年代は「バブル景気」で、90年代は「長期にわたるバブル崩壊期とデフレが始まった時期」という点である。

日銀の意図的なバブルつぶしとその後の長期にわたる不適切な金融政策が、日本の「失われた20年」の原因（追加的原因としては、ストップ・アンド・ゴーを繰り返した財政政策）である（岩田［２０１９］を参照）。

## 2000年以降——見事に景気に左右される労働生産性

期間③の1990年代後半以降の日本経済は、97年の消費増税とその後の金融危機と不良債権処理など、波乱の時代だった。2001年4月に誕生した小泉純一郎政権は経済状況の厳しさを認識し、「痛みなくして、得るものなし」という標語を掲げて、規制改革、不良債権処理、郵政改革に取り組んだ。しかし、小泉首相は「インフレになったらどうする。大変だ」といって、デフレ脱却には取り組まなかった。

デフレの影響を受けて、1998年、99年、2002年は1人当たり実質GDPが前年よりも低下するほどまでに経済は悪化した。実質GDP成長率が低下したため、実現した労働生産性上昇率の年平均は、期間②よりも28%も低下した。

しかし、この期間、小泉政権にとってラッキーなことが起きた。小泉政権が誕生する前の3年間（1999年から2001年）の世界全体、発展途上国・新興国およびサブサハラ・アフリカ（アフリカのサハラ砂漠以南の国）の平均実質成長率はそれぞれ3%、4・2%、3%だったが、小泉政権の後半3年間である03年から06年はそれぞれ5%、7・5%、6%へと大きく上昇したのである。すなわち、海外経済が歴史的な好景気を維持し、それに伴って日本の輸出が大きく増加したため、02年後半から06年前半までは、比較的高い成長が続いたのである。

輸出は日本の実質ＧＤＰの10％程度であるから、輸出が実質ＧＤＰに影響を与える程度は小さいと思われるかもしれない。しかし、輸出のＧＤＰ比は、１９８０年代は７％台後半だったが、90年代以降、増加傾向を示し、２０１９年は17％にまで上昇している。しかも、輸出が増えると民間企業設備投資が増えるという関係がある。94年から19年の両者の相関係数は０・83と高い。このように、日本経済の景気は、デフレのため内需が弱い分、輸出に影響されやすくなっているのである。

以上のように、期間③の後半は輸出主導で総需要が拡大したため、実質ＧＤＰが増加し、その結果、２００３年から05年までの期間に限れば実現した労働生産性上昇率の年平均は１・７％まで回復した。ただし、03年から06年の期間をとると１・１％に下がってしまう。

期間④は、リーマン・ショックと日銀のそれに対応する金融政策の失敗による総需要の減少によって、実質ＧＤＰ成長率が低下し、２００８年（マイナス１・２％成長）、09年（マイナス５・７％成長）、11年（０％成長）と、超低成長を経験した時期である。その結果、労働生産性の分子である実質ＧＤＰが伸びず、12年まで年平均労働生産性上昇率は０・７％

と期間③の半分に低下した。

期間⑤のアベノミクスの期間では、2回の消費増税を含めて財政緊縮が総需要を抑制し続けたが、「量的・質的金融緩和」のおかげで、総需要の増加に支えられて、低成長ながらも実質GDPが拡大し続けた結果、年平均労働生産性上昇率は1%まで回復した。

以上から分かるように、OECDデータは時間当たり労働生産性を、事後的な実質GDP、を総労働時間で割って求めたものであるため、単に景気を反映しただけで、供給要因（技術進歩などの要因）による労働生産性の変化をとらえることはできないのである。

したがって、例えばアトキンソン（2018）のように、景気という鏡に映った労働生産性を国際的に比較して、高いか低いかを比較しても意味がない。それは、景気の良し悪しによる実質GDPを比較しているにすぎないからである。

### 真の労働生産性を測る方法

経済学では、真の労働生産性を測る手法として、「ソロー残差」という手法がある。アトキンソン氏が労働生産性を語ろうとするならば、少なくともOECDデータのような事後的に実現した労働生産性ではなく、「ソロー残差」を用いて、真の労働生産性を計測する試みに挑戦すべきである。

しかし、この手法も、労働と資本の稼働率や働く密度（客が来ないために暇を持て余しているか、来客数が多いために忙しく働いているかの違い）を測定する難しさや、生産能力が異なる労働と資本を集計する難しさなどの問題を解決できないため、信用できる研究は極めて少ないという状況である。

真の労働生産性を求めるためには、景気の影響を排除して推計するという、極めて面倒な計量経済学的分析をしなければならない。しかし、景気の影響を排除する推計は難しく、現在のところ川本卓司（２００４、２０１７）以外の日本の真の労働生産性の研究は、著者から見ると、信頼できるものは１つも存在しない。

実際、真の労働生産性や技術進歩を実証研究する分野では、同じ研究者の結論が研究発表するごとに異なったものになり、まるで、修正論文を書き続けることで論文発表数が増えて、その論文数がその人の業績になっている様相を呈しているのである。

なお、日本の就業率は１９９１年をピークに２０１２年まで、ほぼ一貫して低下してきたが、それは景気が悪く、雇用需要が減少したためである。

それに対して、２０１３年以降、就業率が上昇し続けているのは、アベノミクスの第１の矢である金融政策が超緩和政策をとり続けている結果、雇用市場が大幅に改善したからである。

## 要となる技術進歩は止まらなかった

繰り返しになるが、ＯＥＣＤなどが発表する事後的な労働生産性は、景気を反映して変化する実質ＧＤＰの写し鏡にすぎない。国の実力である労働生産性は、景気の鏡に映った労働生産性ではなく、景気の影響を排除した真の労働生産性である。

真の労働生産性に最も影響する要因は知識を含めた技術進歩であり、経済学では「全要素生産性（ＴＦＰ）」という。しかし、ここでも、注意しなければならないのは、ＯＥＣＤや多くの研究者が発表している「全要素生産性」は、事後的に観察された労働生産性のデータと同様に、ほとんど信頼できないという点である。信頼できないのは、岩田（２０１９）の第6章第1節で詳細に述べたように、「全要素生産性」の推定が、景気変動の影響を除去できていないからである。

川本（２００４）は、景気変動の影響を限りなく除去して、ＴＦＰを推定して、「１９９０年代に技術進歩率は低下しなかった」ことを明らかにした。すなわち川本（２００４）は、資本と労働の稼働率、資本と労働の質の変化を考慮し、さらに、生産物市場での完全競争（企業は市場で決まった価格を受け入れるだけで、自ら価格を設定しないという意味で、価格支配力をまったく持っていない市場のこと）を仮定することは非現実的であるとして、この仮定を採用せずに、ＴＦＰを推定した。

この研究によると、民間部門全体（マクロ経済全体）の１９８０年代（80年から90年）の（平均）技術進歩率は２・３％であったのに対して、90年代（90年から98年）は２・１％でほとんど変わりがない。深刻な不況の影響を受けた98年を除くと、90年代の平均マクロ技術進歩率は２・６％になり、80年代を上回る。「これらの結果を見る限り、１９９０年代に技術進歩のペースが落ち込んだという証拠はほとんど見いだされない」（川本［２００４］）という結論が得られる。

以上から、川本（２００４）は「１９９０年代に観察された生産性低下（実質経済成長率の低下でもある──引用者注）は、技術進歩率の低下によってもたらされたものではないという頑健な結論を得た。本稿の結果は、日本経済の『失われた一〇年』はＲＢＣ（リアルビジネスサイクル理論のことで、貨幣の存在しない〈!・〉、すべてが供給で決まるという奇妙な理論である──引用者注）理論的なロジックで説明しようとする考え方に疑問を投げかけるものである」と述べている。

要するに、１９９０年代初めに起きたマネーストック（貨幣量）の増加率の急低下が引き金となって起きたバブル崩壊がもたらした需要不足をその後も放置し続けた金融政策によって経済がデフレに陥れば、労働も資本も最大限利用されず、稼働率も大きく低下するため、技術進歩率が変わらなくても、実現する労働生産性上昇率と実質成長率が低下するのは、当然の帰結だということである。

## 真の労働生産性が高まると……

それでは、真の労働生産性の向上と実質ＧＤＰおよび物価とはどのような関係があるであろうか。

経済が不完全雇用の状態（労働と機械のような資本が完全に利用されていない状態をいう）にあるときに、「量的・質的金融緩和」のような金融緩和政策により、総需要（家計消費、住宅投資や設備投資および輸出など）が増加すると、実際に実現する実質ＧＤＰは、潜在ＧＤＰに等しくなるまで増加する。経済が完全雇用に達した状況で、「量的・質的金融緩和」を続けると、実質ＧＤＰは増加しないが、インフレ率が、日銀が物価安定目標とする

２％を超えてしまう可能性がある。

経済が潜在ＧＤＰに達したときに、実質ＧＤＰを引き上げるためには、真の労働生産性そのものを引き上げる政策が必要である。

例えば、仮にアトキンソン（２０１８）が提案する企業規模拡大政策が功を奏して、日本企業の平均的規模が拡大し、真の労働生産性が向上したとしよう。

このとき、横軸に実質ＧＤＰをとり、縦軸に物価をとって、総需要曲線と総供給曲線を描くグラフを作成すると（図表３‐３参照、１７７頁）、総供給曲線はアトキンソン（２０１８）の主張とは逆に、右に移動して総供給が増加するため、総供給と総需要が一致する完全雇用ＧＤＰ（この実質ＧＤＰは完全雇用が実現したときの実質ＧＤＰであり、生産性向上により増加した潜在ＧＤＰに等しい）は増加する。

右に述べたように、総供給曲線が右に移動することは、同じ物価水準であれば、真の労働生産性が向上するとその向上前よりも、労働と資本の生産への投入量に変化がなくても、より多くのものが生産できるようになることを意味する。つまり、真の意味での労働生産性の上昇が起きれば、アトキンソン（２０１８）の主張とは逆に、総供給曲線は左ではなく、右に移動するのである。なお、いま述べたアトキンソン（２０１８）の図表に関する問題点は、この章の１７６頁でより詳しく説明する。

以上から分かるように、真の労働生産性を国際比較するためには、各国が完全雇用（この場合、資本の稼働率も上限に達している必要がある）を達成したときの実質ＧＤＰ（すなわち、潜在ＧＤＰ）を、そのときの就業者数あるいは総労働時間で割って比較しなければ意味がない。なぜならば、実際の実質ＧＤＰはその国の労働力と資本とを最大限活用したときに達成される潜在ＧＤＰに一致しているとは限らず、デフレ下の日本では、常に、実際のＧＤＰは潜在ＧＤＰよりも低かったからである。まさに、低かったからこそデフレギャップ（総需要不足）が起きてデフレが続き、景気という鏡に映った労働生産性が低下したのである。

## デフレ下で結果を出せないのは無能か

右のマクロ経済分析から分かるように、真の労働生産性向上政策は、アトキンソン（２０１８）のように、企業数を減らして総供給を減らす、つまり総供給曲線を左に移動させるためではなく、それとは反対に、右に移動させるために実施されるものなのである。

すでに述べたようにアトキンソン（２０１８）では、生産性の向上によって総供給曲線が左に移動するため、実質ＧＤＰ（アトキンソン［２０１８］では供給量と需要量が一致する生産量）は減少している。実質ＧＤＰが減少すれば、失業率は上昇する。これでは、だれもが損失を被るか、一部の独占的企業が消費者を犠牲にして独占利潤を得るだけである。

それではなぜ、アトキンソン氏は御自身にとっても不本意であると思われるマクロ経済結果を導いてしまい、そのことに気づいていないのであろうか。

アトキンソン氏は、高名な日本の経済学者たちと同様に、経営者や家計や労働者などの経済主体は、自分たちではどうすることもできない経済環境に適応して生きているという視点を欠いている。この視点を欠いているため、アトキンソン氏は、デフレという、戦後、日本以外の国では起きなかった、経営にとって最悪の経済環境を20年以上もの間にわたってつくり上げた人々を批判することなく、その最悪の経済環境の中で悪戦苦闘している個々の経営者を「無能」呼ばわりする、という過ちを犯すことになってしまったのである。

著者は１９９０年代のバブル崩壊のときから30年近く、デフレの悪を説明してきたが、理解する人は未だに極めて少ない。そこで、今回はだれにでも分かるように、たとえ話で説明しよう。

アトキンソン氏が罵倒する「奇跡的に『無能』な日本の経営者たち」（アトキンソン［2

018」の第5章の表題）は、土砂降りの雨の中でテストを受けてきたため、アトキンソン氏から合格点をもらえないのである。あるいは雪が降りしきる戸外でテストを受けなければならない学生を想像してみてもよい。彼らの中に合格点をとれる人がいると想像できるだろうか。

彼らの成績を上げるためには、冷暖房施設が調って、室内温度が適正に維持されている教室（経済でいえば良好なマクロ経済環境）でテストを受けられるようにしなければならない。日本の家計も労働者も経営者も、戦後、他のどの国も経験したことのないデフレ、しかも長期にわたるデフレに合理的に適応してきたのである。この長期デフレの結果が、低労働生産性であり、低成長率である。

## 正規社員の雇用整理が難しすぎる日本

デフレのために企業が利益を上げられず、倒産しそうな状態になっても、日本には法律でなく判例により、次の整理解雇の4要件を満たさなければ正規社員を解雇できない。

① 人員削減の必要性：経営者は「経営が悪化した」というだけでは、正規社員を解雇で

きない。具体的な経営指標などの客観的資料に基づく説明が必要である。

②解雇回避努力：労働者に損害が少ない他の手段（配転、出向、希望退職の募集など）を行っているか。あるいは、新規に他の人を雇用しないようにしているか。

③人員選定の合理性：解雇対象者を客観的で合理的な基準に基づいて公正に選んでいるか。

④手続の相当性：使用者は労働組合または労働者に対して整理解雇の必要性や具体的内容（時期、規模、方法等）を十分説明し、これらの者と誠意を持って協議・交渉したか。

②の条件は、公正でなければならない判例とは思えない整理解雇の条件である。つまり、②は非正規社員を新規に採用したり、新卒を採用するなら、従業員を解雇してはならぬ、ということであるから、非正規社員の失業が増え、新卒市場が氷河期や超氷河期と呼ばれるほど、悪化したのも当然である。

企業が倒産のリスクに直面していない場合の普通解雇も、「解雇は、客観的に合理的な理由を欠き、社会通念上相当であると認められない場合は、その権利を濫用したものとして、無効とする」という、解雇権濫用の規制が存在する（労働契約法16条）。この法律があるため、日本の経営者はアメリカの経営者とは異なり、「従業員の業績が悪い」程度の理由では、従業員を解雇できない。

整理解雇の４要件は、実際に契約期間の定めがない正規社員の雇用を強力に保護している。しかし、この要件は非正規社員には適用されないため、企業は景気が悪くなったら非正規社員であれば簡単に解雇できる。

解雇について、使用者と労働者の合意が得られなければ裁判になるが、経営に疎い裁判官に、整理解雇に当たっての４要件や普通解雇に当たっての「社会通念上相当であると認め」られるかどうかの判断を任せてよいものであろうか。これでは、企業を経営し、支配しているのは、資本家でも、経営者でもなく、裁判官になってしまう。

アトキンソン（２０１８）は「米国は労働者の質が悪いのに、かなり高い生産性を生み出せています。これは経営者が有能ということでしょう」（２０４頁）と、具体的な証拠もなしに、いとも簡単に述べている。

しかし、ピケティ（２０１３）は、こうした「アメリカ経営者有能説」では、「アメリカのスーパー経営者の超高所得」を「説明できない」として、「１９８０年代のレーガノミックスによる労働所得に対する限界税率の大幅な引下げが、重役たちの高額報酬交渉への誘因となり、その交渉誘因は重役の才能とは絶対に関係のない企業利益が大きくなるときにとくに強まる」（ピケティ［２０１３］の第9章と第14章を参照）と述べている。

重役たちの所得の最高限界税率は、レーガン政権前は80〜90％であったが、同政権により、30〜40％に引き下げられた。そのため、重役たちの税引き後の所得は、レーガン政権前は、税引き前の10〜20％でしかなかったが、レーガン政権後は60〜70％にも増加したのである。重役たちは、税引き後所得がこれだけ得られるならと、税引き前所得を一層引き上げて、多くの税引き後所得を得ようと、報酬委員会で「自分がそれだけの報酬に値する業績を上げた」と委員会のメンバーを説得することに熱中し始めたのである（この点については、サエズおよびズックマン［２０２０］の第3章「レーガン政権後の租税回避行動」も参照）。

## 経営者が置かれたマクロ経済環境の日米比較

アトキンソン氏が利用している生産性のデータは真の生産性ではなく、景気という鏡に映った生産性にすぎない。そこで、日本の経営者とアメリカの経営者が置かれたマクロ経済環境と制度的な制約、すなわち経営者の業績を映し出した鏡はどんなものだったかを比較してみよう。

安定したマクロ経済環境を形成するためには、マネーストック（貨幣量）を適切な速度で安定的に増加させ、それによって物価を2％程度で安定的に上昇させることが必要である。日本では１９９０年以降、マネーストックの増加率が低すぎる状況が続いたため、消費者物価（短期的に価格変動の大きな食料品とエネルギーを除く）上昇率が低下し、２０００年代はリーマン・ショック前までマイナスになり、デフレに陥った（図表３‐２のマネーストックと消費者物価指数の日米比較および第1章を参照）。消費者物価指数前年比の年平均は、08年から19年は０・１％とわずかなプラスになったが、それは、13年4月から実施された「量的・質的金融緩和」がそれ以後の消費者物価指数前年比を引き上げたため、その実施直前にはマイナス０・３％にまで落ち込んでいた消費者物価上昇率を、ただちにプラスに転換させることに成功したからである。

一方、アメリカの１９９０年代以降のマネーストックの増加率は日本よりも適度に大きく、かつ安定的である。マネーストックの増加率が安定的であることは、マネーストックの変動

図表3-2　日本とアメリカのマクロ経済環境の相違

| | 日本 | アメリカ | | 日本 | アメリカ |
|---|---|---|---|---|---|
| マネーストックの増加率 | | | 消費者物価指数 | | |
| 1990～2000年 | 3.5 | 4.2 | 1990～2000年 | 1.2 | 3.1 |
| 2000～2007年 | 2.0 | 6.2 | 2000～2007年 | −0.4 | 2.2 |
| 2008～2019年 | 3.0 | 6.1 | 2008～2019年 | 0.1 | 1.9 |
| マネーストックの変動係数 | | | 消費者物価の変動係数 | | |
| 1990～2000年 | 0.8 | 0.6 | 1990～2000年 | 1.1 | 0.3 |
| 2000～2007年 | 0.4 | 0.3 | 2000～2007年 | 0.3 | 0.2 |
| 2008～2019年 | 0.2 | 0.3 | 2008～2019年 | 0.9 | 0.2 |
| 名目実効為替レート | | | 解雇の自由度 | | |
| 1994～2000年 | 82.2 | 168.1 | 業績理由 | ほぼ不可能 | 容易 |
| 2000～2007年 | 85.2 | 114.6 | 経営悪化理由 | 整理解雇の4要件を満たす必要 | 容易 |
| 2008～2019年 | 90.3 | 107.7 | | | |
| 実質成長率 | | | 実質成長率の変動係数 | | |
| 1990～2000年 | 1.6 | 3.3 | 1990～2000年 | 1.2 | 0.4 |
| 2000～2007年 | 1.5 | 2.7 | 2000～2007年 | 0.6 | 0.4 |
| 2008～2019年 | 0.5 | 1.7 | 2008～2019年 | 4.4 | 0.9 |

注）マネーストックはM2の各期間の平均年率変化率。消費者物価は、食料品とエネルギーを除いた総合消費者物価指数の各期間の平均年率変化率。名目実効為替レートは各国間の名目為替レートを貿易額等で計ったウェートで調整した為替レート。値が大きいほど、通貨高になる。

出所）マネーストックは日本銀行のHPおよびFRBのHP、消費者物価指数は総務省『消費者物価指数（CPI）』およびU.S. Bureau of Labor statisicsより。

係数（マネーストック増加率の標準偏差を平均で除した値。この値が大きいほど、マネーストック増加率のばらつきは大きくなる）の数値が低いことから分かる。ただし２００８年から19年は、日本のほうがわずかに変動係数は小さい。しかしこれは、いかにこの期間の日本のマネーストックの増加率が３％（アメリカの同時期の半分）という低水準の近辺でうろうろしていたかを示しており、望ましい安定ではない。過去の長期的なデータから判断すると、マネーストック増加率がこの程度で安定してしまうと、日本は永久にデフレから脱却できない。

アメリカの消費者物価上昇率は、安定的なマネーストックの伸びを反映して、ＦＲＢが目標とする2％インフレ率近辺で、長期にわたって推移している。２００８年から19年は、リーマン・ショックにより、経済が大変動した時期をはさんでいるが、それでもアメリカの消費者物価上昇率は平均的に２％をほぼ維持しており、その変動係数は日本の２割程度で驚異的に安定している。

次に、経済の安定にとって重要な名目実効為替レート（貿易額などに応じて複数の通貨に対する名目為替レートを加重平均して算出する。通貨の総合的価値の指標）の日米比較を見てみよう。１９９０年代以降、日本が円高傾向にあるのに対して、アメリカはドル安傾向である。２００８年から19年の日本は94年から00年よりも約10％の円高であるが、アメリカは64％ものドル安である。通貨安は輸出産業と輸入競争産業にとっては有利であるが、輸入産業にとっては不利である。したがって、一般的に、円高が望ましいとか、円安のほうがよいとは言えない。

しかし、マクロ経済的には、輸入は国内生産物が海外生産物に取って代わられることを意味し、実質ＧＤＰを減少させる要因になる。アメリカのように、家計消費が強すぎるといえるほどの水準（家計消費のＧＤＰ比はほぼ68％近辺で安定している）であれば、内需を補うために、輸出を増やさなくても、完全雇用ＧＤＰを達成できる。他方、日本では家計消費の実質ＧＤＰ比は平均的に見ると55％程度で、アメリカに比べて低く、かつ変動が大きい。日本のように、内需がアメリカのように強くない国は、実質ＧＤＰは輸出に大きく影響される。実際に、１９９０年代以降の日本で景気が良かった時期は、世界経済が好調なため日本の輸出が大きく伸びた時期だけである。

このように考えると、円高傾向にあることは、日本経済にとって不利な経済環境といえる。この円高傾向は、日銀のデフレを維持・促進する金融政策によって生み出されたものである（この章の［３‐１］式にそくして説明したように、日本のインフレ率が他国よりも低いと、円高になる。142頁参照)。

すでに述べたように、日本の経営者は解雇に関する判例と法律に縛られているため、従業員という人的資本を労働生産性が向上するように最適に配分することができない。その上に、図表3-2に示されているように、日本の経営者が置かれたマクロ経済環境は、アメリカに比べて大きく劣っている。

以上のような日米の経営者が置かれた条件の下で、日米の個々の経営者がそれぞれ合理的に対応した結果が、図表3-2の最終行に示された実質成長率の日米の差である。

図表3-2のマネーストックの増加率、消費者物価指数、および名目実効為替レートに最も影響するのは、金融政策である。

そうだとすると、解雇に関する判例と法律を別にすれば、アトキンソン氏が批判すべき最初の対象は、長期にわたってデフレ経済をつくり出した1990年から2012年3月までの日銀の政策のはずであり、その日銀の誤った政策の下で経営に携わっていた経営者ではないはずである。

2011年から12年頃、日本の経営者は「六重苦」という言葉を使って、自分たちが置かれている経済環境を嘆いていた。「六重苦」のうちの2つは「超円高」と「労働規制の厳しさ」であった。

## アメリカの〝有能〟な経営者の実態

１９９０年代以降のアメリカの経営者は、安定したマクロ経済環境や、日本のように法律や判例によって解雇を大きく制約されることがない状況の下で、経営にあたることできた。そうであればこそ、それほど優秀でない経営者でも、アトキンソン氏から「優秀だ」と合格点をもらえる程度に企業を経営できたにすぎない。

いま述べたことを、１９９０年代ではなく、それより10年前の80年代のアメリカの経済環境と企業経営の状況を示すことによって、証明しておこう。

１９８０年代のアメリカでは、70年代以降のスタグフレーション（高いインフレ率と景気の停滞の共存）を克服しようとして、79年8月にＦＲＢ議長に就任したポール・ボルカー氏は、当時、11％台半ばに達していたインフレ率を引き下げるため、マネーストック増加率に低めの目標値を設定して、金融政策を運営するという「マネタリー・ターゲティング」を採用した。

マネーストック増加率の目標値を達成するためにとられた手段は、政策金利の大幅な引き上げだった。

ボルカー氏がＦＲＢ議長に就任した１９７９年８月の政策金利は10・９％だったが、80年４月までに17・２％まで一挙に６・３ポイントも引き上げ、82年も12・２％という高さを維持した。この大幅な金利の引き上げのため、失業率は79年の５・９％から大きく上昇し始め、83年には９・６％まで上昇した。これは完全雇用に達したときに予想される失業率を３・５ポイントも上回る高い失業率である。失業者は82年と83年は、それぞれ前年比40％と29％も増加した。80年と83年の実質成長率は、それぞれマイナス０・３％とマイナス１・８％へと落ち込んだ（右のデータはＦＲＢとFRB of St. Louis のデータによる）。

こうした、インフレ率を押さえ込むためにとられた高金利政策により、アトキンソン氏が用いるＯＥＣＤのデータによる１９８０年から89年の平均労働生産性上昇率は、日本の３・８％に対して、アメリカは１・４％という低水準を記録したのである。

アトキンソン説が正しければ、「80年代の日本の経営者は奇跡的に『有能』だったが、アメリカの経営者は奇跡的に『無能』だった」ことになる。

ところがアトキンソン説によると、１９９０年代以降、突如として、「日本の経営者は奇跡的に『無能』になり、アメリカの経営者は奇跡的に『有能』」になって、大逆転が生ずるのである。

ここで、一時期、日本で経営者のお手本のようにもてはやされたジャック・ウェルチ（１９３５〜２０２０）に触れておこう。彼はゼネラル・エレクトリックの最高責任者を１９８１年から２００１年まで務め、その経営手腕から「伝説の経営者」と呼ばれた。彼はピーター・ドラッカーの信奉者で、80年代のアメリカで、整理解雇ブームを引き起こした経営者である。彼は、成績不振の従業員は容赦なく解雇し、部門全部を無慈悲に削減する手法で、利益率を改善することを最優先した。このように、80年代、とくにその前半の経済環境の悪化の下では、アメリカの経営者はウェルチのように大量の整理解雇を実施して、株主利益を最優先して守ろうとしたのである。

右に述べたことは、アメリカでも、経営者は経済環境や雇用関連の法律に適応して経営すること、および経済環境が悪ければ、実現する実質ＧＤＰが減少するか、あるいは、実質成長率が低下するため、事後的に観察される労働生産性の上昇率は低下することを示している。

アメリカの金融関係の経営者を見ると、サブプライムローン担保証券というインチキな手法を使ってリーマン・ショックを引き起こし、世界中に大迷惑をかけておきながら、公的資金で救われたあげく、ゴールデンパラシュートと呼ばれた巨額の退職金をもらって別の会社の取締役にちゃっかり就いて、彼らのうち所得の上位1%に属する人たちは、下位50%の人々の81倍もの所得を得ている（WID data［2019］による）。その一方で、彼らは多くの労働者を解雇し、大量の失業者を生み出し、失業者を減らす仕事は政府とFRBにお任せしたのである。これが、アトキンソン氏のいうアメリカの「優秀な経営者」の実態である。

### マクロとミクロの視点は切り離さなければならない

アトキンソン（2018）は「デフレは『経営戦略のミス』から生まれた」（179頁）と題する項目の箇所で、「人口減少による需要の減少と高齢化による需要変化によって、（中略）需要曲線が左にシフトしたのに、供給が調整されなかったため価格が下がったのです」と述べている。

この主張は以下に示すように、第一にマクロ経済とミクロ経済の区別がなく、第二に事実にも反している。

第一の問題から始めよう。アトキンソン（2018）は右に示した項で、横軸に需要量・供給量をとり、縦軸に価格をとった図表（引用元：図表5‐4［180頁］と図表6‐7［218頁］、例：図表3‐3）を使って、デフレがなぜ起きたかを説明している。しかし、

図表3-3　マクロ経済学の議論における、よく知られた需要・供給曲線の問題点

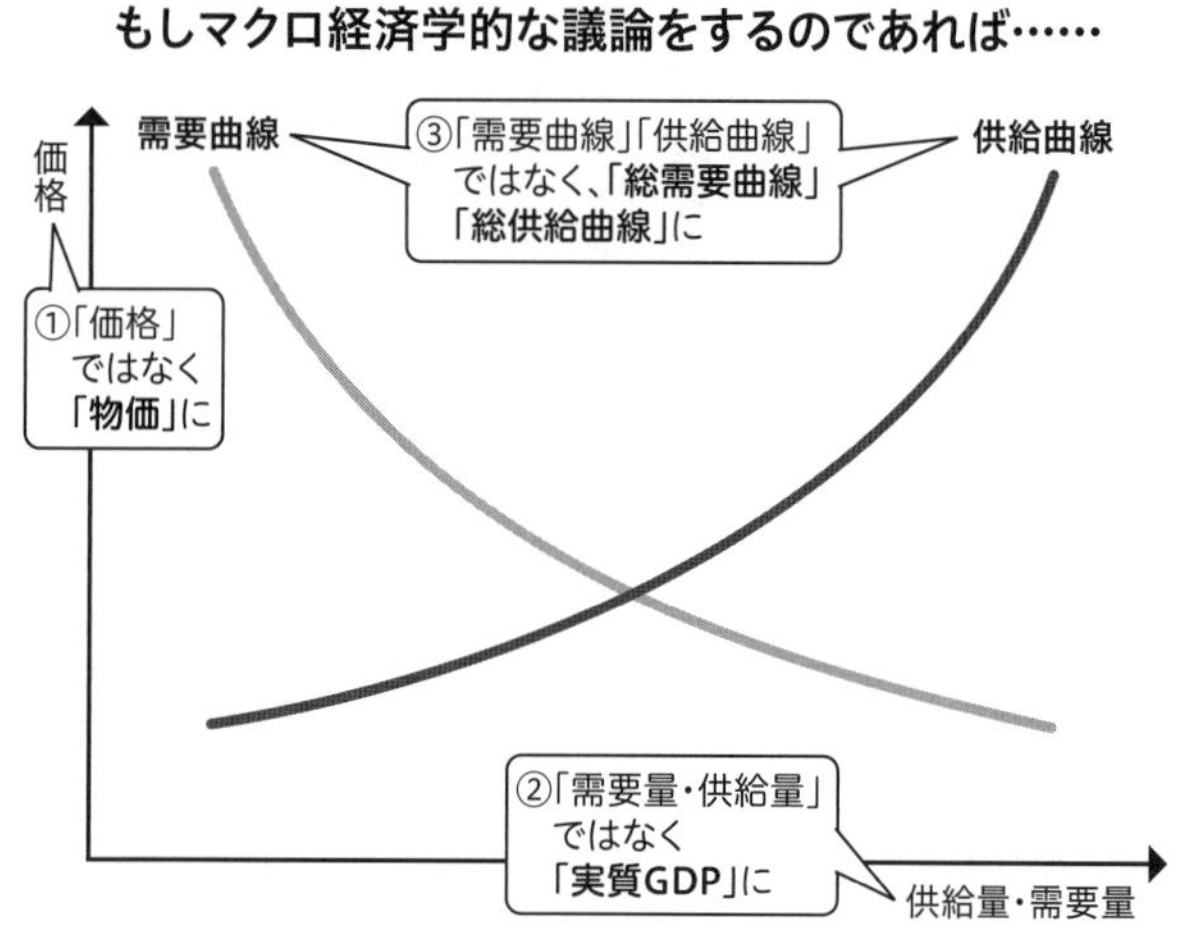


デフレというマクロ経済現象の原因を語っているのだから、図表の横軸は明確に「実質ＧＤＰ」とすべきであり、縦軸は価格でなく「物価」とすべきである（図表３‐３）。価格とは個々の財・サービスの価格であるのに対して、デフレとは、各種の財・サービスの価格を加重平均した物価の持続的下落を指す概念だからである。

また、デフレというマクロ経済現象を語っているのだから、個々の財・サービスの需要と供給を語っているのではないことをはっきりさせるためには、「経済学」における用語の定義にしたがって、総需要曲線と総供給曲線という用語を使

用すべきである（アトキンソン［２０１８］では需要曲線と供給曲線となっている）。

読者は右の著者の指摘を「重箱の隅をつつくようなものだ」と考えるかもしれないが、実はデフレの議論では、次に説明するように、ミクロ経済とマクロ経済を明確に区別することと、個々の財・サービス（例えば、次項で言及する「ユニクロ製品」）の価格と物価とを区別することが、最低の条件なのである。

したがって、アトキンソン氏が「デフレ」というマクロ経済現象を語ろうとするならば、「マクロ経済学」の作法（定義や概念）にしたがって議論しなければ、何を語っているのか理解できなくなる。実際、この作法を理解していなかったために、アトキンソン（２０１８）は、「企業数を減らして、供給量を減らせば、デフレは止められる」という結論を導いている。

マクロ経済的には、実質GDPの需要量に合わせて供給量を減らすことは、実質成長率がマイナスになり（マイナス成長！）、雇用が減って、失業が増えることを意味する。したがって、アトキンソン氏は「失業を増やせば、デフレを止められる」といっていることに等しいのである。

次に、事実に反していることを説明しよう。日本の総人口（日本滞在期間が3カ月を超える外国人を含む）のピークは２００８年であり、日本人人口（日本国籍を有する人）のピークは10年である（総務省統計局『人口推計』による）。それに対して、デフレはＧＤＰデフレーターで見れば１９９４年第４四半期から、消費者物価指数（消費税の影響を除く）で見れば、98年7月から始まっている。つまり、デフレは人口が減少し始めるよりも10年から13年も前に始まっているのである。

高齢化率（65歳以上人口の全人口に占める割合）もデフレが始まった１９９５年から98年頃は14〜16％にとどまっていた（前掲統計による）。

つまり、日本のデフレは人口減少や高齢化率の上昇のために起きたのではない。日本のデフレの真の原因は、第1章で説明したように、１９９０年代に入ってからの日銀の急激な金融引き締めによる、マネーストック増加率の急低下である（詳しくは、岩田［２０１９］を参照されたい）。

さらに、２０１９年の世界の45カ国の高齢化率とインフレ率の相関係数を調べると（資料は世界銀行とＯＥＣＤ）マイナス０・24と小さく、両者は無関係である。

最後に興味深い例として、サウジアラビアのケースを取り上げておこう。サウジアラビアの２０１９年の高齢化率は３・４％にすぎず、人口は１・７％で増加中であり、生産年齢人口（15～64歳）の割合も72％という高さである。しかし、同国の消費者物価は17年に0・8％、19年に2・1％、それぞれ下落した。その原因は、同国がドルペッグ（同国の通貨とドルの交換比率を一定に維持する）政策をとっているため、アメリカが量的緩和から金利政策に移行し、15年半ば頃から、政策金利を引き上げ始めると、サウジアラビアも政策金利を引き上げなければならなくなったことにある。そうしなければ、資本（資金）がより高いアメリカの金利を求めて、サウジアラビアからアメリカに流出するからである。この流出の過程で、サウジアラビア・リヤルが売られ、米ドルが買われるため、リヤル安になってしまう。そこで、サウジアラビアの中央銀行は、政策金利を引き上げて、リヤル売りを止めて、ドルペッグを維持しなければならなくなった。

政策金利を引き上げれば、銀行等の貸出金利も上昇するため、貸出が減少し、それに伴って、市中への貨幣供給は減少する。マネーストック（貨幣量）は、2014年は13％で増加していたが、15年から急激に増加率が低下し、17年と18年は、それぞれ0・7％と1％まで低下した（サウジアラビア中央銀行マネーサプライデータより）。17年と19年にサウジアラビアの消費者物価が下落したのは、このマネーストック増加率の急激な低下のためであり、人口が減少したためでも、高齢化が進んで需要が減少したためでも、経営者が急に無能になったためでもない。

## 個々の会社の経営がデフレをもたらすことはない

アトキンソン氏に限らず、個々の経営者の行動がデフレやインフレをつくり出すと考える人は多い。

日本でデフレが問題になり始めた頃には、「ユニクロ製品」や「牛丼」の価格が価格破壊などと呼ばれ、デフレの原因だと主張された。しかし、ユニクロ製品や牛丼の価格が下がる一方で、他の財・サービスの価格と家計の名目可処分所得が変化しなければ、物価が下がるため、家計の実質所得（実質的な購買力）は増えるはずである。

ミルトン・フリードマンの恒常所得仮説（消費は長期的に実現されると予想される恒常的な所得によって決まり、一時的な変動要因によっては変化しないという理論）によれば、ユニクロ製品や牛丼の価格が低下しても、家計がそれを一時的であると考えれば、家計の実質恒常所得は増えない。したがって、消費も増えないであろう。しかしそれらが、恒常的であると予想されるようになるにつれて、家計は実質恒常所得が増えたと考え、いままで買えなかったものやサービスの購入を増やすと考えられる。

　このようにして、価格を引き下げたユニクロ製品と牛丼だけでなく、その他の財・サービスの需要が増加すれば、その他の財・サービスの供給企業は、価格を引き下げる必要はない。高品質の製品・サービスの価格を引き上げても、需要が増大しているため、売上高は増えるからである。

　以上のように、価格が下がる財・サービスもあれば上がる財・サービスもあり、その結果、物価が上がるかどうかが決まる。つまり、物価というマクロ経済の現象を個々の経営者が決定することはできないのである。また、ケインズ（１９３６）が指摘した「合成の誤謬」の例にあるように、ミクロの現象を足し算しても、マクロの現象をとらえることもできない。

　しかし、読者は、実際にはユニクロ製品や牛丼の価格低下と同時に、デフレになったではないかと思われるであろう。確かにそうである。なぜそうなったか。それは、この項の最初に述べた傍点を付した「家計の名目可処分所得が変化しなければ」という前提が、満たされなかったからである。

　総務省『家計調査』の時系列データは２０００年までしか遡れないが、[1]図表３‐４に示されているように、２人以上の勤労世帯の名目可処分所得は、13年まで下降トレンドを示している。アベノミクスが始まる直前の12年第４四半期の名目可処分所得は、対00年第４四半期

図表3-4　名目可処分所得指数の推移（2015年＝100）

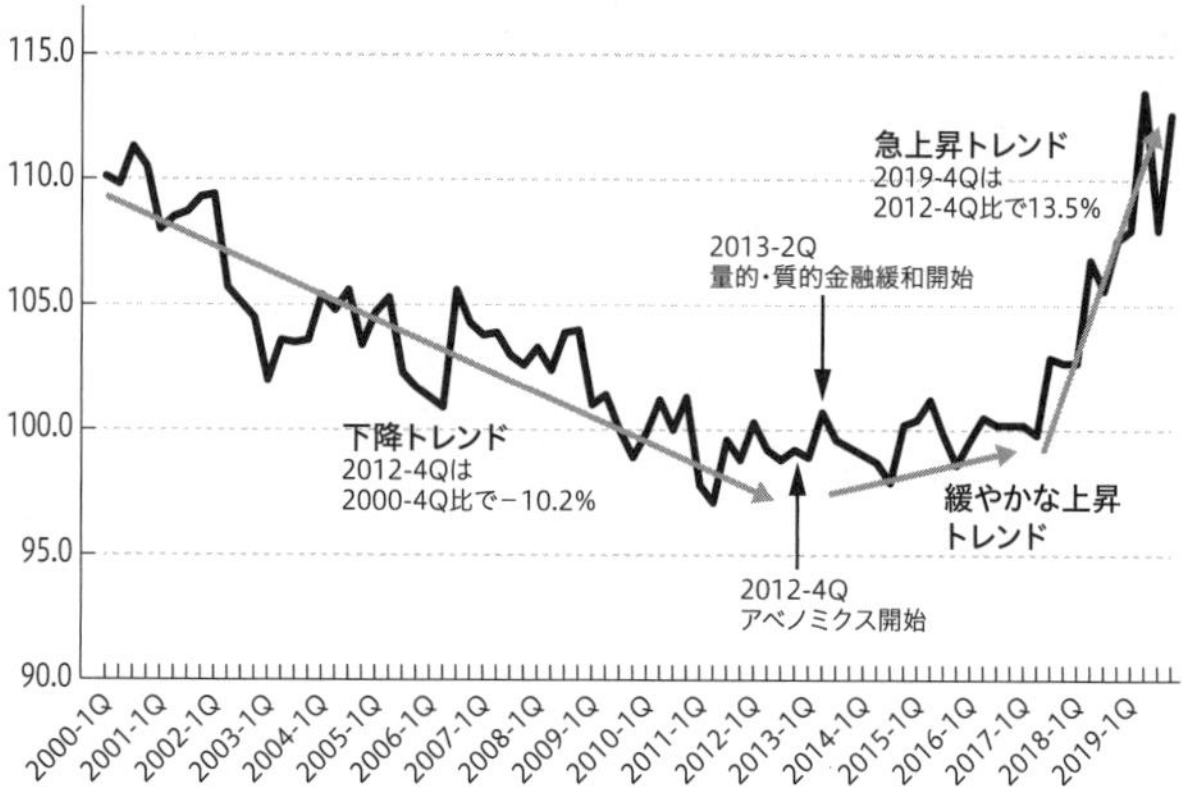


注）2人世帯のうち勤労世帯のデータを使用した。
出所）総務省『家計調査』より。

比10・2％の減少である。デフレ下では、名目可処分所得は伸びるどころか低下するのである。

一方、アベノミクスが始まるとインフレ率が上昇し、それに伴って名目可処分所得は緩やかな上昇トレンドに変わり、２０１７年第３四半期以降は、急上昇トレンドである。

名目可処分所得が減少しているときには、ユニクロ製品や牛丼などの一部の財・サービスの価格が低下しても、名目可処分所得の減

1　日本の公表統計は遡及できる年数がアメリカなどに比べ、短すぎて、十分な分析ができない。例えば、ＧＤＰの接続長期データは１９８０年までしか遡及できない！　高度成長期のＧＤＰなど重要なデータは公表されていない。この際、関係当局にはもっと長期に遡及できるように改善を望む。

少が大きいため、実質可処分所得は増加しない。そのため、他の財・サービス需要は増えないどころか、名目可処分所得の減少が大きいため、減少してしまう。

アトキンソン氏は、このように財・サービスに対する需要が減少し、経営者が売上高の減少に苦しんでいるときに、価格を引き上げないからデフレになるのだという。しかし、需要が減少しているときに価格を引き上げれば、さらに売上高は減少する。とくに、借金している企業ほど大変である。それは、借金の名目価値はデフレでも一定で変わらないのに対して、借金返済の原資である名目売上高は減少するからである。そういう状況に直面している経営者に向かって、アトキンソン氏のように、「高品質・低価格」戦略をやめて「価格引き上げ戦略」に転換せよというのは、倒産せよというに等しい。

日本の中小企業は社長が借金返済を個人保証しているケースが多く、返済できなくなると、家族のことを思って自殺することが少なくない。自殺するのは、家族に生命保険金を残せるという、残された家族への配慮のためである。1998年から年間自殺者数が2万人台から3万人台に急増したのは、こうした借金をする人に重罰を加えるデフレが始まったからである。

借金をして設備に投資したりする企業や消費者ローンを組む人は、貸し手である債権者よりも支出性向が高い。ところが、フィッシャー（1933）が述べているように、デフレはこういう支出性向の高い企業や消費者の借金の実質的負担を重くするという罰を加えることにより、そうした企業や消費者の支出を減少させ、その結果、デフレを促進してしまうのである。

アトキンソン氏が理解すべきことは、デフレは一企業の行動によって起きるのではなく、したがって一企業の努力によって止めることもできないということ、およびデフレ下では、借金してＩＴ投資などを増やし、生産性を上げることは、借金の実質負担が重すぎてできない、ということである。

それに対してアトキンソン氏は、「金利は十分下がっており、借金の負担は軽くなっている」と反論するであろう。フリードマンがこういう主張をする人たちに、いつも注意していたように、名目金利が低いことは、金融が緩和されて借金の負担が軽くなっていることを意味しない。デフレが続くとデフレ予想が強まるため、予想インフレ率がマイナスになる。その結果、名目金利は低下するのである。しかし、名目金利からマイナスの予想インフレ率を差し引いた予想実質金利は上昇する。これが、デフレ下では、借金の実質的負担が重くなるという意味である。

## デフレ下で創造的破壊は起こり得ない

それとも、アトキンソン氏は「デフレ下で、借金も返済できない企業は、生産性が低い企業であるから、倒産させよ」と主張しているのであろうか。「自殺者が出てもかまわないから、倒産させれば、企業数が減って、効率的企業だけが生き残り、イノベーションが起きて、経済は急回復する」という考え方は、シュンペーター（1934）の「創造的破壊」仮説であり、「清算主義」とも呼ばれる。

このシュンペーターの「創造的破壊」仮説を最初に、理論的かつ実証的に否定したのは、カバレロとハマー（1996）である（この論文の詳細な解説については、竹森俊平［2002］を参照）。

カバレロとハマーが明らかにしたことは、不況期には、①生産性は低いが純資産を十分に保有している企業が生き残る一方で、②生産性は高いが純資産が不足している企業は生き残りも参入もできず、③その結果、創造的破壊は起きず、むしろ創造なき破壊が起きる、ということである。

安達誠司（2004）も、昭和恐慌前後の会社設立の状況を研究し、次の結論を導いている。すなわち、①デフレ期には会社新規設立数は減少し、デフレが最も強まった１９３０年から31年にかけて、その数は激減した、②高橋財政によってデフレから脱却すると、株高を反映して、増資による会社新規設立数が急増した、③したがって「デフレによって採算性の低い企業を清算することによって創造的破壊が実現され、新産業が台頭する余地が出てくる」という『シュンペーター仮説』は誤りである」（２４５頁）。

『中小企業白書』（２０２０）に示されている１９８１年から２０１８年までの開業率と廃業率のデータを用いて、それぞれと実質成長率の相関係数を求めると、開業率は０・７、廃業率はマイナス０・２である。

これから、経済成長率の高い景気の良い時期には開業率は高まり、経済成長率の低い景気の悪い時期には開業率は低下することが読み取れ、「シュンペーター仮説」と逆のことが起きている。すなわち、景気の悪い状況が続けば「新産業が台頭する余地」は出てこないのである。

一方、１９８１年から２０１８年までの廃業率と実質成長率の相関係数は小さく、したがって両者の間の相関は観察されない。これは当然であろう。なぜならば、企業は景気が悪いからといって、すぐに廃業するのではなく、廃業するかどうかは当該企業の将来の予想収益率や経営者の年齢や承継者の存在などについての長期的な見通しの観点から決まると考えられるからである。

『中小企業白書』（２０２０）は、売上高経常利益率が低い企業ほど、休・廃業・解散する比率が高まることを示しており、右の考え方を支持している。つまり、長期にわたって利益率の低下が続くと、企業は休・廃業や解散を選択するのである。

## 3・2　労働生産性を引き上げるための正攻法

### 人手不足経済をつくり出せ

以上で、①１９９０年代以降、日本で実現した労働生産性が低下した原因は、長期にわたってデフレが続き、総需要が不足したことで、実現した実質ＧＤＰが潜在ＧＤＰよりも低い状態が続いたためであり、②景気の影響を取り除いた真の労働生産性が低下したわけではなかったことを理解されたであろう。

そうであれば、優先されるべき政策は、実質ＧＤＰを潜在ＧＤＰまで引き上げるための総需要対策であって、供給サイドの政策ではないことになる。すなわち、まずは真の労働生産性を実現する政策を実施することこそが、最優先されるべき政策である。その政策は、金融政策と財政政策とが協調して、デフレ脱却に取り組む政策である。

次に、財政金融政策が功を奏して、デフレ脱却の実現が視野に入ったならば、供給サイドの政策により、真の労働生産性それ自体を高める政策を実施すべき段階になる。ただし、需要創出型の労働生産性向上政策であれば、デフレ脱却と矛盾しない。

例えば、東京周辺部の東京外かく環状道路が完成すれば、関越道、中央道、東名高速道路は一体となり、交通混雑が緩和され、真の労働生産性が大幅に向上する一方で、失業を減らすことにも資する。

右の例はインフラ整備の例であるが、雇用環境が労働者にとって有利な売り手市場、企業側から見れば、人手不足になれば、企業は賃金の上昇に直面するようになるため、労働生産性を向上させる政策をとらざるを得なくなる。

新型コロナウイルス感染症問題が発生する前の2018年から19年にかけての日本経済は、「量的・質的金融緩和」の効果により、労働市場は売り手市場になり、企業にとっては人手不足が大きな問題になった。日本経済が人手不足経済になったのは、1980年代後半を最後に、およそ30年ぶりのことである。

人手不足経済とは、企業が労働者を獲得しようとして競争する経済である。「量的・質的金融緩和」政策実施前は、失業率は4%から5%台で、有効求人倍率も1を大きく割っていたから、企業は低賃金労働者を好きなだけ雇用できた。しかし、「量的・質的金融緩和」開始後、失業率は2・4%（2019年）と、37年（1982年）前の水準まで下がり、有効求人倍率は74年1月以来、約44年ぶりの高水準に達した（18年から19年は1・6倍から1・7倍の間を変動）。

図表3‐5は、企業がこうした人手不足経済に直面して、「量的・質的金融緩和」政策実施前は低調だったソフトウェア投資が拡大し始めたことを示している。とくに、人手が必要な宿泊・飲食サービスにおけるソフトウェア投資の伸び率が大きい。人手が余って、安い賃金でいくらでも労働者が雇える状況では、これらの企業は高価なソフトウェア投資をする必要はなかった。宿泊・飲食サービス企業の経営者が無能だったから、ソフトウェア投資をしなかったわけではないのである。

『中小企業白書』（2018）も、「実際に人手不足感と今後の省力化投資の実施意向を確認すると、人手不足を感じている企業ほど今後、省力化投資を積極的に行う意向を持っていることが見て取れる」（280頁）と述べて、データで証拠を示している。

図表3-5　人手不足で拡大し始めたソフトウェア投資

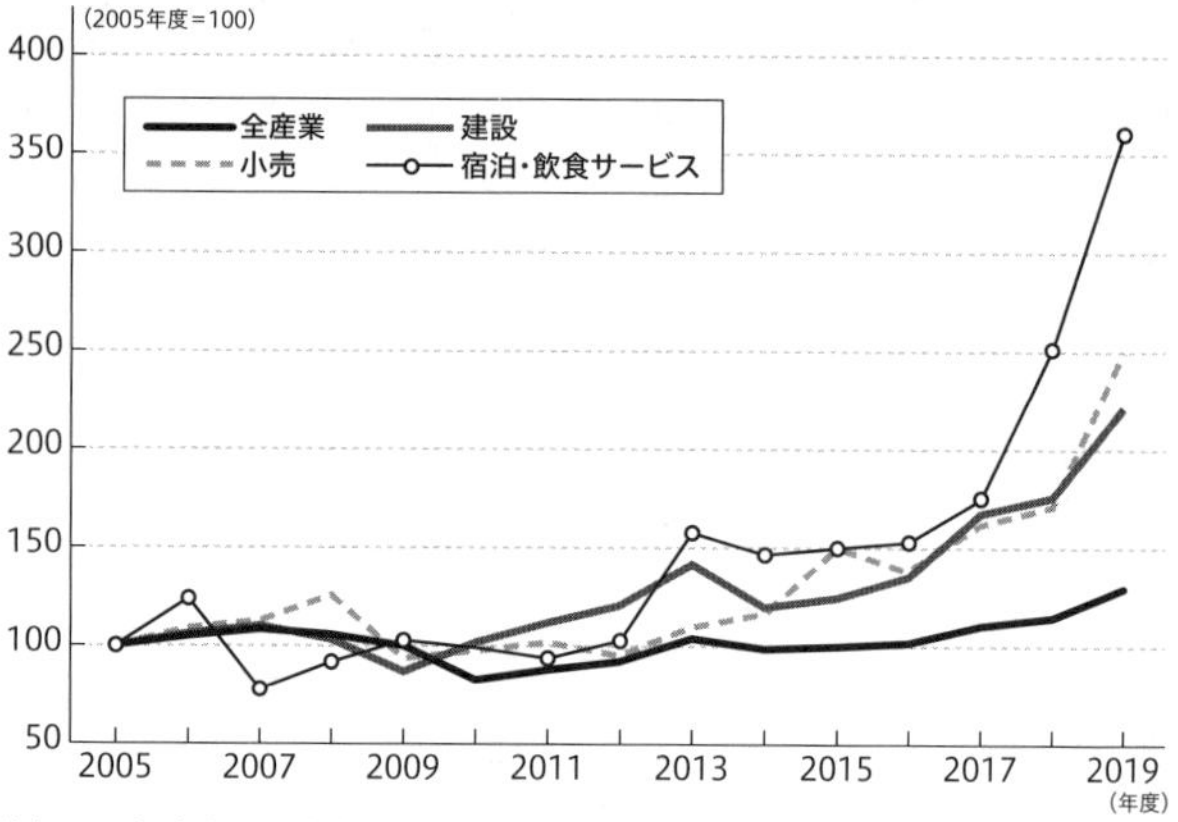


注）2018年度までは実績、2019年度は2019年9月時点の計画
出所）日本銀行『経済・物価情勢の展望（展望レポート）』（2019年10月）より。

これは、企業が置かれた経済環境が変われば企業の行動も変わるという一例である。

企業が生産性向上に本気で取り込むようにするための最善の手段は、積極的な財政政策と緩和的な金融政策とにより総需要を拡大させ、それによって徹底的に人手不足を進めることである。徹底的な人手不足経済では、賃金を上げられない企業は、他の生産性の高い企業に買収されるか、買収する企業が現れなければ、廃業か倒産のいずれかを選択せざるを得なくなる。

需要不足による倒産は、失業者を増大させるだけで、企業の新陳代謝を進めないが、人手不足による廃業・倒産は、廃業・倒産した企業から効率的な企業への労働と資金の移動を引き起こし、企業の新陳代謝を進める。その結果、真の意味での労働生産性が向上するのである。

## アベノミクスで実質賃金は低下したか

また、適切なマクロ経済政策により、人手不足経済を維持し続ければ、最低賃金を引き上げなくても雇用市場が売り手市場になるため、賃金はその市場調整の結果、上昇する。

アベノミクスで実質賃金は低下したという論調が多いが、それは正規社員と非正規社員を区別せず、かつ、すべての労働者の平均実質賃金を問題にしているからである。

安倍前首相が国会答弁で何回か述べているように、「私の妻が働きに出ると、妻の実質賃金は私よりも低いため、私と妻の実質賃金を合計して2で割って、平均実質賃金を算出すると、低下します。しかし、安倍家の実質賃金合計額は増加しているのです」。

この安倍前首相の答弁で真実を知るにはどうすればよいかが明らかになっているにもかかわらず、マスメディアは、労働者全体をまとめて、その平均実質賃金をもって、「アベノミクスで、下がった、下がった」とアベノミクスに成果はなかったと騒ぎ立てているのである。

平均実質賃金を語るのであれば、最低でも、①正規社員と非正規社員およびパートなどの短時間労働者を区別し、②労働時間の変化を考慮すべきである。①を満たすデータが得られるのは、厚生労働省『賃金構造基本統計調査』である（この統計では、正規社員・非正規社員という用語でなく、正社員・正職員と正社員・正職員以外という用語を用いているが、本書では前者を正規社員、後者を非正規社員と表記している）。この統計を利用して、２０１９年とアベノミクスが始まる前の年である12年の実質時給を比較してみよう。

実質時給を比較するのは、２０１９年は12年よりも雇用市場が働く側に有利に改善されたため、ブラック企業のように長時間労働を強いる企業で働かなくても職が見つかるようになったこと、ブラック企業自身も雇用条件の改善に努めたこと、および短時間だけ働きたい女性と高齢者の就業が増えたことなどにより、正規社員を含めて労働時間が短縮したからである。この労働時間の短縮化を考慮すると、実質時給で比較することが適切になる。

２０１９年の12年に対する労働時間（1カ月当たり）は、正規社員（そのうち雇用期間の定めのない者）は２・２％の短縮、短時間労働者（そのうちの非正規社員）は９・５％の短縮である。このように労働時間が短縮する下で、19年の「雇用期間の定めがない正規社員」と「短時間労働者のうちの非正規社員」の実質賃金は、12年よりも、それぞれ４・５％と８％上昇した。

### 賃上げに臆病な正規社員

読者は正規社員の実質時給の上昇率が低いと感じられるかもしれない。正規社員の実質時給が非正規社員よりも低い原因は、日本の正規社員、とくに大企業の正規社員に適用される日本的雇用慣行、すなわち年功序列賃金制、終身雇用制および企業別労働組合と整理解雇の4条件にある。

企業は正規社員を業績が悪い程度では解雇できない。景気の悪いときの整理解雇も難しい。年功序列賃金制は崩れたと言われ、業績の差によって賃金に差がつくようになったが、年齢が上がるとともに賃金が上昇するという点は崩れていない。

さらに、正規社員の賃金には、いったん上げると経営が悪化しても下げにくいという「賃金の下方硬直性」がある。この「下方硬直性」があるため、アベノミクスで利益率が上昇しても、企業は正規社員の賃金を上げにくいという「賃金の上方硬直性」が生まれる。つまり、正規社員の賃金をいったん上げると、企業経営が悪化しても下げられないことが、経営が改善しても賃金を引き上げることを困難にしているのである。

正規社員の賃金上昇率が低い原因として、企業別労働組合という日本の特徴的な労働組合制度が挙げられる。なお、イギリスは職業別組合、アメリカは産業別組合と、企業別ではなく、職種別か産業別である。

企業別労働組合は、企業の正規社員で組織する労働組合であり、それに終身雇用制と年功序列賃金制が加わると、いったんある企業に就職したら定年までその企業で働くことが有利になる。そのため、中途採用市場が狭隘《きょうあい》になってしまう。つまり、よほど有能かつ希少性の高い才能を持っていなければ、正規社員にとって有利な転職はまずないと考えたほうが無難である。

正規社員が置かれたこのような状況では、勤めている企業の成長も大事であるが、バブル崩壊後のデフレ不況の下で起きた「銀行不倒産」神話の崩壊、東日本大震災、リーマン・ショック、非正規社員の急増などを経験すると、正規社員の雇用が守られる「企業経営の安定」こそが重要になる。つまり、もともと企業別労働組合の正規社員は企業経営者と運命共同体であるが、１９９０年代以降の経験を通じて、ますます運命共同体意識が高まったのである。

このことは、著者が日銀副総裁だった頃の経験が如実《にょじつ》に示している。著者は、日銀幹部が経団連などの財界とばかり懇談会を持っているが、労働組合とも意見交換すべきだと考え、インフレ率が日銀の「量的・質的金融緩和」により上昇し始めた頃、日本労働組合総連合会（通称、連合）の幹部と意見交換したことがある。

その意見交換の場で、著者が「これから、インフレ率は上がっていきますから、来年の春闘では、これまで以上の賃金引き上げを要求されたらいかがですか」と尋ねると、連合幹部は「インフレにならなかったらどうなります？　高い賃上げを要求すれば、経営が不安定になってしまいます」と答えたのである。

正規社員の賃上げを抑制しているのは経営者だけではない。正規社員自身が抑制し、「経営の安定」を望んでいるのである。だからこそ、企業が賃上げを抑制し、万が一に備えて現金・預金をため込むことを、正規社員も容認しているのである。

２０２０年に、予想もしなかった新型コロナウイルス感染症ショックが起きてみると、このような企業と一体となって行動する連合は正しい選択をしたのだとさえ思えてくる。なぜならば、現金・預金を大量にため込んだ企業こそ、このショックを乗り越えるために有利な立場にいるからである。

## ３・３　産業・企業保護政策から公正な競争政策へ

前節では、マクロ経済環境の改善が生産性を上げることを示したが、生産性向上のためには、マクロ経済環境を改善しつつ（すなわち、デフレ脱却政策を進めつつ）、ミクロ経済政策による生産性向上政策も必要である。

生産性向上のためのミクロ経済政策の基本は、経済学の「経済政策の割り当て原則」から見て、公正な競争政策であると考えられる。しかし、競争は「格差」を生む原因になる。この「格差」がアメリカのように拡大しすぎれば、社会は分断され、不安定になり、長期的には生産性も低下するであろう。

### 成長の芽を奪う集団的所得再分配政策

競争によって生まれた「格差」を一定の範囲にとどめるためには、「経済政策の割り当て原則」から見て、所得再分配政策を割り当てるべきである。

しかし、「格差」の縮小政策は、供給者（企業）に対して実施すべきでない。あくまでも、相対的貧困者になったような個人を対象にすべきである。

ところが日本では、農業や小売業や運送業や中小企業といった企業や産業単位の保護政策が所得再分配政策として利用されてきた。八田（２００９）はこうした所得再分配を集団的所得再分配と呼んでいる。

この集団的所得再分配政策は、日本では産業政策と呼ばれ、一部の経済学者（とくに古い世代の外国の日本経済研究者）は戦後日本の高度経済成長の原動力であったと主張している。しかし実際は、保護された産業や企業に対して、生産性を向上させようとする誘因を奪ってしまう政策である。これも、企業はその置かれた経済環境に合理的に対応する例である。

## 豊富な支援があっても減る小規模企業

中小企業庁のホームページを開くと、中小企業補助金政策（２０１８年度は39項目）や中小企業優遇税制（17項目）の案内などがずらりと並び、まさに、至れり尽くせりの中小企業支援政策が勢揃いしている。これらの政策は、中小企業の生産性向上政策というよりも、中小企業という集団を対象にした集団的所得再分配政策の側面のほうが強い。

中小企業基本法に規定されている中小企業とは、例えば小売業であれば、資本金または出資額が５０００万円以下の会社または常時使用する従業員が50人以下の会社および個人である。[2]

なお、中小企業基本法では、「おおむね常時使用する従業員の数が20人（商業又はサービス業に属する事業を主たる事業として営む者については、５人）以下の事業者」を小規模企業者と定義している。

小規模企業者は、小規模事業者経営改善資金融資制度、特別小口保険、小規模企業共済制度などの支援を受けることができる。

以上のように定義された中小企業は、次の中小企業憲章の精神に則って、さまざまな支援を国と地方から受けることができる。中小企業憲章は次のように、国の総力を挙げて中小企業を支えることの重要性を述べている。

「中小企業は、経済を牽引する力であり、社会の主役である。常に時代の先駆けとして積

2　小売業以外の中小企業の定義：製造業その他は資本金または出資額（以下、資本金等という）が３億円以下の会社または常時使用する従業員（以下、単に従業員という）の数が３００人以下の会社および個人。サービス業は資本金等が１億円以下の会社または従業員数が１００人以下の会社および個人。卸売業は資本金等が５０００万円以下の会社または従業員数が１００人以下の会社および個人（中小企業基本法第２条１項より）。

極果敢に挑戦を続け、多くの難局に遭っても、これを乗り越えてきた。（中略）

政府が中核となり、国の総力を挙げて、中小企業の持つ個性や可能性を存分に伸ばし、自立する中小企業を励まし、困っている中小企業を支え、そして、どんな問題も中小企業の立場で考えていく（傍点は引用者）。これにより、中小企業が光り輝き、もって、安定的で活力ある経済と豊かな国民生活が実現されるよう、ここに中小企業憲章を定める」

中小企業のうち、小規模企業は減少傾向にあるが、それでも2016年時点で日本全体の企業者数の84・9％を占めており、これに中規模企業を加えると、全体の99・7％を占めている（図表3－6）。つまり、大企業は0・3％しか存在しない。大企業の比率が1％を超えている都道府県は東京都だけである（16年度1・1％）。

図表3－7は、従業員数が9人以下の小規模企業数が全体の企業数に占める割合を国際比較したものである。日本の小規模企業数の割合はフランスよりも小さいが、ドイツとアメリカに比べると大きい。

次に、企業規模別の雇用者数の割合を見てみよう。

図表3－8から、アベノミクスの期間、小規模企業の従業員数が減少する一方で、中規模

図表3-6　規模別企業数の推移

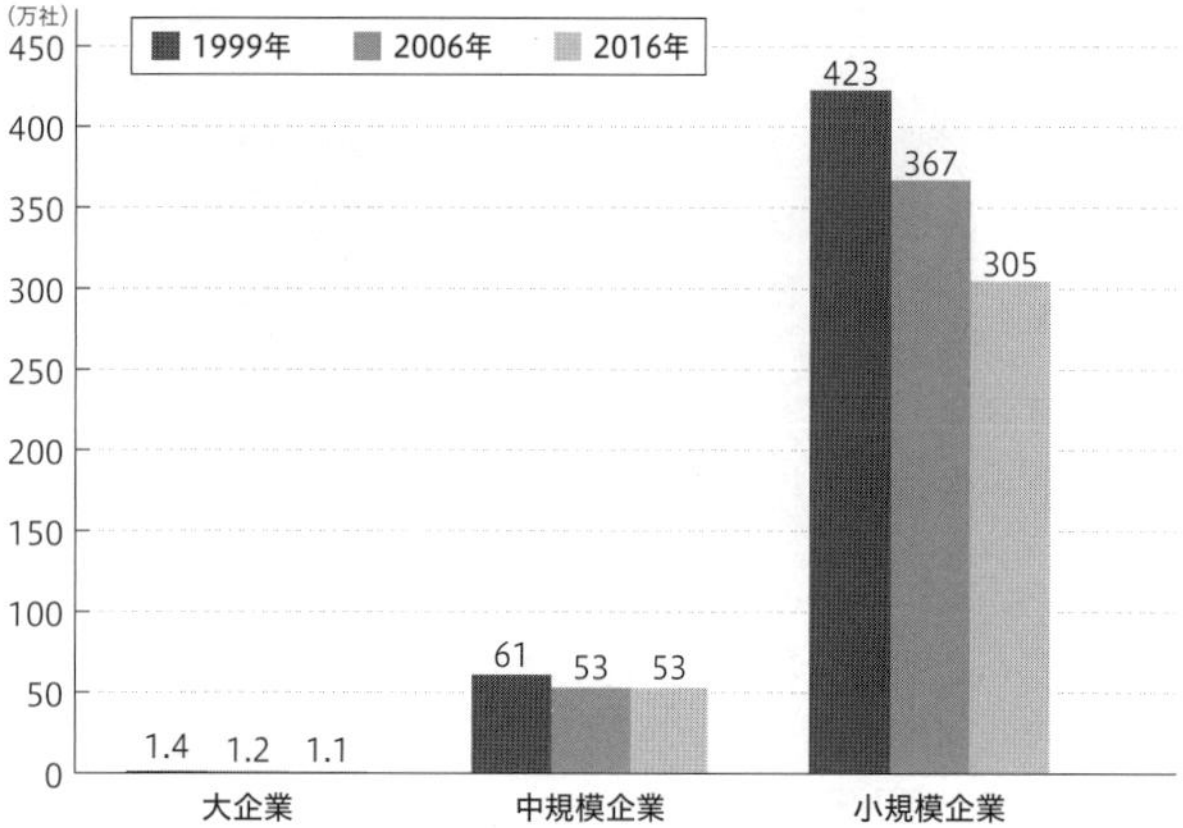


出所）中小企業庁『中小企業白書』(2019) より。

図表3-7　従業員9人以下の企業数が全企業数に占める割合の国際比較

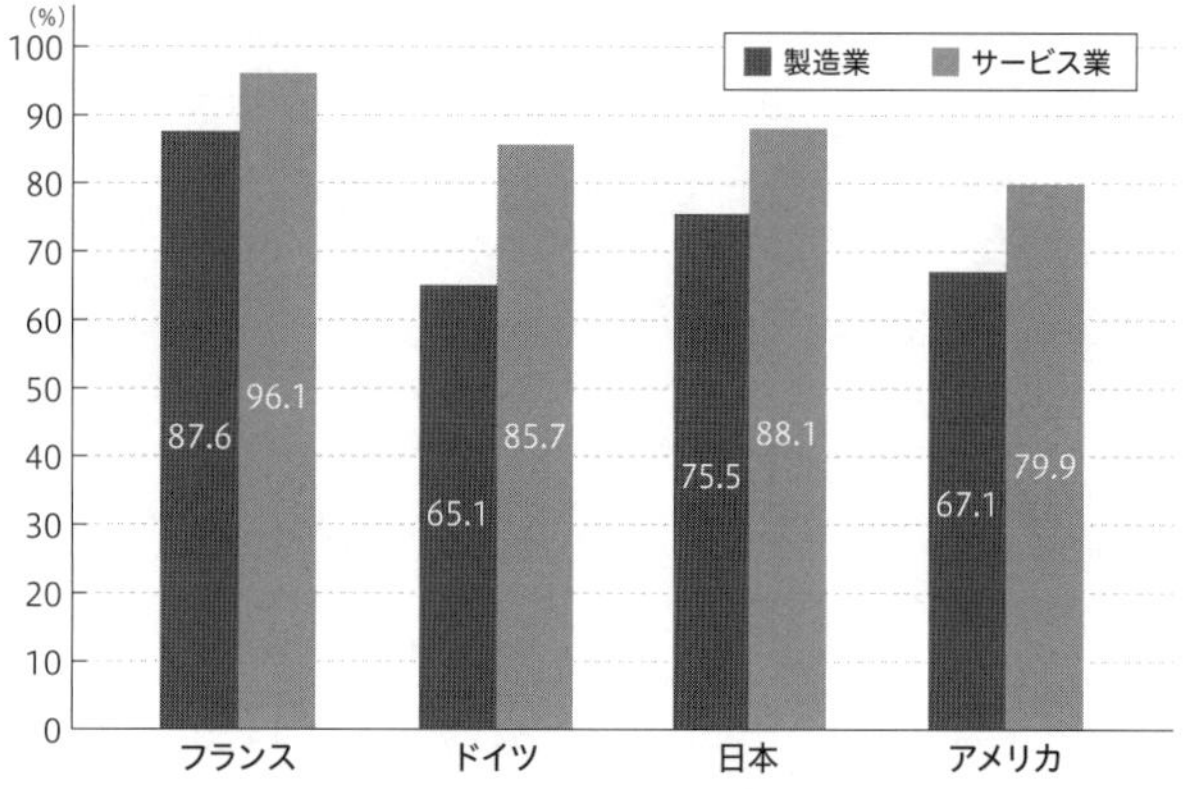


出所）OECD Entrepreneurship at Glance (2017) より。

図表3-8　企業規模別従業員数の変化

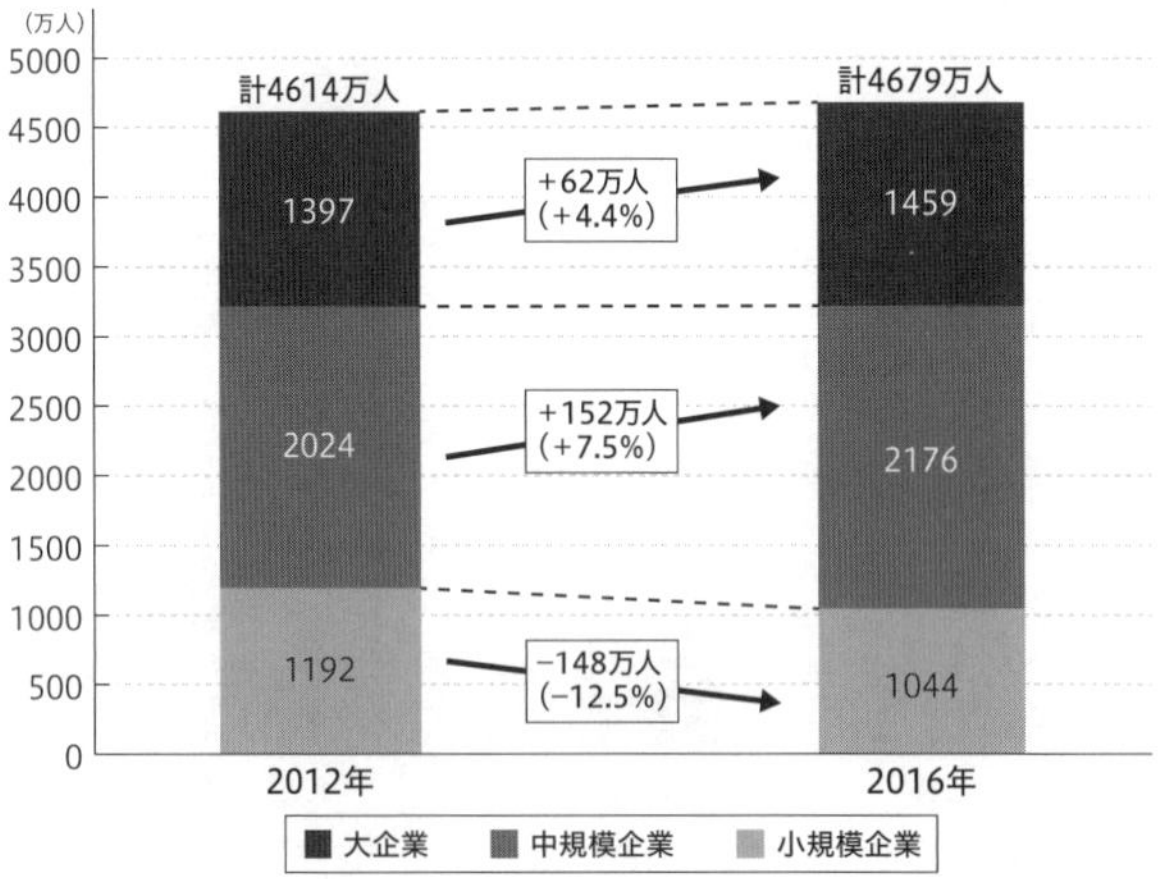


出所）中小企業庁『中小企業白書』(2019) より。

企業と大企業の従業員数が増えていることが分かる。

以上から、中小企業支援策、とくに小規模企業支援策が豊富にあるにもかかわらず、小規模企業数と小規模企業に勤める従業員数はともに減少しつつあることが分かる。すなわち、緩やかであるが日本の企業は規模を拡大しつつあり、規模の大きな企業に勤める従業員も増えつつある。しかし、依然として小規模企業の割合は高いというのが現状である。

## 企業規模と労働生産性の関係

それでは、企業規模（従業員数で計った企業規模）と労働生産性とはどのような関

図表3-9　企業規模別従業員１人当たり付加価値額（労働生産性）の推移

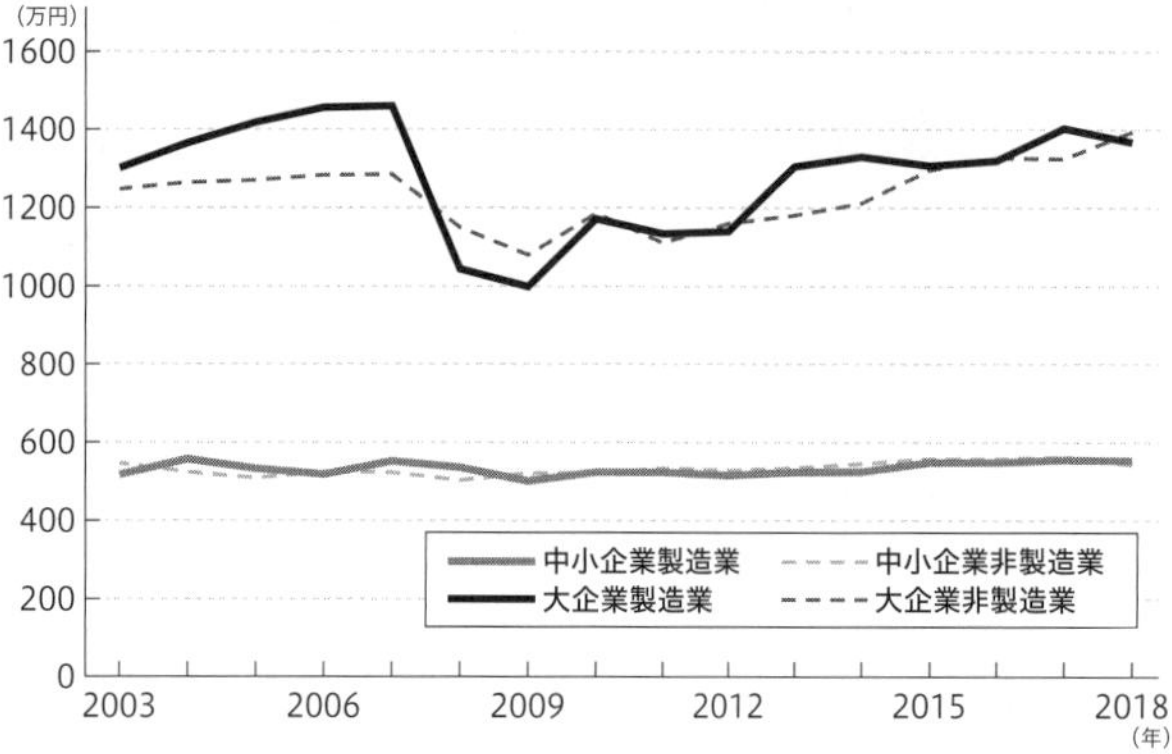


注１）ここでいう大企業とは資本金10億円以上、中小企業とは資本金１億円未満の企業とする。
注２）2006年度調査以前は付加価値額＝営業純益（営業利益－支払利息等）＋役員給与＋従業員給与＋福利厚生費＋支払利息等＋動産・不動産賃借料＋租税公課とし、2007年度調査以降はこれに役員賞与、および従業員賞与を加えたものとする。
出所）中小企業庁『中小企業白書』(2020)・原資料：財務省『平成30年度法人企業統計調査年報』より。

係があるであろうか。

図表３－９は、大企業は製造業も非製造業も、リーマン・ショック後の景気の底である２００９年度を境に、労働生産性（１人当たり）が上昇傾向にあることを示している。この図表から明らかなように、大企業の労働生産性は景気の変動と同じ方向に推移しているという意味で、実現した労働生産性であり、真の労働生産性でないことに留意する必要がある。

一方、中小企業（図表３－９では、資本金１億円未満の企業を中小企業と定義している）については、2009年度から18年度までの労働生産性の上昇はごく緩やかなものにとどまっている。その結果、大企業の労働生産性は中小企業の2・5倍程度（18年度）であり、かなり大きな差が存在する。

なお、図表3－9は、中小企業は大企業に比べて労働生産性が景気の変動を受けにくいことも示している。これは、中小企業は大企業よりも景気が悪化して付加価値が減少したときに、従業員を解雇等により減らすことが容易であるためであろう（ミクロの企業や産業の労働生産性は、付加価値を従業員数で割った値が労働者1人当たりの生産性になることに注意）。

従業員は解雇されたときに、裁判所に訴えて、解雇の正当性を争うことができる。しかし、中小企業の従業員は大企業の労働組合のような資金が潤沢な組合が援助してくれないため、訴訟を起こすことは困難である。そのため、中小企業の経営者にとって、景気に応じた雇用調整は大企業よりも容易になる。

図表3－9の労働生産性は景気の変動とともに変動しているため、真の労働生産性を表していないという欠点を持つが、長期的に見れば、大企業のほうが中小企業よりも労働生産性が高い傾向が読み取れる。

この長期的に見た労働生産性の企業規模間の差の要因の１つは、アトキンソン（２０１８）が指摘するように、規模の経済であろう。それは、何を生産するにも固定的な設備等が必要になり、それに伴って固定費用が発生するが、従業員が多く、かつ産出量も多い企業のほうが、１人当たりと産出量当たりの固定費用を削減できるからである。

資金調達においても、銀行等の貸し手は、中小企業の小口の借金に対してよりも、大企業の大口の借金に対して、金利等の面でより優遇するであろう。これも貸し手にとって、大口の貸出のほうが小口の貸出よりも、貸付け審査などにおいて、規模の経済が働くからである。

しかし、規模の経済は業種によって異なり、規模を大きくすれば労働生産性が上昇するとは限らないことに注意する必要がある。

『中小企業白書』（２０１９）が指摘しているように、「デジタル化」「グローバル化」は、中小企業にとって、規模を拡大しなくても労働生産性を向上させる上で、追い風になると考えられる。

大企業のほうが中小企業よりも労働生産性が高い第二の要因として、大企業のほうが中小企業よりも資本装備率（１人当たりの労働者が利用できる機械等の資本）が高いことが挙げられる（図表３‐10）。

図表3-10　企業規模別・業種別の資本装備率

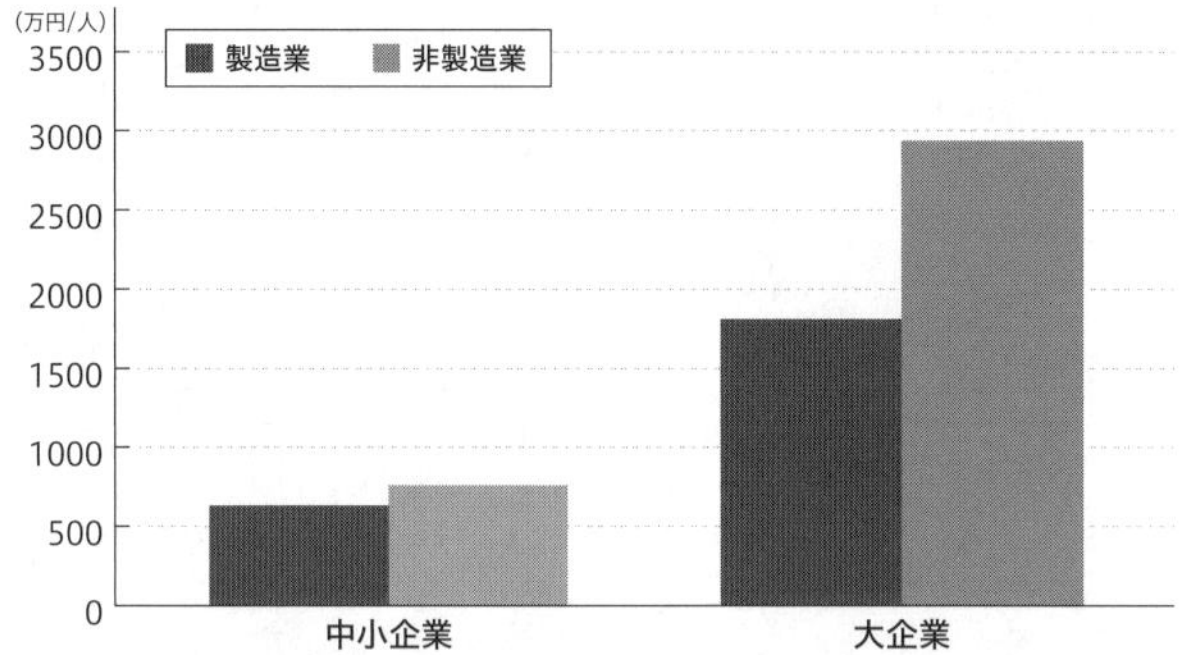


注1）ここでいう大企業とは資本金10億円以上、中小企業とは資本金１億円未満の企業とする。
注2）資本装備率＝有形固定資産（建設仮勘定を除く）（期首・期末平均）／従業員数
出所）中小企業庁『中小企業白書』(2020)・原資料：財務省『平成30年度法人企業統計調査年報』より。

これは例えば、大企業は従業員１人当たり１台のタブレット端末を持っている（つまり全員がタブレット端末を持っている）が、中小企業は１人当たり０・５台しか持っていないといった状況である。

また一般に、中小企業の労働生産性が大企業よりも低い第三の要因として、中小企業にとって、潜在的能力の高い人材を獲得することが難しいことが挙げられる。潜在的能力の高い人ほど高い賃金を求めて大企業に就職しようとし、労働生産性が低いために大企業ほどの賃金を払えない中小企業には就職しようとしない傾向がある。その結果、中小企業の労働生産性と賃金が伸びないという悪循環が起きる。

長期的に見て、大企業のほうが中小企業よりも労働生産性が高いという傾向は、ヨーロッパでも見られる現象である。

## １人当たり実質ＧＤＰを引き上げる〝３本の矢〟

第１章で、今後ますます少子高齢化が進むという、国立社会保障・人口問題研究所の人口構成推計を紹介した。すなわち、将来の日本の社会保障制度は機能不全に陥る可能性が高いことを指摘した。すなわち、将来の現役世代が年金給付を受ける高齢者を支えることは、極めて困難である。

この困難を乗り切るためには、いくつかの政策を組み合わせなければならないが、まず、１人当たり実質ＧＤＰを引き上げて、高齢者を支える現役の所得を引き上げることが不可欠である。そのための方法は次の２つである。①財政金融政策により、総需要を潜在ＧＤＰが実現できる水準に維持しつつ、②潜在ＧＤＰの水準そのものを引き上げることである。この②を実現するためには、この章の１節に記した国民１人当たり実質ＧＤＰ＝労働生産性×就業率×15歳以上人口比率［３‐６］の右辺を引き上げる供給サイドの政策が必要になる。具体的には、すでに述べたように、労働生産性を引き上げる（ａ）、就業率を引き上げる（ｂ）、

15歳以上人口比率を引き上げる（c）、の3つの政策である。

これらのうち、cは合計特殊出生率を引き上げる政策になるが、生まれてから15歳以上になるまでには最低15年間かかる。それでも長期的に見れば、合計特殊出生率を引き上げる政策は必要であろう。

なお、15歳以上人口が増えても、高齢者が増えることが主因で増えるのであれば、その中で就業できる人は75歳くらいまでであると思われるから、1人当たりGDPをむしろ低下させる要因になってしまう。

## 最低賃金引き上げは生産性向上に資するか

残る政策は、就業率と労働生産性の引き上げである。アトキンソン（2018）は、中小企業の労働生産性が大企業よりも低いことに注目して、労働生産性を引き上げる政策として、全国一律で最低賃金を毎年5％ずつ引き上げる施策を提言している。

普通、最低賃金の引き上げは貧困対策としての機能を期待する政策であるが、失業率を上昇させる可能性が懸念され、この点に関して多くの研究がなされてきた。

それに対して、アトキンソン氏の最低賃金引き上げは貧困対策ではなく、中小企業の生産性を引き上げる手段として提案されている。

この提案は次のメカニズムを想定している。最低賃金を引き上げれば、最低賃金を支払えないような生産性の低い、規模の小さな中小企業は淘汰《とうた》されるか、あるいは最低賃金を払えるように生産性の向上に取り組むようになる。その結果、中小企業の中でも、より規模が大きい生産性の高い企業が生き残ることにより、中小企業の生産性が高まる、というメカニズムである。

最低賃金の引き上げは、①その賃金を払えない企業が退出する結果、雇用が減少して失業者が増加しないか、②最低賃金の引き上げは価格に転嫁されないか（転嫁されれば消費者の利益が損なわれる）、③本当に労働生産性を引き上げるのか、④むしろ企業収益の減少による設備投資の減少を招き、労働生産性は低下するのではないか、といった多岐にわたる明らかにすべき問題がある。

日本では、最低賃金が雇用に及ぼす実証研究は少ないが、例えば、川口大司・森悠子（２００９）は、「最低賃金の上昇は10歳代男性労働者と中年既婚女性の雇用を減少させる」という実証結果を導いている。同様に、ＯＥＣＤ（２０１５）も、「従来の実証研究は、緩やかな最低賃金の引き上げは全体として見ると雇用喪失をもたらさず、労働生産性を引き上げる事例も観察される。しかし、若年層のような弱い立場にいる人は、最低賃金が高くなると、雇用喪失の被害を受ける可能性がある。この可能性はとくに労働需要が弱いときに、大きくなる」（9頁）と述べている。

それに対して、イギリスの最低賃金委員会の委託を受けたRand研究所の研究（Hafner他［2017］）は、「イギリスの最低賃金の効果の実証研究（1999年以降の145の研究）のメタ分析によると、イギリスの最低賃金は統計的に有意な雇用悪化の効果を発揮していない。しかし、パートのような労働市場に対しては相対的に大きな悪影響が及ぶ」と述べている。また、「大きな景気後退期には、最低賃金のために、若年労働者が他のグループよりも解雇されやすいという負の影響が大きかった可能性がある」という留保もつけている。

### 韓国の急激な最低賃金の引き上げ

最低賃金については、韓国が2018年に16・4%、19年に10・9%も急激に上げたことが話題になった。この2年続きの最低賃金の引き上げで、韓国の19年1月の失業率は18年の3・8%よりも上がって4・4%になり、韓国の最低賃金の急激な引き上げは、大量の失業者を生み出して大失敗だと言われた。しかし、時間がたってみると、19年の失業率は3・

8％に落ち着き18年と変わらなかった。そのため、私がメールで受け取ったアトキンソン通信は、最初、「最低賃金を賢く引き上げ、経営者がパニックにはならず、ショックを与える程度に引き上げるのが効果的だという説です。アメリカのある分析によると、12％以上の引き上げは危険な水準であるとされています。韓国政府も事前にこの分析を読んでいれば、2018年のように最低賃金を一気に16・4％も引き上げるという、混乱を招く政策を実施することもなかったのではないでしょうか」と述べていたが、その後、「韓国では第1四半期に月の失業率が上昇する傾向があり、最低賃金の雇用への影響は短期的でなく、長期的に見なければならない」と意見を修正した。

しかし、韓国の失業率は慎重に見なければならない。Schauer（2018）の研究によると、韓国の雇用市場は、雇用が極めて強く保護された正規雇用者と、雇用が保護されず社会保障制度の恩恵を受けられない非正規雇用者とから構成される二重構造になっている。この点は日本も似ているが、韓国はそれ以上の二重構造である。雇用全体に占める割合（2016年）は、パートタイム雇用、および自営業から構成される。非正規雇用は、一時的雇用、一時的雇用21・4％（OECD平均11・2％）、パートタイム雇用10・9％（OECD平均16・7％）、自営業25・5％（OECD平均15・8％）で、一時的雇用と自営業が突出して高いという点に特徴がある。このうち、自営業の家族労働者は賃金を得ていない。

こうした韓国の雇用の特徴に注目して、Hansen他（２０１９）は「韓国のこれまでの失業率統計は労働市場における余剰労働を不完全にしかとらえていない。多くの労働者は自分を失業者として登録するよりも、非自発的なパートにつくか、労働力を保留するかのどちらかを選んでいる」として、就業意欲を喪失した労働者（discouraged workers）の数を推定した。就業意欲を喪失した労働者とは、長い期間、職探しをし、何回面接しても採用されないため、就職活動をやめてしまった労働者である。この就業意欲を喪失した労働者を失業者に加えた広義の失業率は、２００１年から17年の間、５％の周辺で変動し、その変動は韓国が発表している失業率（公式統計）の変動よりも大きい。とくに、広義失業率はリーマン・ショック後のような景気が悪化したときに、公式統計よりもかなり高くなる。

公式統計では、２００１年から17年の平均失業率は３・５％であるから、広義の失業率はこれよりも１・５ポイント高い。

韓国の若年層の失業率はリーマン・ショック前の２００７年は８・７％だったが、その後、上昇し続け、16年には10・７％まで上昇し、その後やや低下したが、19年でも10・４％と10％台である。こうした公式統計でも10％台の失業率が12年間も続くと、就業意欲を喪失した若者が増えると予想される。就業意欲を喪失した若者の中には、韓国の公式統計では失業者には含まれない自営業に属して、家族として給与を得ず、家の手伝いをしている人も少なくないと思われる。

このように考えると、２０１８年と19年の最低賃金の大幅引き上げのために失業した人のうちの少なからずの人が、就業意欲を喪失して失業者として登録しなくなったために、一時的に上昇した失業率が低下したと考えるのが妥当であると思われる。

川口・森（２００９）、ＯＥＣＤ（２０１５）、そしてアトキンソン（２０１８）が「最低賃金の引き上げは世界の常識」であることを立証したとして引用しているRand研究所の研究（Hafner他［２０１７］）も、最低賃金の引き上げは若年層やパートの雇用を減少させる可能性があると述べている。これは、若年層やパートは労働生産性が低いため、最低賃金を引き上げると、その賃金が彼ら・彼女らの生産性（厳密には限界生産性）を上回ってしまうため、雇う側に損失が発生するからであろう。

## 最低賃金引き上げの影響は、はっきりしていない

一方、アメリカでは、最低賃金の雇用への影響を中心に過去数十年間にわたり、実に多く

の研究が蓄積されてきたが、コンセンサスは未だに得られていない。長年にわたって、最低賃金の研究に携わってきたNeumarkは、最近の論文（Neumark［2019］）で、「これまでの最低賃金が雇用に及ぼす影響に関する実証研究の結果は、雇用に影響があるというものから、ないというものまで、多岐にわたっており、どれが真実を示しているか判定できない状態である。最低賃金の引き上げは最も技術が低い労働者の雇用を減らすが、それ以外の労働者の雇用には余り影響しないという研究が多い。しかし、その研究結果から、最低賃金をこれまでよりももっと大きく引き上げても雇用は減らない、という結論を導くことはできない。最低賃金上げ幅が大きくなればなるほど、影響を受ける労働者が増えるからである」という趣旨のことを述べて、「最低賃金の雇用への影響についての研究をより改善するためには、どのような問題を解決しなければならないか」という問題を提起している。これが、長年、最低賃金の雇用に対する研究を続けてきたNeumarkの結論である。つまり、最低賃金の雇用への影響に関する実証研究は解決しなければならない問題を多く抱えているという意味で発展途上の段階にあり、断定的な結論を下せる段階に達していないということである。

このように、最低賃金の雇用への影響を実証的に明らかにすることが難しいのは、「仮に、最低賃金が引き上げられなかったならば、雇用はどのようになったか」という「実際には起きなかった仮の状況の下で起きただろうことを推測すること」が難しいからである。

このNeumark論文（２０１９）は、真実を「こういう論文が多い」という多数決で決めようとする態度を戒めた論文として読むべきであろう。

なお、最低賃金の引き上げは、技術力の低い労働者をより技術力の高い労働者に置き換えることを促進するとか、サービス価格の引き上げにより消費者に転嫁される、といった結論を導く研究も少なくない。

さらに、アトキンソン氏が主張する、最低賃金の引き上げは労働生産性を高めるという点を裏づける実証研究はほとんどない。日本では「最低賃金は労働生産性を引き上げない」という森川正之（２０１９）のアトキンソン説を否定する研究しかない状況である。

## 正攻法は保護政策の縮小・撤廃

以上のように、現在までの最低賃金と生産性に関する実証研究の状況では、アトキンソン氏の提案を受け入れる条件は揃っていない。

それでは、中小企業の生産性を引き上げる政策としては、どのような政策が効果的であろうか。それは、中小企業保護政策から公正な競争政策に転換することであろう。公正な競争政策であれば、労働生産性の向上につながらない無駄な財政資金を個別の企業に支給する必要がなくなり、税収も増え、増えた税収で低所得者に現金を配布し、格差を縮小することもできる。

中小企業の定義にあてはまれば、数々の補助金を受け取ることができ、税制上の優遇や公的金融による優遇（民間銀行からの借金よりも、低金利で長期に借金できる）も受けることができるならば、だれも中小企業から卒業しようとはしないであろう。中小企業の中でも、小規模企業であれば、さらに強い保護政策が受けられるため、小規模企業のままでいようとするであろう。

実際に、これまで何十年もの間、至れり尽くせりの中小企業保護政策を採用してきたにもかかわらず、中小企業の労働生産性は大企業の4割程度であるから、中小企業保護政策は労働生産性の向上にはまったく役に立っていないどころか、その向上を阻害してきた可能性が高い。

なお、小規模企業保護政策にもかかわらず、小規模企業は減少している。その大きな要因は、後継者がいないことである。しかし、後継者がいなくなったため、生産性の低い小規模企業が減少して、企業の新陳代謝が起きるのを待っている余裕は、もはや日本経済にはない。

ただし、中小企業が現状よりも規模を拡大すれば、必ず生産性が上昇するというわけではない。一般的に、公開されている統計は、中小企業と大企業を比べれば、大企業のほうが生産性が高い傾向にあると言っているにすぎない。

実際には、中小企業の中にも大企業よりも生産性が高く、世界的にも高く評価されている企業も存在する。ということは、逆に言えば中小企業を大企業と区別して中小企業を特別に保護する必要もないということである。企業は政府から特別な保護を受けない状態で、自ら最適な規模を選択すればよいということである。

いま述べた意味で、「国の総力を挙げて」中小企業を支えるという中小企業憲章は、なぜそうしなければならないかを説明していない。中小企業が多くの人を雇用しているから失業が少ないということは、中小企業を保護する理由にはならない。完全雇用が実現するかどうかは、マクロ経済政策に依存するからである。

確かに、急激に中小企業保護政策を縮小・撤廃することは、中小企業の倒産の急増をもたらすため、人手不足経済であっても、倒産による大量の失業者が転職することは困難であろう。したがって、①中小企業保護政策の縮小・撤廃はある程度の時間（2～3年程度）をかけて実施すること、および以下に述べる、②中小企業の競争的な開業支援政策、③積極的労働市場政策のさらなる改革（後述、第4章）、④負の所得税を利用した給付付き税額控除制度の導入や生活保護制度の改革といったセーフティネットの整備（後述、第5章）が必要である。

金融機関についても、金融庁の報告書と日銀の金融システムレポートが指摘しているように、生産性・収益性の低い銀行が多く、その再編成も急ぐべきである。

銀行預金が預金保険機構によって守られていることが、銀行の廃業や再編成の障害になっている。しかし、預金保険制度を撤廃すれば、たちまち銀行取り付けが発生し、システミック・リスク（金融システムの危機を招くリスク）が顕在化しかねない。したがって、銀行が赤字決算になる前に、廃業させたり、他の有力銀行と合併させたりする法改正が必要である。倒産前の廃業であれば、従業員に退職金を払える余裕があると考えられる。

## なぜか控除される中小企業の交際費

中小企業（資本金1億円以下）には、交際費等として800万円までの損金算入が認められている。ここでの交際費等とは、交際費や接待費などで、その法人の得意先や仕入先など事業の関係者への接待、供応、慰安、贈答などに要する費用のことをいう。交際費等のうち、飲食その他これに類する行為のために要する費用は接待飲食費といい、損金算入できる。つまり、取引先と飲み食いする費用は、所得から控除され、税金を払わなくてもよいということで、取引先と飲んで、騒いで、遊ぶことを税制が奨励しているのである。ここには、中小企業の生産性を引き上げようとする精神はまったく見られない。右に挙げた「供応」「慰安」「贈答」を税制上優遇すると知って、驚かれる読者も多いのではないだろうか。

常識的に考えれば、これらの費用を税金から控除すべき理由は見当たらない。交際費等の損金算入は中小企業の主たる節税手段となっており、確定申告の際、「交際費等の損金算入に関する明細書」を添付することになっているが、税務署員がその支出の正当性を正確にチェックすることは困難である。私の知人の中小企業の社長の妻は、会社のクレジット・カードで買い物をし、交際費で落としていた。

## 中小企業の赤字比率が高い理由

アベノミクスにより、大企業だけでなく中小企業の収益率も大幅に改善した。１９８７年から91年のバブル期の中小企業の売上高経常利益率は３・４～４・２％であったが、それに対して２０１３年から19年のアベノミクス期は、３・１～３・９％だったから、バブル期と遜色のない高さである。しかし、それでも『中小企業白書』（２０１８）によると、約21%の中小企業の経常利益が赤字である。

中小企業に赤字企業が多い理由の1つは、交際費に代表される費用控除の優遇措置と節税対策であると考えられる。節税対策の代表的なものは、給与所得控除の活用である。配偶者や親族を雇い給与を支払って、青色申告すれば、給与はすべて費用で落とせる。15歳以上の子供であれば、一定の条件を満たせば、専従者（家族従業員）として扱われ、専従者控除が費用として認められる。これらの活用により、法人税を支払わずに済むように、利益をゼロまたは損失を出したことにし、社長を含めて給与を分散すれば、給与所得の限界税率が下がるため、給与所得税も節税できる。配偶者や専従者が実際にどれだけ働いているかの実態を、税務署が把握することは困難であるため、こうしたことが生ずる。

**開発を促進するアメリカの中小企業政策**

アメリカにも中小企業政策があるが、その理念は、「私企業を基礎とする米国経済の本質は、自由競争である。十分にして自由な競争によってこそ、市場を自由にし、事業への進出を自由にするとともに、個々人の主体性と自決権を発揮させ、その成長機会を保証することができるのである」（向山英彦［１９９８］）という点にある。

このように、アメリカの中小企業政策は、中小企業を市場競争の担い手としてとらえており、「困っている中小企業を支え、そして、どんな問題も中小企業の立場で考えていく」（中小企業憲章、傍点は引用者）という表現に示されているような、中小企業を弱者としてとらえ、できるだけその存続を維持するという日本の考え方とは、まったく異なる。

しかし、中小企業は開業の際に、実績や資金調達力がないため、大企業に対してハンディキャップを背負っている。そこでアメリカの中小企業政策は、中小企業の開発支援に重点を置いている。

例えばアメリカには、中小企業開発センター（Small Business Development Center）という施設がある。これは、「中小企業や起業を目指す起業家を対象に、企業経営に必要なノウハウを、研修・カウンセリングの形式で提供する施設である。中小企業開発センターは現在、全米50州及びワシントンDC、グアム、プエルトリコ、サモア、バージン諸島に合計63箇所設置され、その傘下に1、１００箇所のサービスセンターが点在している。なお、同センターの運営資金のうち、中小企業庁の負担は最大50％であり、残りは州・地方政府、州政府運営の経済開発センター、州立・私立大学、その他教育機関などが賄っている。（中略）

中小企業開発センターの提供する主な支援分野は、財務、マーケティング、生産管理、エンジニアリング、技術支援、国際貿易、連邦調達、ローカル地域の経済発展など多岐に亘る。これらのサービスは、法曹界、金融界、学術界や業界団体、商工会などから派遣される無償ボランティアの専門家によって提供される」（中小企業基盤整備機構［2005］）

なお、中小企業開発センターの実績を見ると、カウンセリングよりも研修目的で利用されているケースが多い。

また、1億ドル以上の研究開発外部発注義務を負う11の政府機関に対して、予算の一定割合を中小企業向けに別枠設定し、中小企業の研究開発を支援する、中小企業イノベーション研究プログラムもある。「このプログラムは三つの段階から成り、第一段階では、中小企業から出されたアイデアが、科学的かつ技術的な利点と企業化の可能性から評価、選択される。この段階は大変な競争となっている。第二段階では、製品のプロトタイプや生産プロセスの開発まで実施した企業から、商業化の見込みの高いものが選ばれる。政府から研究開発資金が助成されるのは、この段階までである。第三段階の商業化段階では、民間資金の活用が要求されている」（向山［1998］）。

このような厳しい審査を伴った開発研究資金獲得政策を採用すれば、無駄な税金の使途を防ぐとともに、起業に成功した企業とその企業と取り引きする企業からの税収も増えるであろう。

### 変わり始めた日本の中小企業政策

右では、日本の中小企業保護政策を批判的に述べてきたが、日本もようやく中小企業保護政策から中小企業の生産性向上政策に転換しつつある。

例えば、『中小企業白書』（2018）の第2部では、「深刻化する人手不足と中小企業の生産性革命」と題して、中小企業が生産性を向上させるためのいくつかの手段を示している。

さらに、2019年度の同白書第3部では、「社会が大きく変化する中で、中小企業・小規模企業の経営者に期待される自己変革や、周囲の関係者との関わり方の再構築」を求めている。ここでいう中小企業を取り巻く経済・社会の変化とは、「人口減少」「デジタル化」「グローバル化」である。

同白書は、人口減少社会において次のように述べている。

「『2. デジタル化』、『3. グローバル化』は大きな追い風になると考えられる。デジタル化は、新たな販路拡大の可能性や、不足する経営資源の補完や経営の合理化を後押しする流れであり、規模の大小を問わず事業を拡大させる可能性を高めるものと考えられる。グローバル化の流れは、新興国を中心とした海外の需要を獲得することができれば、成長の余地が十分にあることを示している。

このように、人口減少という大きな課題に直面する中でも、足下の経済・社会変化は中小企業にとってマイナスの影響ばかりではない。今、中小企業に求められるのは、追い風となる経済・社会変化を、いかに自社の経営に取り込むか、ということであるといえるだろう」（同白書277頁）。

以上の指摘は的を射ており、とくに、ジャーナリズムや日本の自称リベラルの人々の間で反対の強い「グローバル化」を中小企業にとって「追い風となる」と積極的にとらえている点は高く評価できる。

「デジタル化」については、中小企業でも87％の企業がホームページを開設（2017年時点。大企業では96％）している。しかし、ブログ、SNSや動画共有サイトなどからなるソーシャルメディアサービスを活用している中小企業は25％で、大企業の37％との差が拡大している。「これらのサービスは無料・安価で利用できるサービスが多い点に特徴があり、中小企業にとって、始めやすいマーケティングツールであると考えられる」（同白書２８２頁）。

同白書によると、ソーシャルメディアサービスを大企業は「マーケティング」の手段として、中小企業よりも活用しているという。

「ソーシャルメディアサービスを活用した情報発信は、マスメディアを通じたテレビＣＭや広告チラシのような一方的で画一的な情報発信と異なり、双方的でターゲットに合わせた情報発信を行うことができる点が特徴的であり、『顧客との関係性』をより強固にする可能性がある」（同白書２８３頁）

中小企業が大手通販サイトを使ったＥＣ（電子取引）も増えているが、高いコストがかかる。しかし、自社のホームページを使ってＥＣを活用すればコストを削減できる。著者の経験では、楽天市場のサイトに店舗を開いている店から購入すると、その後、その購入先から直接、著者のメールアドレスに情報が来るようになった。

ソーシャルメディアサービスやＥＣを活用すれば、「顧客が来るのを待つ」必要がなくなり、中小企業も世界に向けて情報を発信して、顧客を獲得できる。

中小企業の海外輸出も増加しつつあり、２０１８年度では14・２％の中小企業が海外子会社を保有している。海外子会社を保有する中小企業の割合は増加しつつある。海外直接投資先は、00年代前半までは中国が中心であったが、その後は、タイ、インドネシア、ベトナムなどのＡＳＥＡＮへの進出が増えている。

２０２０年の『中小企業白書』は従来以上に、中小企業の生産性向上政策を取り上げている。この白書の特徴の１つは、経済成長のためには、既存の中小企業が生産性向上に取り組むだけでは不十分であり、生産性の高い企業の参入と生産性の低い企業の退出といった、新陳代謝を進めることが重要であることを強調したことである。これまで、「生産性の低い中小企業の退出」に触れることは、「中小企業憲章」に反することであるとして、タブー視されてきたと考えられる。このようにタブーを破った発想転換は、アベノミクスの成長戦略の精神を体現したものである。

同白書からは、「企業の新陳代謝の観点から、存続企業・開業企業・廃業企業の労働生産性の比較や、新陳代謝の促進につながる事業承継や創業について取り上げていく」（Ｉ‐１

10頁）と、従来考えられなかった方向へ大転換しようとする意気込みが感じられる。

## 生産性向上のための事業承継のあり方

しかし、『中小企業白書』は新陳代謝を促すと謳いながら、中にはその目的とはかけ離れた政策ではないかと危惧されるものもいくつか存在する。例えば、「生産性の高い企業の廃業も一定程度生じて」いるが、その「廃業の背景には、経営者の高齢化と後継者不足があると考えられ、企業の貴重な経営資源を散逸させない事業承継の取組が重要性を増している」（『中小企業白書』［2020］I‐169頁）と述べ、それを理由に、事業承継円滑化のための総合的支援策を続けるという。これは、5年間の事業継続等を条件として、非上場株式に係る相続税・贈与税の納税を猶予し、経営者の死亡等に伴い必要となる資金の調達を支援するため、都道府県知事の認定を受けた中小企業者およびその代表者に対して、金融支援する政策である。

この「経営承継円滑化法」（2008年成立）に基づく事業承継支援策は、「中小企業の事業の継続を通じた雇用の確保や地域経済の活力維持を図る」ことを目的としており、中小企業の新陳代謝を促して生産性を引き上げることを目的としていない。事業が承継されれば雇用が失われないから生産性は低くてもかまわない、といっているように聞こえる。

右の白書をまとめる中小企業庁のホームページでは「経営承継円滑化法」の説明に、「地域経済と雇用を支える中小企業」とあり、日本では中小企業が雇用を支えているという考え方が根強い。あたかも中小企業が成長して中小企業の定義にあてはまらなくなると、雇用が失われるとでもいわんばかりである。

仮に、経営者の高齢化と後継者不足のため、生産性の高い企業が廃業してしまい、企業の貴重な経営資源が失われるのであれば、それは地域金融機関の怠慢のせいである。地域の企業情報を把握して、仕事をするのが地域金融機関の役割である。この仕事には、企業融資だけでなく、地域の中小企業の生産性を高めるために地域の大学と連携したり、M&A（企業・事業の合併・買収）を仲介することなどが含まれる。むしろ、最近（2020年）は、企業の資金需要が減少しており、地域金融機関にとっても、M&Aや中小企業の直接投資の支援などによる手数料収入の重要性が高まっている。

『中小企業白書』（2019）でも、富山市の富山銀行が富山大学と連携し、県内中小企業の新卒採用の支援に取り組む地域密着型の金融機関として取り上げられている。富山県では、大卒の多くが三大都市圏へ就職してしまうため、県内の中小企業は新卒採用に苦戦していた。

そこで、同行に、主要顧客である多くの県内中小企業から新卒採用に関する強い支援要請があった。他方、富山大学は地域に根ざした大学として、学生の県内就職率を現状の38・７%から48・７%まで引き上げる目標を掲げており、地元企業との連携が不可欠だった。この地域金融機関と大学と地元企業の連携により、富山大卒の学生の地元企業への就職率が高まれば、より質の高い人的資本を獲得することができるようになる。そうなれば、地元中小企業の生産性向上に資するであろう。

一方、事業承継も内部昇格（34%。２０１９年度。以下年度は同じ）が同族承継（35%）と肩を並べるほどになっており、外部招聘も増加している。これは、中小企業の経営者が親族承継にこだわらなくなりつつあることを示している。

さらに、Ｍ＆Ａ助言の株式会社レコフによって「事業承継系」と定義されたＭ＆Ａは年々増加しており、２０１９年は６１６件で13年の２・６倍に増加している。

必ずしも、経営者の子供等の親族が経営能力に優れているとは言えないことを考えると、以上の傾向は中小企業の生産性向上につながる可能性が高い。そうだとすれば、同族承継を税制と金融面で支援する「経営承継円滑化法」はむしろ、中小企業の生産性向上の妨げになる可能性があるのではないか。

地域金融機関や会計事務所と連携して、事業承継やＭ＆Ａを支援するサービス業（Ｍ＆Ａのために事前の入念な計画・分析とＭ＆Ａ後の成長戦略等をアドバイスする）も増えつつある。今後、中小企業の生産性向上のために進むべき道は、同族事業承継を支援するのではなく、真に優秀な経営者による事業承継を支援することであろう。

この章では、日本経済が成長を取り戻すためには、①需要サイドからは金融政策と財政政策が協調して、できるだけ早くデフレから完全に脱却して潜在ＧＤＰを実現し、②供給サイドからは潜在ＧＤＰそれ自体を引き上げる公正な競争政策が重要であり、その１つとして重要な中小企業の労働生産性向上政策のあり方を論じた。

次章では、この章で取り上げなかった他の労働生産性向上政策を検討しよう。

# 第4章　雇用の自由化と女性が働きやすい環境の整備

第3章では、成長を取り戻す政策として、デフレ脱却と公正な競争政策への転換の必要性を議論したが、この章では、労働生産性を引き上げるとともに格差を縮小する労働市場の改革、すなわち「働き方」改革を取り上げる。

日本では、1990年代以降のディスインフレとその後の長期にわたるデフレの影響で、労働市場において、正規社員と非正規社員という二極化が進み、高卒や大卒の時期に正規社員になれなかったら、一生、正規社員になれないという二極化の固定化も進んでいる。この二極化と年功序列賃金制・終身雇用という雇用慣行は、労働の効率的配分を阻害しており、日本全体の労働生産性の低下をもたらすだけでなく、正規社員と非正規社員の間の所得と資産の格差拡大をもたらしている。

そこで、この章の第1節ではこの二極化をもたらしている原因を明らかにし、諸外国の労働政策を参考にしながら、労働者の職業選択の自由と雇用の安定を確保しつつ、正規社員と非正規社員の賃金格差を解消するための処方箋を提示する。具体的には、雇用契約の自由化と、その自由化に当たっての積極的労働市場政策の導入による労働者のスキルアップを伴ったセーフティネットの整備を提案する。

日本の労働市場が抱えているもう1つの大きな問題は、女性の労働参加率が諸外国に比べて低く、高い教育を受けた女性が単純労働に従事する割合が高いことである。今後も少子高齢化が急速に進む日本では、１人当たりＧＤＰを大きく引き上げなければ、国民が安心できる医療保険制度や年金保険制度を維持できないが、そのためには女性の労働参加率を引き上げるとともに、女性が男性と同等に働ける条件を整えることが不可欠である。

そこで、この章の第２節では女性の労働参加率を引き下げ、短時間・単純労働比率を引き上げている要因として、税制と年金制度および保育制度を取り上げ、これらの制度を改善する処方箋を提示する。

## ４・１　労働の効率的配分を可能にする制度改革

### 生産性は低いが賃金は高いという矛盾

生産性を引き上げるためには、労働を生産性（厳密には、追加的な労働投入によりもたらされる付加価値の増加である限界労働生産性）の高い分野に配分すること（これを労働の効率的配分という）が必要である。日本では、労働が生産性の高い分野に移動することを妨げる法や規制や税および慣行等が存在する。

すでに、韓国の雇用市場は二重構造であるという分析を紹介したが、日本も１９９０年代以降、正規社員と非正規社員という二重構造が強化されてきた。正規社員は終身雇用、年功序列賃金制、企業別労働組合という、戦後の高度成長期に形成された日本型雇用慣行と整理解雇の４条件などの判例により、強固に定年まで雇用が保護されている。

この正規社員が享受できる日本型雇用慣行を退職金税制までもが支援している。退職金税制では、勤続年数が20年を超えると、控除額が超えた年数に70万円をかけた金額が退職金から控除され、その控除後の金額の半分が課税所得になるという、破格の優遇措置がとられている。これは、定年前に自己都合で退職して、転職することを不利にする税制である。つまり、20年以上定年まで同じ会社に勤めると有利になるように、税制が終身雇用制を支援し、労働の効率的配分を妨げているのである。

年功序列賃金制は、生産性の比較的高い若い社員の賃金を低く抑えて、その低く抑えた分を生産性が低下した高齢社員の賃金に移転する仕組みである。これは、現役世代が支払った年金保険料で、年金給付世代の年金をまかなうという賦課方式年金と同じ性格を持った賃金制度である。

この賦課方式賃金制度は、会社員のうち最も生産性の高い年齢層が厚く、かつ企業が高い

図表4-1　就業者の年齢構成の変化

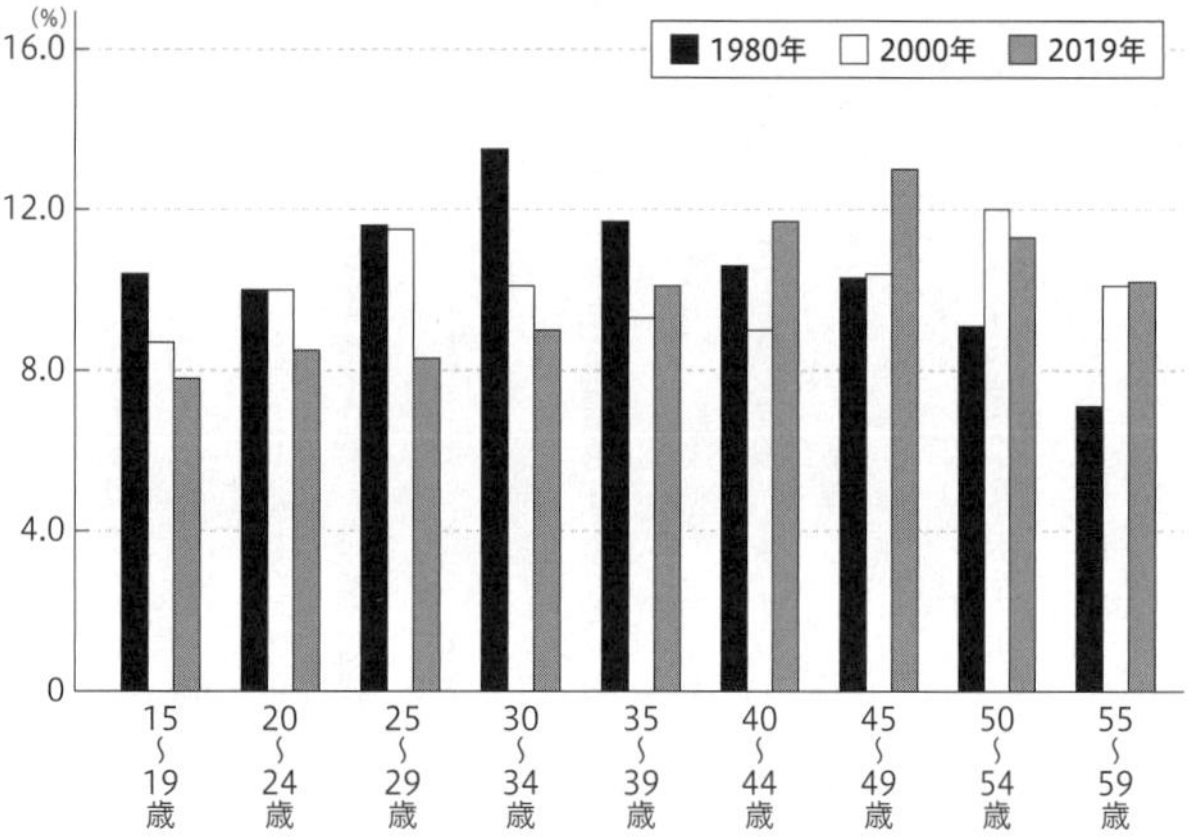


出所）総務省『労働力調査』より。

成長を維持している場合には持続可能な制度である。１９８０年には、年齢別就業構成比が30～34歳まで上昇し、それ以上の年齢層の構成比は次第に低下し、定年前の55～59歳は7％だった（図表４-１）。それが、２０００年には、30～44歳の構成比が大きく低下し、50～54歳が最も多く、12％に達している。00年の50～54歳の年齢層は、いわゆる「団塊の世代」である。この団塊の世代の比較的高い賃金を支えたのは、最も構成比の低い30～44歳の年齢層（ほぼ就職氷河期世代に相当する）であった。19年になると、若い年齢層ほど構成比が低下し、40～49歳でピークになるが、その上の年齢層の構成比の低下は小さく、定年前の55～59歳の構成比は10％を占めている。

以上のように、会社員の年齢構成が高齢化したのは、１９９０年代のバブル崩壊後に起きたデフレ経済の長期化に伴って、新入社員の採用が抑制されたためである。

それでもいまなお、正規社員の賃金は定年まで上昇するという年功序列賃金制は崩れていない（２０１９年時点で、企業規模10人以上の企業では、定年前の55～59歳の賃金は20～24歳の２倍。75頁の図表１‐16参照）。

## 派遣3年ルールの存在理由はあるのか

しかし、このような賃金体系を維持することは、若年層に年金保険料負担と同様に、大きな負担を課すことになり、少子化の原因になっている。それとともに、生産性の低い正規社員の解雇の難しさと、業績に応じた賃金差をつけることの難しさとが重なって、労働生産性向上の阻害要因になっている。

企業、とくに大企業は１９９０年代以降、景気に応じた雇用調整が難しいため、雇用調整手段として非正規社員比率を高めてきた。これは第１章で述べたように、正規社員と非正規社員との賃金格差の原因になっているだけでなく、非正規社員の仕事を通じた熟練化を妨げる要因になっている。

とくに問題であるのは、派遣社員は同じ職場で３年を超えて働き続けることはできないという「派遣３年ルール」である。このルールは派遣社員の雇用を不安定にするだけでなく、彼らのスキルアップを阻害している。このルールの存在理由を理解することは困難である。唯一考えられる理由は、正規社員の地位を獲得している労働者が「非正規社員のスキルがアップして、自らに取って代わられる（これを常用代替という）ことを防ぐ」ことであろう。

実際に、著者が勤務していた大学では、正規社員はまったく仕事をせず（事務室で、１人で歌を唄いながらダンスをしていた）、もっぱら正規社員よりもはるかに低い賃金の非正規社員が仕事をこなしていた。ところがある日、急にその非正規社員が雇用契約を一方的に破棄された。労働法を知らない著者はこの解雇の理由が分からず、びっくりした。当時はまだ、パート、アルバイト、派遣、契約社員などの有期労働契約で働く人が、同じ会社で雇用契約を繰り返して契約期間が5年を超えると、契約期間中に次の契約時に無期労働契約への転換を求めることができるという「無期転換ルール」（２０１３年４月の「労働契約法」の改正に基づき18年4月から適用開始）は存在しなかった。しかし、労働法の専門家によると、事実上、パート契約を更新し続けると契約解除が難しくなるという話であった。おそらく、そうした事実上の契約解除の困難さが、そのときの解雇の理由ではなかったかと推測する。

中小企業保護政策と同じで、正規社員の雇用を定年まで保障し、年功序列賃金制を適用すれば、正規社員の中に賃金に見合った仕事をしなくなる人が少なからず現れる。これは、日本の大学は努力して勉強しなくても卒業できることと同じ現象である。

以上から、第一に、労働の配分の効率化のためには、派遣雇用の期限制限を撤廃する必要がある。

## 「整理解雇の4条件」が正規社員を減らす

第二に、整理解雇の4条件を廃止することが必要である。雇用における紛争の解決を個々の裁判官の裁量に任せることは、潤沢な資金を持つ大企業の労働組合の支援を受けることができる正規社員を有利にし、中小企業の従業員を不利に扱うという意味で、公正であるべき裁判制度が不公正をもたらすという、理解しがたい事例である。

整理解雇の4条件は企業に正規社員を採用することを抑制している。それは、いったん正規社員として採用すると、経営が危機に陥ったときにも解雇できないからである。とくに、日銀が引き起こした1990年代のバブルつぶしとその後のデフレ経済では、この正規社員を解雇できないという判例は、正規社員の雇用を減らす一方で、非正規社員を増やす決定的な要因になった。

民主党（党名を変えることが多く、本書出版時どういう党名になっているか分からないので、民主党と呼ぶ）などのリベラルと自称する政党はこのことを理解せず、デフレ経済でも失業を減らす効果のある労働者派遣法を、正規社員を減らす法律だとして反対した。これらの党は、非正規社員が増える真の原因（デフレ）を知らずに、したがって真の原因を除去する政策を考えることなく、「労働者派遣法の撤廃」という正規社員が増えるはずのない政策を提案していたのである。ここにも、日本の自称リベラル政党の弊害（経済に関する無知）が見られる。

旧民主党系の人の中にも、馬淵澄夫氏（２０２１年現在、立憲民主党衆議院議員）や金子洋一氏（前民主党参議院議員）に代表されるような、経済をよく理解している方も少なからずおられる。これらの人が、立憲民主党や国民民主党のリーダーにならない限り、自民党と政策を競い合う、真のリベラル政党にはなれず、政権交代も起きないであろう。これは日本の未来にとって、極めて「不幸な真実」である（馬淵氏と金子氏については、第１章53頁参照）。

話を、整理解雇に戻そう。整理解雇を公正にするためには、解雇の際の金銭補償基準を明確に示して、裁判という多額の費用を労働者に負担させることなく、解決すべきである。

その際、既存の「期限の定めがない」雇用契約（期限の定めがないのであれば、いつでも解雇できると解釈するのが常識であるが、労働界では、「労働者のほうからはいつでも解約できるが、企業は定年まで解雇できない」という意味で使われている奇妙な言葉である）については、定年まで解雇されないと期待して雇用されていることを考慮して、新規契約の場合の解雇手当よりも多い金額が支給されるべきであろう。例えば、大内伸哉・川口大司（2018）は、従業員1000人以上の企業に20年間勤務した人に対しては、38・6カ月分（約3年3カ月分）の解雇手当が必要になると試算している。

一方、整理解雇の4条件を廃止した後の新規契約について八田達夫（2020）は、国が会社都合で解雇するときのデフォルトの解雇手当水準を設定することを提案している。八田（2020）は台湾にならって、勤続20年のモデルワーカーの場合、6カ月分を提案しているが、ドイツの場合は、不当解雇の法定解決金として、10カ月がモデルワーカーに与えられ、日本では、約12カ月分が平均的な労働審判の解決金であることを紹介している。

なお、八田（2020）が注意喚起しているように、金銭的解雇を導入する場合には、次の2つの措置が必要である。

①金銭的解雇が解禁になると、解雇の頻度が高まり、雇用保険財政が破綻リスクを抱える可能性がある。これを防止するためには、雇用保険料の企業負担分に履歴料率制を導入すべきである。履歴料率制とは、解雇率が高い企業に対して、より高い保険料負担を求めるものである。

②経営が破綻するようなときには、企業は解雇手当を支払えなくなる。この事態を防ぐためには、解雇手当の原資を社外の独立のファンドに積み立てることを法的に義務づける。

## ニュージーランドの借家契約から学べること

この項では、はじめに借家契約について述べるが、それは雇用契約のあり方の参考になるからである。したがって、読者にはしばらく我慢してこの項を読み進めていただきたい。

日本には現在、借家には普通借家と定期借家がある。定期借家は契約者が自由に契約期間や家賃を決めることができ、契約期間が到来すれば、普通借家のように「正当事由」がなくても家主が借家人に退去を求めることができる借家である。現在、市場には普通借家と定期借家が併存している。定期借家には借家人退去に対して「正当事由」が適用されないため、市場原理が働いて家賃は普通借家よりも低く設定され、普通借家の場合に借家人に求められる権利金（礼金など）は設定されない。借家人は自分の都合のよいほうの借家を選択すればよい。

著者は1年間の研究休暇制度を利用して、ニュージーランドに滞在したことがあるが、ニュージーランドでは、借家契約は1週間単位で自由に選択できることを知って驚いた。1週間の契約であれば、1週間以上借家に住もうとしている借家人にとっては、1週間後に契約更新の合意ができなければ、新しい借家を探さなければならない。また、契約更新ができたとしても、そのときの家賃がどうなっているか分からないというリスクがある。そのため、1週間の契約家賃は低く設定される。

それに対して契約期間が長くなると、契約期間中、固定した家賃で契約でき、安心して長い期間、契約した借家に居住することができる。その安心分だけ家賃は1週間のような短期契約よりも高くなる。ただし、ニュージーランドには、権利金はない。なぜならば、契約期間が来れば、「正当事由」なく、家主は借家人に退去を求めることができ、日本の普通借家のように、立ち退きをめぐる紛争解決を裁判所に求める必要がないからである。

著者は1年間、ニュージーランドに居住する予定だったので、安心料を支払って1年契約を選択した。

ニュージーランドでは、不動産管理会社が２カ月おきに、借家の利用状況をチェックしにくる。借家人の責に帰する傷等があれば、借家人はただちに修繕しなければならない。経年劣化であれば、家主の負担でただちに修理してくれる。この判定は不動産管理会社がするが、実に公正な判定で感心したものである。

ところが、日本にはこのようなチェックを担ってくれる不動産管理会社は存在しない。「正当事由」によって借家人に修理費用を求めることが困難だから、２カ月ごとにチェックしても効果がないと思って、そういう不動産管理会社が現れないのではないだろうか。

以上のように、「正当事由」というわけの分からない理由で借家人を保護しなくても、ニュージーランドでは借家供給が不足して、家賃が高騰したりすることはなく、著者の滞在中、借家できずに路頭に迷うホームレスを見たことはなかった。

むしろ、「正当事由」がなく、自由に契約期間を選択でき、不動産管理会社がしっかり管理してくれる制度が整っているから、家主は安心して貸せる一方、借家人も広い選択肢の中から自分に最も適した契約ができる。仮に、どの家主とも契約できないほどの低所得の人がいれば、公的な所得再分配制度で対処するようになっている。

## 最終目標は雇用契約の自由化

以上で、雇用契約について話を戻す用意が調った。読者は右の借家契約の話から、すでにお気づきかと思うが、次の2つのような、雇用契約制度改革を提案したい。

① 現在は、解雇の条件が「期間の定めのある雇用」と「期間の定めがない雇用」とで異なり、最終的には裁判所の判断に委ねることになっているが、この判例・法制度を廃止する。

労働契約法第16条の規定に、解雇権濫用の規制条項があるが、労務安全情報センターが監修した『解雇（解雇をめぐる法制の概要）』によると、「実際の裁判例は多様であり分類は容易でないが、解雇権濫用法理を適用した裁判例は、大きく①労働者の勤務成績不良及び能力、適格性の欠如を理由とする解雇、②労働者の職場規律違反を理由とする解雇、③整理解雇、等において現われ、個別事件ごとにその合理性、相当性の判断が行われ膨大な量の判決の蓄積がある」という。

このことは、解雇の合理性・相当性について、いかに多くが裁判官の裁量に委ねられているか、そしていかに雇用契約者の解雇に関する予見可能性を損なっているかを示している。

こうした膨大な判例があるため、ネットでは「講義　社労士合格ゼミナール」が開設されており、「解雇権濫用法理」に関するさまざまな出題例とその解答例が示されている。著者は、このゼミナールを何度も読んだが、とうてい合格しそうもないほど複雑である。

② 契約期間から解雇の条件まであらゆる内容を含む雇用契約を自由化する。

これは、前述の制度改革を実施した上で雇用契約を自由化し、契約当事者間で雇用期間、賃金（含むボーナス）、仕事の内容、転勤の有無と条件、残業時間の制限（最長は法定の残業時間）、残業代の割増賃金（最低は法定の割増賃金）、契約期間前の解雇の条件と解雇手当等（契約期間前に解雇する場合の解雇手当の上乗せや、労働者が契約期間前に契約を打ち切ることができるオプション付き契約の条件などを含む）について、決めるのである。この雇用契約の選択肢の中には、1日の雇用契約、いわゆる日雇い契約から、従来型の「期間の定めのない雇用（実際は60歳の定年までの『期間の定めのある雇用』）」まで含まれる。

労働者は提案されたメニューの中から、自分に一番適した契約を結べばよい。この契約方式では、短期の契約ほど労働者は雇用の不安定さと将来の賃金の不確実性に直面するため、市場原理が働いて、賃金は高めに、解雇手当も契約期間が短い割には高く設定されるであろう。あるいは転職に自信がある人は解雇手当なしであるが、その分、賃金の高い契約を望む可能性もある。

「期間を定める雇用契約」については当事者が合意すれば何度でも更新できる。そうであれば、企業も仕事をしながらの訓練に力を注ぎ、労働者の知識・技術も進歩すると期待できる。

八田（2009）は、定期雇用制度の導入を提案しているが、以上のように雇用契約を自由化すれば、すべての雇用が「定期雇用」になり、正規社員と非正規社員の区別もなくなる。したがって、これまで強力に雇用を保護されてきた一部の特権階級である正規社員と、そうでない非正規社員の待遇の差は解消され、政府が介入しなくても、雇用市場における賃金決定メカニズムを通じて同一労働・同一賃金が実現すると期待できる。

また、60歳になったら企業が必要としている人材であるかどうかにかかわらず、定年制により退職しなければならないという非合理な事態も発生しなくなる。

## 自由化には監視体制の強化が必須

以上の雇用契約の自由化には、労働基準監督署員の増員による監督強化が前提になる。

著者は、日本では超一流と考えられている大企業が、労働基準監督署の調査が入るまで、サービス残業は当たり前で、まったく法を犯しているという意識はなかったことを、その企業の役員から聞いて驚いたことがある。日本では、弱者扱いされている中小企業だけでなく、超一流企業も労働基準監督署の調査が入らない限り、サービス残業は当たり前であり、過労死を生む原因になっている。

また、安倍政権では民主党などの野党に国会での質問時間を多く割り当てたが、彼らは質問通知時間の申し合わせを守らず、前日の真夜中近くに質問内容を通知してきて、質問回答文を作成する官僚に長時間サービス残業を強いてきた。民主党をはじめとする自称リベラル野党は、「働いた時間でなく、結果で給与を支払う裁量労働制」を「残業代ゼロ法案反対！」と叫んでいたが、まず、自分たちが官僚に夜中まで長時間サービス残業を強いていることを自覚すべきである。

働き方改革では、時間外労働の上限の短縮や短時間・有期雇用労働者に対する正規雇用労働者との不合理な待遇の禁止などが盛り込まれたが、労働基準監督署の調査を頻繁にしなければ、これらの実効性は低い。

雇用契約の自由化にあたっては、職探しに十分時間を割くことができないため、契約交渉上不利になりがちな労働者を保護するためにも、労働基準監督署の監視体制をこれまで以上に強化する必要がある。

## 就職しやすい環境づくりも忘れてはならない

雇用契約の自由化を進める上では、現状以上の分厚いセーフティネットの整備が前提である。このセーフティネットを担う公的機関として重要な機関の1つは、公共職業安定所（以下、ハローワークと呼ぶ）である。

著者は長い間、日本のハローワークは職業を紹介したり雇用保険料を支払う仕事が中心で、失業者のスキルをアップしたりする職業訓練的側面が弱いのではないかと危惧していた。

それに対してスウェーデンの労働政策は、連帯賃金政策と積極的労働市場政策とで構成される。前者は、労使の中央賃金交渉に当たって個々の産業や企業の違いを超えて、「同一労働・同一賃金」を原則とする政策である。この政策が文字通り機能すれば、労働生産性の低い企業では生産性を上回る賃金を払わなければならない。そのため、そのような産業では企業の退出が起こり、産業そのものが縮小する。一方、労働生産性が高い産業では、労働生産性以下の賃金を払えばよいから、大きな利潤が生まれる。このようにして、労働生産性の低い産業は縮小し、労働者は拡大する労働生産性の高い産業に吸収される。この意味で、連帯賃金政策は労働生産性向上政策でもある。

しかし、低生産性産業部門で失業した人が高生産性産業部門でただちに働けるわけではない。それは、高生産性部門で要求される能力や技術が、低生産性部門のそれらとは大きく異なるからである。そこで、スウェーデンでは失業者に職業訓練に関する各種プログラムに参加させ、それでも就職できなかった場合にだけ、雇用保険から失業給付を支給することを原則とする政策がとられてきた。これを積極的労働市場政策という。それに対して、失業者に失業手当を支払うだけの政策を消極的労働市場政策という。

積極的労働市場政策の考え方は、働くことを優先し、働かなければ健康保険も年金給付も受けられないという、スウェーデン型高福祉国家の基本的な考え方に根ざしている。日本のように、妻が働かなくても夫が厚生年金や共済年金に加入していれば、保険料を支払わなくても基礎年金の給付を受けられるとか、年収が150万円以下であれば、厚生年金に加入しなくてもよいといった制度では、そもそも高福祉国家は成立しないのである。また、失業者に受動的に失業手当を支給するよりも、彼らの就業能力を高めたほうが、本人にとっても社会にとっても望ましい。

## スウェーデンの就職支援制度

スウェーデンの積極的労働市場政策には、公的な職の斡旋《あっせん》にとどまらず、構造不況地域から発展地域への労働者が移動するための助成、産業間・職業間の労働需要のミスマッチを調整するための公共的な職業訓練・教育と企業内職業訓練の助成、障害者・高齢者・母子家庭などの社会的弱者に対する雇用助成金などがある。こうした政策のため、スウェーデンでは、単に失業手当をもらっている失業者よりも、所得保障を受けながら公的な機関や私企業で職業訓練を受けている人のほうが多い。

以上は、スウェーデンの積極的労働市場政策の基本方針であるが、具体的には次のような制度である。

① 失業者が給付を受けるには、地元の雇用局に求職者として登録し、職員とともに就労復帰計画を立てて、それに基づいて求職活動をする必要がある。その際、どのような仕事はできないかを申告し、了承を得ておく。

② 1日最低3時間、平均して週17時間、働けることが必要である。

③ 受給期間中に適当な求人があれば応じなくてはならない。

雇用保険には次のようなペナルティが組み込まれている。例えば、参加を勧められた労働市場プログラム（以下で示す「若者保証プログラム」など）への参加を断ったり、求人された仕事を断ると、断るごとに給付が減額され、3回断ると給付を受けられなくなる。[1]

他方で、スウェーデンには「保証プログラム」「賃金補助付き雇用」「起業支援」「就労経験」「教育訓練」のような就職を支援する制度が10種類も存在する。例えば「若者保証プログラム」は就職指導に就業体験が組み込まれ、求職サイドと求人サイドのミスマッチを減少させる機能を発揮している。この個別カウンセリングと就業体験を組み合わせた地方自治体

1　スウェーデンの雇用保険については、山本麻由美（２０１３）を参照した。

主導の「若者保証プログラム」は、失業日数と就職率、就職後の収入などの観点から、他の就職支援プログラムより効率よく運営されているとの評価を得ている。[2]

日本の「失われた世代」には、「若者保証プログラム」のような就職支援と就業体験を組み込んだプログラムが用意されていなかった。しかし、「失われた世代」を生んだ最大の原因は、長期にわたって経済をデフレ状態に陥らせた日銀の金融政策であったことを忘れてはならない。

イギリスでもマーガレット・サッチャー政権が、1983年以降、スウェーデンにならって多くの積極的労働市場政策をとり入れた。この政策の対象になる人は失業者だけでなく、職探しもせず、学校にも行っていない人も含んでいる点に特徴がある。彼らに対してカウンセリング、訓練、職業経験の提供や雇用を増やす民間企業に職業補助金を支払うといった政策により、雇用を増やそうとしたのである。

1997年には18年ぶりに、労働党がトニー・ブレア党首の下に政権を取り戻したが、ブレア政権も「福祉から雇用へ」をスローガンにしてサッチャーの積極的労働市場政策を引き継いだ。

## 日本もようやく積極的労働市場政策へ

著者は長い間、日本でも、消極的労働市場政策からスウェーデンのような積極的労働市場政策へ転換すべきであると考えていた。とくに日本では、大企業を中心に新卒一括採用方式が採用され、中途採用市場や転職市場が狭隘である。しかも、多くの大企業が大卒採用に当たって、卒業年次を採用時から２年前まで（すなわち、就職浪人は２年間まで）に設定しているため、景気の悪いときや２０２０年の新型コロナウイルス感染症が拡大した時期に卒業する人たちは、スキルアップする機会がないまま、一生、非正規社員生活を送らなければならない可能性がある。20年時点では30代半ばから40代の人の中にこうした人が多く、「失われた世代」と呼ばれる。

以上のような思いから著者は、日本のハローワークの仕事ぶりに大いに不満を懐《いだ》いていたところ、２０１４年10月の法改正で、日本の雇用保険制度に関しても大幅な改革が実施された。これは、日本の労働市場政策が消極的労働市場政策から積極的労働市場政へ転換したことを示すといってよいであろう。

2　「若者保証プログラム」については、小川晃弘（２００８）を参照した。

この改正で、従来からあったハローワークの職業訓練制度の充実・拡大が図られた。この制度には、離職者向けの「公共職業訓練」と「求職者支援訓練」があるが、両者とも申請先は管轄のハローワークである。

「公共職業訓練」は雇用保険の受給資格のある人が、雇用保険の支給を受けながら利用できる制度である。テキスト代などは自己負担であるが、受講料は無料である。訓練には、施設内訓練と委託訓練がある。施設内訓練は6カ月から1年の訓練で、訓練内容は「ものづくり分野（電気設備科など）」と「地域の事情に応じた分野（情報ビジネス科や介護サービス科など）」とに分かれている。一方、委託訓練の委託先は専修学校・各種学校、大学・大学院、NPO、事業主、および事業団体などである。訓練コースにはOA事務科、情報処理科、介護サービス科などがあり、標準的な訓練期間は3カ月で（1カ月100時間以上）、自己負担である教科書代は1万円程度のものが多い。ただし、職場体験、職場見学、企業実習のための交通費がかかる場合がある。

中には、これまで能力開発機会に恵まれなかった非正規労働者等を対象として、国家資格の取得等を目指す長期の訓練コースを拡充し、高い可能性で正規社員就職に導くことができる、充実した訓練を実施するものもある。例えば、長期高度人材育成コース（介護・医療・

福祉分野）のように、介護福祉士の資格取得に必要な技能を習得することにより、再就職を図ることを訓練目標に、２年間（8：50～16：10、総時間２２５０時間）で介護福祉士の資格取得に必要な知識・技能を習得する（学校法人日本教育財団実施）といった本格的なコースも用意されている。このコースは教科書代がゼロであるため、自己負担もない。

もう1つの「求職者支援訓練」は、雇用保険を受給できない人（雇用保険の基本手当の受給資格は、原則として離職前２年間に被保険者期間が12カ月以上必要である）が対象で、テキスト代は自己負担であるが、受講料は無料という点では、「公共職業訓練」と同じである。この制度では、月10万円の職業訓練受講手当給付金と交通費（上限がある）が支給される。対象者は①雇用保険金を受給できないことに加え、②本人の税引き前の収入が月８万円以下、③世帯全体の税引き前の収入が月25万円以下という要件も満たさなければならない。世帯全体の収入が25万円以下である人にとっては、給付金の月10万円では生活はかなり苦しく、月８万円までのアルバイトでなんとかしのぐしかないであろう。したがって、この人たちに対しては、次章で提案する負の所得税方式の給付付き税額控除制度が有効な支援政策であると考える。

## 拡充された「教育訓練給付制度」

さらに、雇用保険法における失業等給付制度の1つとして、1998年に創設された「教育訓練給付制度」も2014年と19年の改正で大きく拡充された。この制度は失業者だけでなく、在職者も一定の要件を満たせば利用できるという点に特色があり、①「一般教育訓練給付金」、②「特定一般教育訓練給付金」、③「専門実践教育訓練給付金」の3種類の制度から構成される。それぞれの制度は以下の通りである。

### ① 一般教育訓練給付金

非正規社員の若者のキャリアアップや転職を支援することを主たる目的とした制度で、従来の「教育訓練給付金」を2014年の改正で大幅に拡充したものである。3つの制度の中では、最も受給者数が多い。対象者は在職者、または離職日の翌日（被保険者資格を喪失した日）から受講開始日までの期間が1年以内、かつ雇用保険の被保険者期間が3年以上（初回に限り1年以上）である。雇用の安定および就職の促進を図るために必要な職業に関する教育訓練として厚生労働大臣が指定する講座（一般教育訓練）を受講し、修了を条件として、本人が教育訓練施設に支払った教育訓練経費の20％に相当する額（上限10万円。４０００円を超えない場合は支給されない、以下同じ）を、ハローワークから支給される。

### ②　特定一般教育訓練給付金

この制度は、２０１９年10月に新設されたもので、対象者は①と同じである。支給額は教育訓練経費の40％（上限20万円）。この制度は、ＩＴスキルなどキャリアアップ効果の高い講座を対象にしている。20年４月時点の対象講座は３４８講座に達している。

### ③　専門実践教育訓練給付金

３つの制度の中で最も専門的かつ実践的な教育訓練制度で、中長期的なキャリア形成を目的としている。２０１４年の法改正により新設された給付で、18年からは支給率が引き上げられ、受給に必要な被保険者期間も緩和された。対象者は、受講開始日時点で雇用保険の被保険者であった期間が３年以上で（初めて支給を受けようとする者については、当分の間２年以上）、前回の教育訓練給付金受給から今回の受講開始日前までに3年以上経過していることなどの条件を満たす人である。18年1月1日以降に専門実践教育訓練を受講する人は、支払った教育訓練経費の50％に相当する額（上限は120万円）を支給される。

専門実践教育訓練を修了した人が所定の資格等を取得し、受講修了日の翌日から1年以内に一般被保険者または高年齢被保険者として雇用された場合、またはすでに雇用されている場合は、教育訓練経費の70％に相当する額（上限は168万円）が支給される。50％相当額を先に受給した人が後に70％相当額の要件に該当した場合は、差額支給を受けることができる。

以上のように、ハローワークの教育訓練給付制度が、教育施設にかかった費用の大半を雇用保険が負担する制度に拡充され（とくに、専門実践教育訓練給付金）、訓練メニューが広がり、実践的かつ中長期的なキャリアアップにつながるものに改善された。これは、あまり知られていないアベノミクスの成果である。

2018年度の就職率を見ると、公共職業訓練は70〜85％（分野によって異なる）、求職者支援訓練は60〜64％で、前者のほうが高い。前者の比較的高い就職率は、アベノミクスによる雇用市場の改善が大きく貢献していると考えられる。

他方で、求職者支援制度の定員充足率は50％台の分野が多い。定員充足率が低いこと、および定員充足率は年々低下する傾向が見られることから判断して、月給付額10万円の求職者支援制度よりも生活保護制度のほうが格段に有利であるという問題が根底にあると考えられる。この問題は、次章で述べる生活保護制度の改革との関連で議論する。

なお、職業訓練制度等の就業支援政策（以下に述べる「就職氷河期世代支援プログラム」も同様）においては、それらの支援を受けた人の支援内容や訓練成績表およびキャリアなどを記載した「ジョブ・カード」を作成し、就活の際に利用できるようにすべきである。このような「ジョブ・カード」があれば、雇う側も就活者の稼働能力に関する情報が得られ、雇用において最も難しい「情報の非対称性」問題（就活者は自分の稼働能力を知っているが、雇う側はほとんど相手の情報を持っていないという問題）の緩和につながるであろう。

**失われた世代には手厚い公的就業支援が必要**

労働生産性を引き上げ、かつ格差を是正するためには、失われた世代（おおむね１９９３年頃から２００４年頃にまでに卒業年次を迎えた人）に対して、手厚い公的就業支援が不可欠である。手厚い公的就業支援が必要である理由は、この失われた世代は、日銀と政府（とくに日銀であるが、日銀の政策委員を選んだのは政府と国会である）の大失策により、人為的に引き起こされた大就職難に直面した被害世代だからである。

ところが、日本の自称リベラル政党は、失われた世代に手を差し伸べることはなかった。それが遅きに失した感は否めないが、２０１９年６月の経済財政諮問会議で、「就職氷河期世代支援プログラム」が３年間を集中期間として実行されることになった。

日銀が２０１３年４月から開始した「量的・質的金融緩和」政策は、欧米ではリベラルが支持する政策である。ところが、日本の自称リベラルは「量的・質的金融緩和」政策に反対である。働き方改革、同一労働・同一賃金、積極的労働市場政策への転換、全世帯型社会保障改革による保育の無償化、そして「就職氷河期世代支援プログラム」の開始などを見ていると、本来、リベラルな党が提案したり、政権を取ったときに実施すべきであった政策を、自民党政権によるアベノミクスが実践しているという倒錯した現象が、日本の政治では起きている。

## 就職氷河期世代支援プログラムとは

経済財政諮問会議（2019年6月）による、就職氷河期世代支援プログラムは次の基本認識の上に立って構想されている。

「いわゆる就職氷河期世代は、現在、30代半ばから40代半ばに至っているが、雇用環境が厳しい時期に就職活動を行った世代であり、その中には、希望する就職ができず、新卒一括採用をはじめとした流動性に乏しい雇用慣行が続いてきたこともあり、現在も、不本意ながら不安定な仕事に就いている、無業の状態にあるなど、様々な課題に直面している者がいる」

そこで、

「これら就職氷河期世代への本格的支援プログラムを政府を挙げて、また民間ノウハウを最大限活用して進めることとした。就職氷河期世代が抱える固有の課題（希望する就業とのギャップ、実社会での経験不足、年齢の上昇等）や今後の人材ニーズを踏まえつつ、個々人の状況に応じた支援により、正規雇用化をはじめとして、同世代の活躍の場を更に広げられるよう、地域ごとに対象者を把握した上で、具体的な数値目標を立てて3年間で集中的に取り組む」

としている。

支援対象者は、①正規雇用を希望していながら不本意に非正規雇用で働く者（少なくとも50万人）と、②就業を希望しながらも、さまざまな事情により求職活動をしていない長期無業者、③社会とのつながりをつくり、社会参加に向けてより丁寧な支援を必要とする者などで、100万人程度が見込まれている（図表4‐2参照）。そして、このプログラムの目標は「この3年間の取組により、これらの者に対し、現状よりも良い処遇、そもそも働くことや社会参加を促す中で、同世代の正規雇用者については、30万人増やすことを目指す」としている。

このプログラムの立ち上げに尽力された内閣官房の光武雄一朗参事官補佐によると（ネットで公開されている株式会社Publinkのインタビュー。2019年12月5日）、当プログラムは2つの柱から構成されているという。

1つ目の柱は、「相談、教育訓練から就職までの切れ目のない支援」であり、短期間での

図表4–2　就職氷河期世代の中心層である35 ～ 44歳の雇用形態の内訳

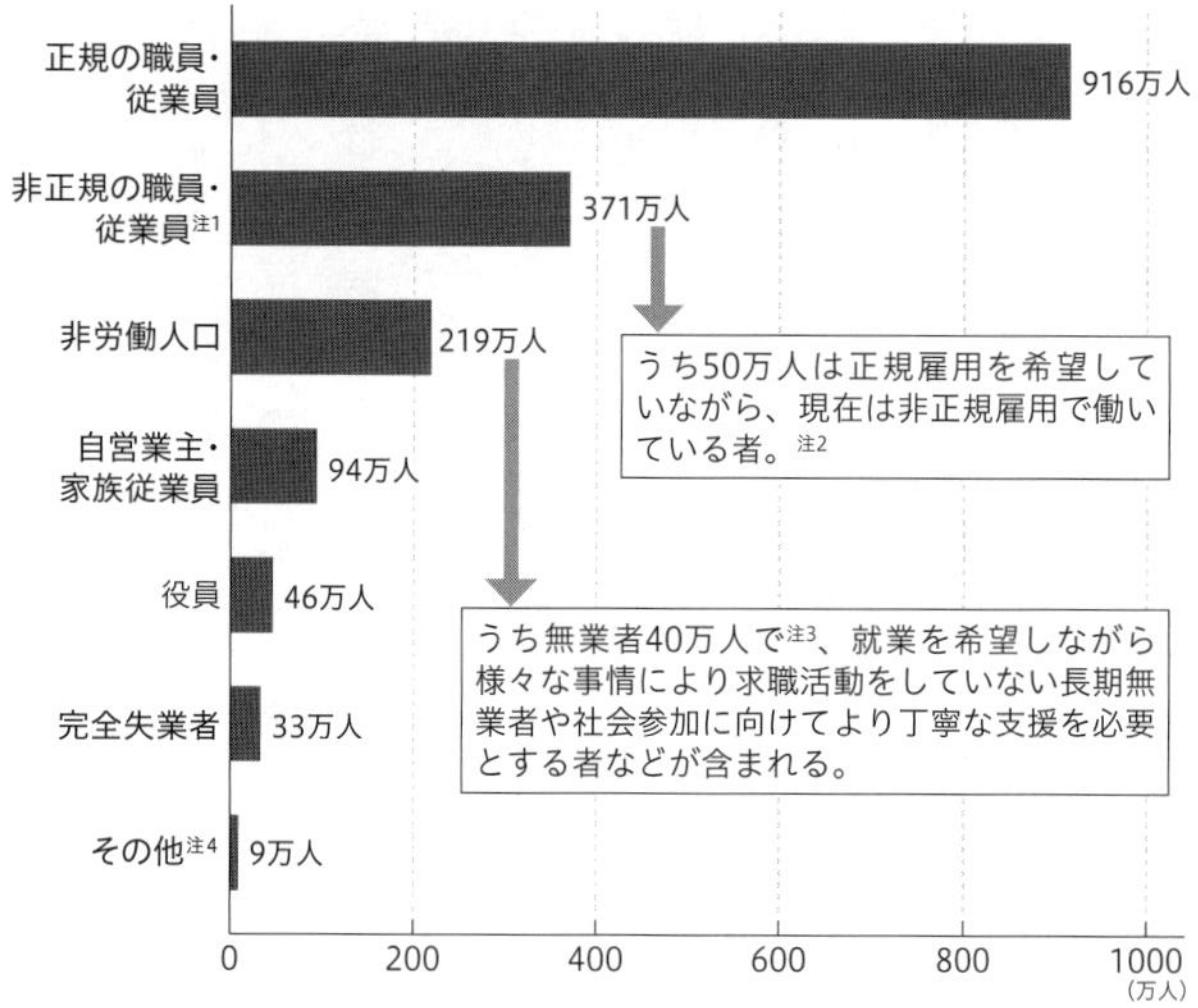


注１）「非正規の職員・従業員」はパート・アルバイト、労働者派遣事業所の派遣社員、契約社員、嘱託、その他に該当する者。
注２）総務省統計局『労働力調査（詳細集計）』（2018年平均）で現職の雇用形態（非正規）についた主な理由が「正規の職員・従業員の仕事がないから」と回答した者。その他、潜在的な正規雇用希望者も想定される。
注３）「無業者」の定義は非労働力人口のうち、家事も通学もしていない者。
注４）「その他」は「従業上の地位不詳（就業していることは明らかであるが、勤めか自営かの別及び勤め先における呼称が未回答の者）」と「就業状態不詳（就業の有無の別が未回答の者）」の合計。

出所）内閣府『就職氷河期世代支援プログラム関連参考資料』（2019年6月11日）より。

資格取得と職場実習等を組み合わせた出口一体型のプログラムを提供し、就職まで支援をしていくことである。

2つ目の柱は、「個々人の状況に合わせたより丁寧な寄り添い支援」である。無業者や引きこもりの人たちの中には、初めから就職をあきらめている人が少なくない。光武氏は「そういった方が直接行政の窓口に出向くことはハードルが高いため、地域のサポートステーションや支援機関、NPOや地域活動をしている方々と連携をして、ご本人や場合によってはご家族にアウトリーチして、社会との関わりを橋渡しするための情報提供やコミュニケーションを丁寧にしていきます。これは1つ目の柱以上に長期戦だと思いますので、根気強く支援の輪を拡げる考えです」と述べている。

このプログラムに対しては、ネット上で批判的なコメントが少なくない。最も批判的なのは、「そもそも遅すぎて、手遅れだ」というものである。こうした批判の背景には、2003年度から始まった「若者自立・挑戦プラン」や06年度から始まった「地域若者サポートステーション」の成果が上がらなかったことがあると思われる。

## 手厚い支援もデフレ脱却あってこそ

しかし、これらの政策は、長期間のデフレによって有効求人倍率が２００３年（この年はまだ就職氷河期）は０・64、06年は１・06と低い状況のときに実施されたものだった。したがって、その成果が上がらなかったのも当然である。日銀によるデフレ完全脱却政策を伴わない就業支援策には効果がないのである。

ところが、日銀は２０１３年４月から始まった「量的・質的金融緩和」のような政策によって、デフレからの完全脱却に全力を傾けるべきだったにもかかわらず、06年３月にもともと不十分だった「量的緩和」を解除してしまうという大きなミスを犯している。

今回のプログラムに対しては、「３年で成果が上がるわけがない」という批判もある。しかし、右で引用した光武氏の発言にあるように、あくまでも３年間は「集中期間」であって、それで終わりというものではなく、「長期戦」を覚悟した政策である。

「地域若者サポートステーション」は、当初15～39歳を対象としており、これでは就職氷河期世代の支援にならないという批判もあったが、一部の場所では、すでに44歳までに対象年齢が引き上げられ、２０２０年度からは全国で49歳まで年齢が引き上げられた。

「就職氷河期世代支援プログラム」では、２０２１年現在、右に挙げた対象者①～③について、それぞれ次のような制度が用意されている。

まず、①に関しては3つのプログラムが用意されている。

第一は、正規社員経験がない人や正規社員経験が少ない人（非正規雇用労働者も含む）を、正規社員として雇い入れる場合、事業主は「特定求職者雇用開発助成金（就職氷河期世代安定雇用実現コース）」の支給を受けることができる。支給額は労働者1人当たり60万円（中小企業以外は50万円。以下、カッコ内は中小企業以外の値を指す）、6カ月定着後と1年定着後は30万円（25万円）である。対象労働者の年齢は35歳以上55歳未満である。

第二は、非正規雇用労働者を正規雇用労働者に転換することを目的として、雇用型訓練（有期実習型訓練）を実施する場合、事業主は、「人材開発支援助成金（特別育成訓練コース）」によって、訓練経費や訓練時間中の賃金の一部等について助成を受けることができる。

第三は、企業内の非正規雇用労働者を正規雇用労働者等に転換等させた場合、事業主に「キャリアアップ助成金（正社員化コース）」が支給される。例えば、有期雇用を正規雇用に切り替えると、対象労働者1人当たり57万円（42・75万円）が支給される。

②と③については、安定的な就職が困難な求職者を一定期間（原則3カ月）試行雇用する場合、事業主に「トライアル雇用助成金（一般トライアルコース）」を支給する制度がある。

「就職氷河期世代支援プログラム」は始まったばかりで、支給額が適切かどうかなど、実施してみなければ判断できないため、実施しながら改定していくしかないが、その成果は、日銀と政府の財政金融政策の協調により、できるだけ早くデフレ脱却ができるかどうかにかかっていることを、政府が理解しておくことが重要である。

ところが残念なことに、このプログラムが始まろうとした矢先に、新型コロナウイルス感染症ショックが発生してしまった。２０２１年現在は、企業が生き残れるかどうかが最大の問題であり、「就職氷河期世代支援プログラム」に応募する企業は極めて少ないと思われる。しかし、新型コロナウイルス感染症の収束後には、この制度がスムーズに進展するように用意しておくことが重要である。

## ４・２　就業率を高めるための戦略

### 女性の労働参加率の上昇は世界的な傾向

１人当たり実質ＧＤＰを引き上げるもう１つの手段は、就業率（就業者／15歳以上人口）を引き上げることである。日本の就業率は１９９０年代以降低下傾向にあったが、アベノミクス開始後上昇に転じて60・６％で（２０１９年）、ドイツの58・５％（18年）、アメリカの

図表4-3　女性の年齢階級別労働参加率の国際比較

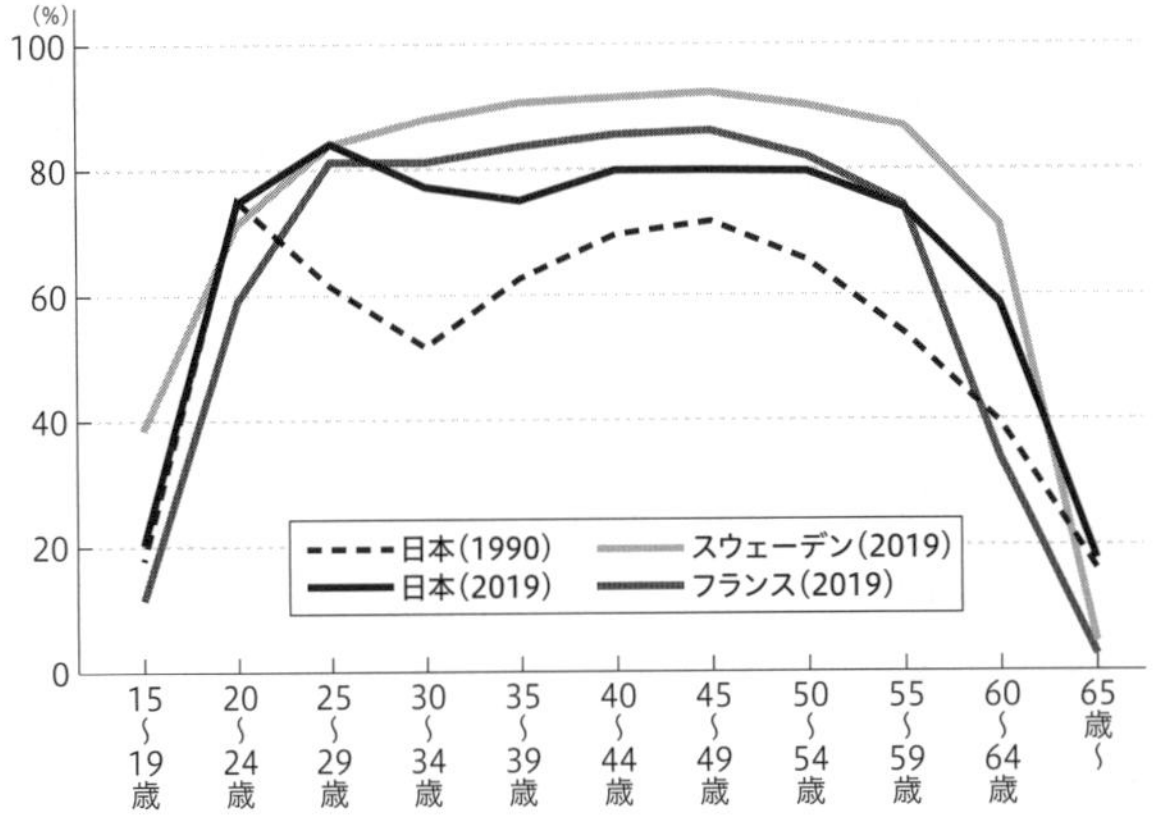


出所）International Labour Organization, Statistics on the Working-age Population and Labour Force, Nov.2020より。

59・6％（18年）、スウェーデンの60・2％（18年）とほぼ同じである。

就業率は女性の労働参加率が上昇すれば上昇する。図表4‐3は、女性の年齢階級別労働参加率（年齢階級別労働人口÷年齢階級別人口。労働人口＝就業数＋完全失業者数）が1990年と2019年でどのように変化したかを、フランスとスウェーデンとの比較を含めて示したものである。

経済が成長し、女性の学歴が高くなると、女性が経済的に自立できる可能性が拡大するために、女性の労働参加率は上昇する傾向がある。さらに、経済成長とともに、さまざまな便利な新製品が登場し、子供には高学歴の教育を与える必要性が高まる。次々に登場する便利な新商品を消費し、子供に高学歴の教育機会を与えるためには夫1人の稼ぎでは不足するため、妻も働かなければならなくなる。こうした、他の人と同じような生活水準を維持しようとすることも（英語圏には「keep up with the Joneses［ジョーンズ家の奴らに負けるな］」という諺《ことわざ》がある）、女性労働参加率を引き上げる要因である。

日本女性の労働参加率はフランスとスウェーデンに比べて、30〜50歳までが低い。とくに、スウェーデンに比べると33〜64歳にかけては10ポイントから15ポイント程度低い。

フランスの女性労働参加率は、60歳を超えると急低下して日本よりも低くなる。フランスの年金支給開始年齢は62歳で、満額支給年齢は67歳であるが（２０１９年時点）、男性でも満額支給年齢開始前に引退する人が多い。労働に対する高齢者の調査では「仕事以外にしたいことがあるから働きたくない」という人の割合が高く、フランスの早期引退文化と呼ばれる。

フランスでは若者の失業率が高い時代が長く続いたため、早期引退は若者に職を譲るものとして位置づけられ、高齢者の引退を早めるような政策が採用されてきた。しかし、それでも若者の高い失業率は解消せず、社会保障制度を維持するための財政が圧迫されるようになったため、２０００年代に入って高齢者の就業支援政策に転換した。その1つの手段が10

年から始まった年金支給開始年齢を徐々に引き上げる政策である。こうした政策転換により、フランスの女性労働参加率は１９９０年には、55〜59歳が40・8％、60〜64歳が12・4％、65歳以上が１・２％だったが、19年にはそれぞれ74・３％、33・８％、２・５％へと大きく上昇した。

一方、スウェーデンの年金開始年齢は61歳であるが（２０１７年に今後64歳に引き上げることが決まった）、女性労働参加率は60〜64歳でも71％と日本よりも25ポイントも高い。しかし、65歳以上になると、日本の17・７％に対して４・５％と急低下する。

日本の２０１９年の65歳以上の女性の労働参加率は17・７％と、１９９０年とほとんど変わっていない。これは、以前から日本の高齢者の中には高所得・高資産家も存在するが、①低年金者で資産もほとんど持たない高齢者も多く、彼らにとっては医療・介護の保険料と医療費・介護費の負担が重く、②余命が長いため（18年時点で65歳の年金満額支給開始年齢後の平均余命は24・５年間もある）、働かなくてはならない人が多いからであると考えられる。

### パートを促進する税制・年金制度

日本の最近の女性の労働参加率の上昇は、１人当たり実質ＧＤＰを引き上げる要因であるが、短時間（1週間の労働時間が30時間未満）のパートタイムが多いため、日本全体の労働生産性の向上に対する寄与度は小さい。ちなみに、２０１９年について見ると、日本の女性のパートタイム比率が35％であるのに対して、フランスは22％、スウェーデンとアメリカは19％である。

日本の女性のパート比率は35％と高いが、非自発的パート比率（パートの中でフルタイムの仕事が見つからず、やむを得ずパートに就いている人の割合）は17％である。一方、フランスの女性パート比率は日本よりも低い22％であるが、非自発的パート比率は36％で、日本よりも19ポイントも高い。このように、日本の女性の非自発的パート比率が低いことは、女性自らがパートを望んでいるケースが多いことを示している。それは、税制と年金制度に女性にパートを選択させる誘因が存在するからである。それらは１５０万円の壁とか１３０万円の壁と呼ばれる。

１５０万円の壁とは次のような壁である。すなわち、勤労所得者の配偶者の年収が１５０万円以下であれば、勤労所得者は給与所得控除前の所得が１１２０万円（給与所得控除後は９００万円）までであれば、38万円の配偶者特別控除を受けられるが、配偶者の年収が１５０万円を超えると、勤労所得者の配偶者特別控除が減額されるため、配偶者が年収を１５０

万円以下に抑制するように就業時間を調整するという壁である。

１３０万円の壁とは、配偶者が正規社員数５０１人以上の企業で働き、その年収が１３０万円を超えると、健康保険料と年金保険料（合計約36万円）を負担しなければならなくなるために生ずる就業時間の壁である。この壁があるため、配偶者も年収が１３０万円を超えない範囲で働く時間を調整しようとする傾向がある。

また、多くの企業は配偶者手当を支給するときの配偶者の最高所得を１０３万円に設定している場合が多く、１０３万円の壁をつくる要因になっている。

日本には、このような配偶者の就業時間を短縮させる税制と社会保障制度が存在するが、福祉大国のスウェーデンでは、日本とはまったく逆に、働かない限り健康保険にも年金保険にも加入できない。したがって日本のように、夫が厚生年金や共済年金に加入していれば、専業主婦は年金保険料を支払わなくても基礎年金の給付を受けることができるという第３号被保険者制度も存在しない。

このような女性の就業時間を調整させる誘因を持つ税・社会保険制度を改革できれば、女性の就業者数が増え、就業時間も長くなると予想されるから、税収と保険料収入も増えるであろう。したがって、財政再建と社会保障改革が進展する。

また、女性が単純作業以上の業務に就くようになると、男性にないアイディアが生まれて、新製品の開発につながるといった例も少なくない。これは多様性により、付加価値労働生産性が向上する例である。

## 柔軟な働き方としてのオランダ・モデル

ところで、オランダの女性パートタイム比率は75・３％と突出して高い。しかし、オランダ女性の非自発的パートタイム比率は４・３％（２０１９年）でしかない。男性のパートタイム比率も19％（19年時点）と主要国の中では突出して高いが（日本は14％、フランスは６・９％、スウェーデンは10・５％、アメリカは８・３％、ドイツは９・５％）、非自発的パートタイム比率は６・４％にすぎない。

以上のように、オランダの雇用構造が他の主要国と大きく異なっているのは、１９８２年11月に労使の代表により「ワッセナー合意」が結ばれた以後の次のような雇用改革によるものであると考えられる（オランダの雇用については、主として、権丈英子［２０１８］を参考にした）。

「賃金・手当・福利厚生・職場訓練・企業年金など、労働条件のすべてにわたって、パートタイム労働者もフルタイム労働者と同等の権利（均等待遇、場合によっては時間比例）が保障されるようなった。……これにより、オランダの人々には、言わば『労働時間選択の自由』が保障されるようになり、ライフ・ステージの変化に応じて仕事と仕事以外の生活の重点を変えながら、継続して労働市場に参加しやすくなっている」（権丈［2018］）。

実際にオランダでは、パートタイム労働者とフルタイム労働者の均等待遇が法的に規定されているが、権丈（2018）は年齢階層別の時間当たりの賃金格差を調べて、「男女ともにパートタイム労働者とフルタイム労働者の賃金格差が比較的小さいこと」を統計的に明らかにしている。

さらに、「フレキシブル・ワーク法」により、労働者は「働く時間帯」と「就業場所」を選択する権利も認められた。この法に基づく労働者はフレックス雇用者と呼ばれる。

このように、2020年の新型コロナウイルス感染症問題で新しい働き方として話題になった、ICT（情報通信技術）を活用した場所や時間にとらわれない柔軟な働き方（テレワーク）も、オランダでは新型コロナウイルス感染症が世界的に拡大する前から進展している。なお、オランダ統計局（ＣＢＳ）によるテレワーカーとは、「自分の所属する部署のある場所以外で、会社のＩＣＴ（情報通信技術）システムにアクセスして規則的に働く雇用者」であり、単に会社の書類を自宅のパソコンで作成する場合やＥメールを利用する場合は含まれない。この定義によれば、「２０１７年にテレワークを導入している企業の割合は78％、従業員に占めるテレワーカーの割合は33％であった」（権丈［２０１８］）。しかし、オランダの働き方が、初めから右のように柔軟だったわけではない。権丈（２０１８）は、

「非典型雇用（フルタイムの常用〈正規〉雇用以外の働き方：パートタイム労働、フレックス雇用）の待遇改善に努めてきた結果である。

非典型労働が安い労働力に等しいということになれば、早晩、労働市場は上層と下層に二極化するのは自明である。小国の開放経済というもろい経済体質だったゆえに醸成されたネオ・コーポラティズム（協調主義）の枠組みの中で、深刻な不況（１９７３年の石油価格高騰後のオランダ通貨の増価による輸出不振を原因とする経済停滞で、オランダ病と

呼ばれた――引用者注）に直面して労使双方が自己利益だけを追求する結果としての合成の誤謬に敏感となり、協力しながら責任ある行動をとった」

ことを強調している。

著者が提案する、現行の大企業の「正規社員」だけの雇用の安定を強く保護する政策・雇用慣行から「雇用契約の自由化」への改革も、右に述べたようなオランダの柔軟な働き方という雇用改革の精神と一致する。

## 働き方改革を妨害する自称リベラル政党

日本の働き方の柔軟性を妨げているのは、実は日本の自称リベラル政党が正規社員だけで構成される日本労働組合総連合会（通称「連合」）を支持団体にしているため、組合員ではない非正規社員と組合員である正規社員の均等な待遇に向けた活動ができないという点にある。

日本維新の会は、「公務員の人員を削減、人事院勧告制度を見直し、勤務評価の適正化と年功序列制度を排除、官民給与格差を是正し公務員の人件費を削減する」などの行政改革を提案している。しかし、日本の自称リベラル政党は、支持基盤の公務員に痛みを与えるこうした行政改革に反対する一方で、非正規社員から職を奪う結果を生む、労働者派遣法による有期雇用にそもそも反対であり、すべての社員を正規社員にするという、できもしない夢を見続けている。

日本の正規社員は雇用が強く保護される代償として、企業による長時間労働、配置転換、転勤命令の支配下に置かれている。このような正規社員の働き方を抜本的に改革しない限り、女性が家庭を持ちつつ正規社員として働くことは不可能である。

雇用契約を自由化し、働く時間ではなく業務の範囲を明確にした上で（これを、ジョブ型雇用という）、労使が達成目標について合意し、その達成度に応じて給与が決まる制度への改革が必要である。

男女雇用機会均等法では女性にも総合職への道が開かれた。しかし、女性が家庭を持って総合職として働くことは、だれかの支援（母親や専業主夫）がなければ不可能であることが分かるにつれて、総合職を希望する女性は大きく減少した。日本では、女性が会社で昇進することと家庭生活を両立させることは大変難しい。この状況は現在でも改善されたとはいえない。

### 高所得者が優遇される保育制度

日本の雇用の現状では、子育てをしようとすると、家庭に他の支援者がいなければ、フルタイムで働くことは困難である。多くの世帯が1人稼ぎでは、平均的な生活水準を維持できず、母子家庭が増えている現状を前提にすると、子育てを個別の世帯の責任とするのではなく、社会的責任という意味で社会化する必要がある。そうしなければ、ますます少子化が進み、まともな社会保障制度は成立しなくなる。

そこで問題になるのが、多数の待機児童の存在に象徴される保育サービスの確保が難しいという状況である。

日本の保育施設は、大別して認可保育施設と認可外保育施設に分けられ、それぞれの施設の中にもいろいろな種類があり、複雑である。しかし、複雑であることは利用者のニーズに応えた保育サービスを供給する保育施設があることを意味し、それ自体に問題があるわけではない。

問題は保育施設ごとに、保育サービスの質に関係なく公的な援助があったりなかったりするため、保育料が需給を反映しておらず、高所得者を優遇するといった所得再分配上の不公平を生んでいることである。

まず、社会福祉法人などによって運営される認可保育所に関する問題点を指摘しておこう。認可保育所とは、0歳から小学校入学前までの乳幼児を受け入れ対象としている保育施設で、国が定めた設置基準（施設の広さ、保育士等の職員数、給食設備、防災管理、衛生管理等）をすべてクリアしている、都道府県知事に認可された施設である。

認可保育所には、運営費として国と自治体から補助金が交付される。そのため、保育料が後述する認可外保育施設に比べて大幅に低く設定されている。保育料は保育費用とは無関係に、利用者の所得に応じて決められているため、東京都では「3歳未満の平均利用料は、年収1000万円以上の高所得者層でも都内平均で5・7万円に過ぎない」（八代尚宏［2019］）。3歳児未満の保育費用は自治体ごとに異なるが、東京都の場合、20万円から30万円程度かかっている（前掲論文）。したがって、年収1000万円以上の高所得者層は1月当たり14万円から24万円程度の公的補助を受けていることになる。

一方、認可外保育施設は横浜市の「横浜保育室」や東京都の「東京都認証保育所」のように、自治体から補助を受けているケースもあるが、原則的に公的補助の対象にはなっていない。そのため、保育料は認可保育所よりもかなり高くなる。そうであれば、保護者はできるだけ認可保育所の保育を希望するようになるから、認可保育所は常に大幅な超過需要になり、多くの利用できない人が発生する。これが待機児童問題である。

**不公正をなくす保育利用券**

日本が抱えるこうした保育の問題の根本的解決策として次のことを提案したい。なお、以下の提案は、八田（２０１９）を参考にしている。

①　認可保育所に対する公的補助を廃止し、保育の利用者に保育利用券を配分し、利用者が自分にとって最適と考えられる保育施設（保育ママを含む）を選択できるようにすること。これは、認可保育所と認可外保育所との競争条件を揃える、イコールフッティング政策でもある。

②　保育利用券の配分量は住民税非課税世帯のような低所得者に対しては、保育料に相当する量を配分し、所得が高くなるほど減らしていき、１０００万～１５００万円以上の高所得者に対してはゼロにする。

③　内閣府が関与している「企業主導型保育所」では、保育士の半分以上が資格保持者で

あればよく、子育て支援員と組み合わせることができる。この制度を保育サービス供給者全体に適用できるようにする。さらに、保育士不足を招いている合格率が20％と低い保育士試験の難易度を引き下げる。

④保育施設の質を確保するため、保育利用券を利用できる施設を、厚生労働省が２００1年に策定した「認可外保育施設指導監督基準」を満たす施設に限定する。

⑤保育施設には、賠償責任保険への加入を義務づけ、監督当局は従業員の性犯罪歴を警察と協力してチェックする。

⑥保育施設に対しては、インターネットを通じた徹底的な情報公開を義務づける。

⑦保育施設について、専門家による外部評価制度を導入する。

なお、右の①と②の制度を導入すれば、保育施設間で保育利用券獲得競争が始まるので、⑥を義務づけなくても、施設自身がホームページを開設し、情報を公開するようになるであろう。このことは、宿泊施設やレストランが義務づけられなくても、ホームページを開設していることから明らかである。

また、単に保育だけでなく、幼児教育を取り入れたり、診療所と提携して病児保育を提供したり、体育の指導者によるスポーツを学ばせたりするといったようなサービスを提供する保育施設も現れるであろう（八代［２０１９］）。とくに、現状では子供が保育施設で病気になると、保護者が会社から許可を得て仕事を中断し、子供を引き取りに行かなければならないが、病児保育サービスが提供されれば、仕事を中断する必要性は低下する。

これらの付加的サービスに対しては、保育施設は利用者に対価を求めることができるから、現在、低賃金業界に属している保育サービス提供者の賃金を引き上げることもできる。

なお、低所得者以外にも保育利用券で保育サービス利用を公的に支援するのは、女性の就職や就職後の待遇に関して「逆選択」と呼ばれる市場の失敗が発生するからである。

女性は結婚して子供を出産すると、会社勤務と子育ての両立が困難であるため、会社を辞める可能性が高い。これは会社に女性の採用を躊躇《ちゅうちょ》させる要因になる。また、女性が会社を途中で辞める可能性が高ければ、採用後に男性社員と同等のオン・ザ・ジョブ・トレーニングを受けて、昇進できる機会もほとんどなくなる。これらは、女性が出産を機に会社を辞める確率が高いという統計に基づく差別であるので、統計的差別と呼ばれる。この統計的差別の結果、男性と同等あるいはそれ以上に生産性が高い女性ほど、勤労意欲を失ってしまい、会社を辞めるケースが多い。これを、会社は結果的に生産性の高い女性よりも、低い女性を選択してしまうという意味で、「逆選択」という。実際に、生産性の高い女性がパートとして単純労働に従事しているケースは多い。

ただし最近は、この統計的差別があるため、会社に就職せずに自ら起業して、女性ならではのアイディアを生かして、事業に成功する女性が増えている。これは頼もしい現象である。

八田（２０１９）はここで提案しているような保育サービスの改革は理想型であるが（ただし、右で提案した改革案は八田［２０１９］とまったく同じではない）、「理想型の条件すべてを即座に達成することは難しい」とし、その理由として、この理想型の改革は「社会福祉法人（認可保育所の主たる運営者──引用者注）に壊滅的な影響を与える」（２２７頁）という点を挙げ、より現実的な提案をしている。興味のある読者は八田（２０１９）を参照されたい。

なお、政府は２０１９年に３歳から５歳児の子供を認可保育施設に預ける場合は、無償にすることを決定した。これには２つの問題がある。第一に、認可保育施設に預けることで無料で済むようになると、認可保育施設への需要が殺到し、待機児童問題は現在よりも深刻になるであろう。認可保育施設に預けられなかった人は認可外保育施設を選ぶことになるが、その場合には、月３・７万円までしか利用補助を受けられないという不平等が発生する。第二に、高所得者にまで無償化を拡大することは、所得再分配政策としては平等化ではなく不平等化を招く政策である。

## 糸口は保育サービス料金の自由化

右で示した④を保育サービス業への参入条件として、保育サービス料金の設定は自由化する。この保育サービス料金の自由化により、保育士の賃金は上昇するであろう。

保育士の有効求人倍率は2020年1月には3・86倍に達し、人手不足が深刻な状況である。20年2月頃から新型コロナウイルス感染症ショックが起き、自宅で仕事をする人が増えたり、仕事そのものがなくなってしまったりした人が増えたため、保育士の有効求人倍率は低下し始めた。しかし、20年7月時点でも2・3倍であり、全職種の1・05倍を大きく上回っている。とくに大都市圏では依然として高く、20年7月時点で、東京4・86倍、大阪3・9倍という高さである。

このように、保育士の有効求人倍率は極めて高いにもかかわらず、保育士試験が難しすぎる（合格率は20％程度）ことに加えて、保育士の賃金が需給を反映して上昇しないため、人手不足を解消できない状況が続いている。むしろ、子供の命と安全を守る責任が重く、それゆえつらい仕事にもかかわらず、それに応じた賃金が得られないという理由で辞める人が多い。全職種で、正規社員（雇用期間定めなしの者）の平均勤続年数が13年であるのに対して、保育士は７・８年と短い（２０１９年時点）。

保育士の賃金が労働の需給を反映して上昇しないのは、保育所の収入が、国が定める「固定価格」をベースとする公費と保護者が支払う保育料（高所得者にとっては、安すぎる保育料）の合計で決まるからである。この収入から運営費を差し引いた金額が保育士の賃金に充てられる。保育所は認可外保育所を除き、福祉施設であるという理由で、保育所が保育料を市場の需給に合わせて設定できない。

保育所が福祉施設と位置づけられているのは、母子家庭のように、子育てが困難な世帯の子供を保育所に収容するという児童福祉制度に基づいているからである。しかし、いまや保育サービスは男女が同等の条件で働くことができる環境を整備するための必須のサービスであり、福祉のためのサービスではない。

右の保育利用券を保育の利用者に、その所得に応じて配分する制度では、保育料は保育サービスの需給を反映して、市場で決定されるようになる。

## スカンジナビア3国の包括的な所得再分配

福祉大国のスウェーデンは、3～5歳児は1日3時間までの保育は無償であるが、それを超えると世帯収入に応じた保育料を支払わなければならない。しかし、上限が1万5000円程度（2019年の為替レートで換算）に抑えられている上、約1万2000円の児童手当が支給されているから、負担は微々たるものである。同じく福祉大国のデンマークは完全無償である。

スカンジナビア3国（スウェーデン、デンマーク、ノルウェー）で所得条件なしで（スウェーデンの場合には制限があるが実質的にはないに等しい）、無料の保育サービス等の社会保障を受けることができるのは、税・社会保険料という負担と、公共サービスを受けることによる便益とが、全体の所得再分配を考慮して包括的に設計されているからである。この設計により、中所得者は負担と便益がほぼ均等になり、それ以下の所得の人は便益が負担を、それ以上の所得の人は負担が便益を、それぞれ上回るようになる。

こうした社会保障の負担と便益の配分を、国民が選挙を通じて選択した公平基準から決定することなく、日本のように一部分を取り出して改正する場合には、所得条件をつけない公的給付は不公平を助長することになる。

## 日本経済に必要な政策

この章では、日本経済が抱える問題のうち、第３章に続き、資源配分の効率性に関わる問題に焦点を当て、生産性を引き上げ、１人当たり実質ＧＤＰ成長率を高める政策として、次のような改革を推奨した。

①　雇用契約の自由化を進めて、人々が多様な働き方の選択肢から自らに合った働き方をできるようにし、雇用市場の流動化（転職しやすくすること）を促す。この雇用改革によりすべての雇用は定期雇用になり、これまで強力に雇用を保護されてきた一部の特権階級である正規社員と、そうでない非正規社員の待遇の差は解消され、雇用市場における賃金決定メカニズムを通じて、同一労働・同一賃金が実現すると期待できる。

②　雇用の自由化においては契約交渉上、労働者が不利にならないように、労働基準監督署による監視体制を強化する。

③　雇用契約の自由化により、解雇の金銭的解決が増加することを踏まえて、国が会社都合で解雇するときのデフォルトの解雇手当水準を設定する。

④ 雇用保険に就業支援や職業訓練制度を組み込む。これは２０１４年と19年の法改正でかなり実現したが、今後はその成果を見つつ改善すべき問題を見つけ、進化させる必要がある。とくに就職氷河期世代の就業支援を手厚く公的に補助することが求められる。

⑤ 女性の就業を妨げている税制と社会保険制度を撤廃する。

⑥ 認可保育所と認可外保育所の競争条件を同等にした上で、一定の条件を満たせば、保育サービス産業へ自由に参入できるようにする。これにより、保育料は保育サービスの需給を反映して決定されるようになる。保育利用者には、所得に応じた保育利用券を配布する。保育サービスの供給者への補助金は一切廃止する。

前章とこの章で、資源配分の効率性向上政策（同時に、格差縮小に作用する政策も含まれている）を提案したので、最終章では、所得再分配問題の解決策を検討しよう。

# 第5章　これからの所得再分配政策

この章は本書の最終章であるので、本論に入る前にこれまでに述べてきたことを要約しておこう。

第1章では、１９９０年代以降に雇用が急激に悪化し、低賃金の非正規社員が増えて、格差が拡大するとともに、急速に少子高齢化が進み、成長率も低下したことを確認した。こうした経済環境の悪化をもたらしたのは、90年代以降、アベノミクスが始まるまでの日銀の金融政策がもたらした長期にわたるデフレと、デフレ脱却に本格的に取り組み始めて、1年しかたっていない時期（２０１４年４月）に実施した消費増税を筆頭とする緊縮財政である。したがって、格差を縮小し、少子化を止める正攻法の政策は、財政政策と金融政策が協調して、デフレから完全に脱却することである。

しかし、格差を縮小するためには、デフレ脱却のためのマクロ経済政策だけでなく、税と社会保障制度から構成される所得再分配政策も重要である。そこで第2章では、日本の税と社会保障制度が所得再分配政策としてどのように機能してきたかを検討した。そこで明らかになったことは、その機能が欠陥を抱えているため、日本の貧困問題は先進国の中でも比較的深刻な状態にあり、生活保護世帯から抜け出せない人が増え、低成長と急速に進む少子高齢化によって、年金の世代間格差が拡大し、年金の実質的破綻が危惧される状況にある、といった深刻な問題の存在であった。

右のような諸問題を解決するためには、デフレを脱却しつつ、成長率、とくに少子高齢化が進む下では、１人当たり成長率を引き上げる政策が必要である。第３章と第４章では、１人当たり成長率を高めるという効率性に関わる問題についての解決策を提案した。それは、デフレを脱却して人手不足経済を維持しつつ、産業保護政策から公正な競争政策へ転換し、雇用市場を転職しやすい市場に向けて改革（雇用市場の自由化）することである。こうした改革を進めるためには、積極的労働市場政策を推進することが重要である。

そこでこの章では、右のような成長政策に伴って起きる可能性がある格差拡大を止めるための所得再分配政策の改革案を提示したい。なおこの問題は多岐にわたるため、著者が最も重要と考える点（格差を縮小するための税と社会保障のあり方、生活保護制度と年金制度の改革）に絞って検討することをお断りしておく[1]。

1　所得再分配に関する著者の本としては、飯田泰之氏との共著『ゼミナール経済政策入門』と八田達夫氏との共著『日本再生に「痛み」はいらない』がある。その他有益な文献については、巻末参考文献の小塩隆士、鈴木亘、八田達夫、八代尚宏、各氏の論文・著書を参照。

## 5・1　新しい所得再分配制度で貧困を減らす

### 日本は再分配前の格差を問題にしがち

この章では、生活保護制度の欠陥や多数のワーキングプアの存在、年金の世代間不公平問題などの是正政策を議論するが、その際に明記しておくべきことがある。すなわち、右のいずれの問題も、解決するために第一にすべきことは、第3章と第4章で述べたように、デフレから完全に脱却し、生産性が向上するように、供給者保護政策から公正な競争政策に転換し、規制と税制を改革して、1人当たりの成長率を高めることである。このデフレ完全脱却政策と公正な競争政策を基本とする成長政策によって、ワーキングプアをはじめとする就業者の所得再分配前の所得を引き上げない限り、この章で提案する負の所得税方式の給付付き税額控除制度等の所得再分配政策を実施しても、単に所得の多い人から少ない人へ所得を分配するだけにとどまる。これでは再分配の規模に限界がある。

第2章で述べたように、北欧諸国を中心に、再分配前の所得分配は日本よりも不平等な国が少なくないが、再分配後は日本よりも平等になる国が多い。こうしたことが可能になるのは、再分配前の１人当たり所得が日本よりも大きいからである。再分配前の１人当たり所得を引き上げるためには、生産性の高い人にはその仕事を規制せずに（例えば、農業への株式会社の参入を自由化するなど）大いに活躍してもらい、高い所得を稼いでもらわなければならない。

注意すべき点は、公正な競争により決まる所得再分配前の格差の拡大は問題ではないということである。超一流の経営者にはしっかり稼いでもらって、努力以外の要因（相続財産やコネなどの親の力や運などによる所得。詳細は、八田［２００９］第20章参照）で稼いだ分に課税して、格差を公正と考えられる水準まで縮小すればよいのである。

しかし第３章で触れたように、アメリカのスーパー経営者たちの報酬は、公正な競争により決まった報酬とは言えない。[2] アメリカのコーポレートガバナンスは、経営者の報酬をコントロールする機能を果たしていないからである。とくに金融の分野では、「大きすぎて、つぶせない」ことをいいことにして、経営者たちが金融工学を駆使しているといいながらギャンブルを行い、自分たちは巨額な報酬を得ながら、ギャンブルの失敗の尻ぬぐいを納税者に

2　アメリカをはじめとした資本主義国における「格差」拡大についてはピケティ（２０１３）を参照。

押しつけることが起きがちな分野である。

例えば、リーマン・ショック前でいえば、サブプライムローンというインチキな商品を投資家に売りつけて、世界中の人々に莫大な損失を与えたが、インチキな商品を売って巨額の富を築いた経営者はだれ一人報酬を返還せずに転職し、いまでも低い所得税率の下で巨額の可処分所得を享受している。

右の意味で、アメリカの規制や税制（累進性の低い所得税や連邦の相続税の基礎控除が5・6億円）を参考にする必要性は低いが、日本のように生産性の低い集団（中小企業、農業など）を保護するという集団的再分配政策を続けている限り、所得再分配前の1人当たり所得を引き上げることはできない。日本では、とかく、所得再分配前の格差を問題にする傾向があるが、大事なことは、再分配後にも残される格差を多数の国民が納得する水準にとどめることである。

例えば、「アベノミクスは株価を上げて、株主の所得を大幅に増やしただけだ。庶民にはトリクルダウンは起きていない」と批判する人が多い。しかし、実は株価が上がらないデフレ脱却はあり得ないのである。この場合には、後に述べるような資本所得課税改革により、株式の譲渡益が大きすぎる投資家から税を徴収して、ワーキングプアへの所得移転の財源にすればよいのである。

ところが、自称リベラル政党やマスメディアは、株価を引き上げた「量的・質的金融緩和」政策を批判して、「量的・質的金融緩和はマネー・ゲームをけしかけるだけで、早くやめるべきだ」という。そうであれば、デフレ脱却の代替案とワーキングプアを支援するための財源を示すべきである。しかし、多くは問題点を指摘するばかりで、著者が知る限りでは、代替案を提示する人は、リベラルの中にはわずか数人しかいない。

以上を一言でいえば、これから提案する所得再分配政策を実施するとともに、所得再分配前の「パイ」（すなわち、ＧＤＰあるいはそれに海外からの純受取を加えた国民総所得［ＧＮＩ］）そのものを大きく焼くことに専念せよということである。焼かれた「パイ」が大きくなれば、再分配前の高所得者が努力によって稼いだ分まで課税する必要はなくなり、効率性を損なうことなく、成長が可能になる。

それでは、右の点を明記した上で、日本の所得再分配政策にはどのような問題があり、どのように改善すべきかを検討しよう。

## 格差を減らす資本所得への「段階的分離課税」

第2章で述べたように、日本の所得分配の改善は主として、現役世代から高齢者への年金給付や医療費援助によるもので、税による再分配効果と社会保障による現役世代内所得再分配効果が、ヨーロッパ諸国に比べて小さい。

とくに、図表2‐2（105頁）で示したように、日本の所得税は高所得者を優遇することによってその累進制（所得が高くなるにつれて、所得に対する税負担率が上昇する制度）が侵食されていることが、税による所得再分配効果を弱めている。

図表2‐2では、「他の区分に該当しない所得」の税負担率が極めて低いことを示した。「他の区分に該当しない所得」とは、利子所得、配当所得、株式や土地の譲渡所得などである。こうした資本所得（あるいは資産所得）に対しては、日本の税制は主要先進国の中でも優遇度の高い国である。

例えば、利子所得は日本では一律20％（所得税15％、地方税5％。ただし2037年まで復興特別所得2・1％が上乗せされる）であるが、アメリカは10～37％（2018年時点、以下同じ）の総合課税で、これに州税と地方政府税（ニューヨークの場合、州税4～8・82％と市税2・7～3・4％、および税額の14％の付加税）が上乗せされる。イギリスは、利子所得の大きさに応じて、０～45％の段階的分離課税、ドイツは26・375％の分離課税（総合課税を選択可）、フランスとスウェーデンは30％の分離課税（フランスは総合課税を選択可）である。

著者の所得分配の公平性に関する価値判断からは、利子、配当、株式と土地の譲渡益（現行の日本の土地譲渡益にかかる税は、所有期間が５年以下は所得税30％、住民税９％。所有期間５年超は所得税15％、住民税５％で、利子所得と同じ）などの資本所得を他の所得と合算した上で、その合算した総合所得が高くなると、その所得のうちの資本所得に対する税率を、その総合所得の高さに応じて０％から45％（２０１９年時点の給与所得の最高税率と同じ。イギリスと同じ段階税率になる）まで段階的に引き上げていく、段階的分離課税方式が望ましいと考える。[3]

3　資本所得税は貯蓄から得た所得に課税する税であるから、二重課税の理論からすれば、無税にすべきである。この点を考慮して、ここで提案する資本所得の段階的累進課税制度は、資本所得を給与所得等と合算して課税する総合所得課税制度ではなく、分離課税制度である。資本所得を無税にすると、高所得者ほど貯蓄する余裕があるため、所得と富の格差拡大を抑制することができない。仮に、貯蓄の二重課税論を採用して、資本所得を無税にするならば、格差拡大を抑制するためには、高所得者の貯蓄増大を抑制するほどの労働所得税をかけるか、相続税を強化する必要がある。なお、この章の注７で述べるように、相続税は二重課税ではない。

ただし、日本の給与所得税制では、大幅な給与所得控除を差し引いた金額から、さらに社会保険料の全額、扶養控除、配偶者控除、基礎控除、医療費控除など多くの所得控除が認められているため、かなり給与所得が高くならない限り、20％一律課税の資本所得の税額のほうが高くなる、といった現象が生ずる。

この問題を回避するためには、総合所得に対して逓減《ていげん》的な資本所得非課税枠（給与所得控除に相当する）を設けることである。

この方式により、総合所得のうち、資本所得の比率が一定以上高くなる人ほど税負担率が低下するという、現行税制の不平等性を緩和することができる。この税制では、総合所得も資本所得も少ない人であれば、資本所得税はゼロになる可能性がある。現行の税制では、どんなに総合所得が少なくても、ごくわずかな利子所得に対して、高額利子所得者と同じ20％（特別復興税を除く）が課せられる。

## 税逃れはマイナンバーで防ぐ

利子、配当、土地や株式譲渡益など、資本所得の税率を引き上げると、これらの利益を生み出す資本が海外に流出し、税源自体がなくなるといわれる。資本が海外に流出すると、日本の居住者が海外からの利子等を受け取り、それを日本の銀行の円口座に振り替えても、税務署はその所得を把握できないため、税逃れを許してしまうことになる。

こうした租税回避を防ぐためには、マイナンバーカードを活用して、マイナンバーカード番号を銀行口座と紐づけしなければ預金できないような制度改革が必要である。アメリカでは、ソーシャル・セキュリティー・ナンバーを活用して、租税回避を防止している。

税や政府からの資金援助を受ける場合には、所得と資産が正確に把握されていることが条件である。政府は、マイナンバー通知はしたものの、マイナンバーカード（顔写真付きであるから身分証明書に使え、ICチップが搭載されているから、さまざまな用途に使用できる）の作成とそのカードを銀行口座と紐づけることを、国民に義務づけることを怠ってきた。

２０２０年の新型コロナウイルス感染症の流行時には、ほとんどの人のマイナンバーカードが銀行口座と紐づけされていなかったため、政府からの給付金を受け取るのに長い時間を要するという問題が発生した。このため、所得にかかわらず、１人10万円が給付された。これは所得が１億円を超えるような人にまで10万円を給付することであり、究極の不平等再分配政策である。政府はこうした事態が発生したことを反省して、行政におけるデジタル化を促進する予定である。

さらに、最近、金融資産所得税や相続税を逃れるために、キャピタルゲイン（資産を売却した際に購入額との差額によって得られた利益）非課税国であるシンガポールやニュージーランドへ移住して永住権が認められる人の数が増えている。そのため、国外転出時課税制度が２０１５年７月から始まった。これは１億円以上の金融資産を持っている人が海外に住所を移す場合（外国の親族への財産贈与・相続を含む）、その段階で資産が売却されたとみなして含み益に所得税を課す制度である。

また、価額の合計額が５０００万円を超える国外財産を有する居住者は、その国外財産の種類、数量および価額等を記載した国外財産調書を所轄税務署長に提出する制度も整備された。

これらの制度は、税負担の公平の観点から望ましい改革であるが、今後は、これらの制度を金額の多寡《たか》にかかわらず適用するような、さらなる改革が必要である。

### 当局が所得と資産を把握できていない現実

右でマイナンバーカードを銀行口座と紐づけることを提案したが、テレビのニュース番組などを見ていると、「プライバシーが侵される」として、反対する人が少なくない。しかし、課税当局が人々の所得と資産とを正確に把握することは、公正な課税の原点である。

マイナンバーカードを銀行口座と紐づけることに、高所得者で正直に確定申告していない人が反対するのは理解できる。しかし、一般の人が「プライバシーの侵害」を恐れて反対する理由は何なのであろうか。どうやら、政府が課税以外のために、使用することを恐れているようである。どのような使用を恐れているのかは分からないが、例えば、政府が政策に反対している人の所得と資産をリークするといったことであろうか。しかし、この問題は、政府や検察等が課税目的以外に使用してはならないことを法的に担保すれば済むことである。いくら資本主義経済が自由を尊重するといっても、所得と資産を課税当局に正確に把握されない自由は存在しないのである。

現行税制では、課税当局は農業や自営業の所得をまったく把握していないのではないかと思われる。これは著者の次のような経験に基づく推測である。

著者は大学に勤務していた当時、育英会（現在は日本学生支援機構）の奨学金を学生に配分する係を務めたことがある。父親が自営業者である学生が提出した納税証明書を見ると、「所得10万円」と書かれていた。その学生に訊くと、兄は大学生で妹は高校生であるという。「所得10万円では、そもそも生活できるはずがないが、お兄さんと妹さんの授業料はどうやって工面しているのか」と訊くと、「分かりません」という返事である。しかし、奨学金は原則として、扶養者の納税証明書に記載されている所得を基準にし、学生の成績を多少考慮する程度で決めるしかない。経済学部に割り当てられた奨学金には上限があるから、こういう方式で学生の奨学金の配分を決めていくと、１００人中90番目までは、扶養者が農業従事者か自営業者の学生が占めてしまい、91番目になってようやく、扶養者が会社員の学生に配分することになる。

育英会奨学金を「所得10万円」という、とうてい信用できない「納税証明書」を示す学生をはじめとして、90％は扶養者が農業従事者か自営業者である学生に配分し、サラリーマンの子供には極めて少数の人しか配分できないことは、不公平きわまりない配分であるが、著者にはどうすることもできなかった。

## 日本の所得再分配政策の問題点

日本の所得再分配政策はいま述べたように、所得と資産が正確に把握されないまま実施されているという最大の欠陥を抱えているが、ここではその他の問題点も整理し、その後に克服策を検討しよう。

第一に、就業が困難になり、最低の生活も維持できなくなったときの最後のセーフティネットである生活保護制度が、本来の機能を発揮していない。生活保護の研究者の調査によれば、日本では生活保護受給条件を満たしていると思われる人のうち、生活保護を受けている人は20％程度であるという。その理由としては、生活保護を受けるための要件が厳しいことが挙げられる。例えば、現金・預貯金が保護基準の生活費の半月分より多いと、申請しても却下される場合がある。また、「受給に際しては、親や兄弟姉妹などに本人への援助ができないか打診する（扶養照会）」制度になっている。

そのため、日本の「恥の文化」という影響もあって、生活保護を受けざるを得ない状況に置かれても、生活保護を受けずに働こうとする人が多くなる。

働こうとする人が多いことはよいことであるが、１９９０年代以降の長期デフレ下で、正規社員雇用需要が大きく減少したため、低賃金の非正規社員になるしかない人が増大した。この人たちの中には、ワーキングプアと呼ばれる年収２００万円以下の人たちが多い。アベノミクスで雇用は改善したが、２０１９年になっても、年収２００万円以下の雇用者が、正規社員で全雇用者の５・４％、非正規社員では28・８％、合計１８７３万人も存在する。そのうちの73・７％が女性である。

ワーキングプアが失業すると、雇用保険期間が失業前2年間で12カ月以上（1カ月とみなされるのは、働いた日数が11日以上ある月）なければ、雇用保険を受給する資格がない。そうなると、職探しの期間だけでも生活保護を受けたいところであるが、そのためにはまず、保護基準の預貯金を取り崩すことが必要である。つまり、ほぼ無一文になるまで、生活保護も雇用保険も受けられないという悲惨な状態に追い込まれる。

したがって、生活保護と雇用保険を切れ目なく受けられるように改革するか、それを統合した制度が求められる。

第二に、税による再分配効果が小さい。この問題は、すでに述べた資本所得の段階的分離課税制度の導入によりかなり改善するが、所得税の累進制を緩和する各種の所得控除と給与所得者の給与所得控除が大きすぎることや消費税の逆進性の問題がある。

近年、給与所得控除は高所得者を中心に下げられてきた。２０２０年度からは、控除額は一律10万円引き下げられ、上限額が適用される給与等の収入金額は８５０万円超に、控除の上限額は１９５万円に引き下げられた。これにより、課税所得ベースが拡大し、税による所得再分配改善効果は増大する。

しかし、給与所得控除は実際に働くに当たってかかる費用と比べて過大である。例えば、

２０２０年度の改正でも、給与所得８５０万円超の人の給与所得控除額は１９５万円であるから、所得の約23％が費用として認められることになる。しかし、実際にこれほどの費用がかかるとは考えられない。したがって、今後さらなる給与所得控除の縮小が必要である。

給与所得控除は自営業者に認められている費用控除との公平性を確保するためであるといわれる。しかし実際は、自営業者も家族を従業員にして、給与所得控除を最大限活用している。第3章で述べたように、中小企業に過大に認められている交際費の縮小とともに、給与所得控除額を減額する方が公平性に資するであろう。

２０２０年度から、基礎控除額は合計所得金額が２４００万円以下である個人は48万円へと逆に引き上げられた。こうした所得控除方式は、限界税率が高くなる高所得者を有利にするもので、基本的に廃止する方向で改革すべきである。

第三に、国民年金保険料負担率が所得にかかわらず一定のため、低所得者にとって加重になっており、しかも賦課方式であるから、負担と利益のバランスがまったく崩れている。

ワーキングプアの人たちが勤める企業は規模が小さいことが多いため、個人で国民健康保険と国民年金に加入しなければならない。国民年金の保険料は月額１万６６１０円（年額19万９３２０円、２０２１年時点）の定額であるから、ワーキングプアにとっては大きな負担である。例えば、年収２００万円の階層の人の平均勤め先給与（年額）は１７３万円（２人以上の勤労者世帯。総務省『家計調査』［２０１９］による）であるから、国民年金保険料（2名分で年額約39・9万円）の負担率は約23％に達する。これはワーキングプアにとって重すぎる負担であるため、国民年金保険料未納者が増える。

## 世界で標準になりつつある「負の所得税」

そこでここでは、以上の問題をかなり改善すると考えられる、ノーベル経済学賞受賞者のミルトン・フリードマン（１９１２～２００６）が提唱した負の所得税方式を取り入れた、累進的な給付付き税額控除制度を提案したい。

世界的に見ると、所得税は所得控除方式から給付付き税額控除方式への流れが一般的である。そこで、両者の違いを示しておこう。

### ① 所得控除方式

納税額＝限界税率×（所得金額－各種所得控除）－控除［５－１］

［５－１］の右辺の（所得金額－各種所得控除）を課税所得金額という。所得金額は収入からその収入を得るために実際にかかった費用を差し引いた金額である。しかし、すでに述べたように、給与所得者には実際にかかった費用ではなく、給与所得控除という名の費用が差し引かれる。

［５－１］で、限界税率は所得が増えるにつれて高くなるから、（限界税率×所得控除）である控除額は、高所得者ほど大きくなり、それだけ納税額が減少する。したがって、各種ある所得控除は高所得者を優遇する税制である。日本の所得税では、所得控除が欧米諸国に比べて多数存在しているが、中でも社会保険料が全額控除される点が高所得者を有利にする度合いが大きい。

なお、税制上、給与所得控除は所得控除には含まれないが、その機能は他の所得控除と同じように、限界税率が高い高所得者ほど控除額（限界税率に給与所得控除額を乗じた額）が大きくなる点では同じである。さらに、所得が課税最低所得未満の人は、所得控除の恩恵をまったく受けることができない。

次に、所得控除を全廃して税額控除だけにすると、納税額は［５－２］になる。

② 給付付き税額控除方式

納税額＝限界税率×所得－税額控除 ［5‐2］

［5‐2］で、税額控除のほうが（限界税率×所得）よりも大きくなると、納税額は負になる。そこで、この負の納税額を納税者に還付する。これが、フリードマンが提案した「負の所得税」である。

**ベーシックインカム制度の限界**

［5‐2］の右辺の税額控除は「ベーシックインカム」と呼ばれるようになった。これは、この税額控除に相当する金額を個人の所得にかかわらず一律に給付することから命名されているが、基本的に税方式としては、［5‐2］で表せる。[4]

これまでに提案されているベーシックインカム案は、基本的に［5‐2］の限界税率が一定で累進的ではなく、税額控除も所得とは無関係に一定であるものが多い。著者は、所得税は公平性の観点から累進的にすべきであると考えるので、これまで提案されてきたベーシックインカムには賛成できない。

さらに、ベーシックインカム制度を導入すれば、雇用保険制度や生活保護制度、さらに基礎年金制度を廃止できると考える人もいる。しかし、以下で明らかにするように、ベーシックインカム制度では雇用保険制度等を代替できない。

２０１４年度の改正で、雇用保険制度の「職業訓練」が大きく拡充・改善され、日本もようやく、消極的労働市場政策から積極的労働市場政策に転換したところである。著者はこの転換を評価している。それに対して、ベーシックインカムは消極的労働市場政策に分類される。

ワーキングプアが失業したときには、ベーシックインカムのような金銭補助だけでは足りず、就労を支援するプログラムを提供することが必要である。そうでなければ、ワーキングプアはいつまでたってもワーキングプアのままである。

ワーキングプアや就職氷河期世代（この世代にワーキングプアが多い）が貧困から抜け出すためには、彼らのスキルをアップさせる制度が必要である。そして、２０１４年度以降の改革により、ワーキングプアは、第４章で述べた教育訓練給付制度を利用してスキルアップ

4　ベーシックインカムの現実的な実施方法については、原田泰（２０１５）を参照。

できる。就職氷河期世代も、20年度から始まった「就職氷河期世代支援プログラム」を受講して、スキルアップを図ることができるようになった。

いま、日本が必要としているのは、単なる低所得者への現金給付だけではなく、就職を支援する「訓練制度」であり、「再チャレンジ」支援制度を充実させることである。現金給付だけでは格差問題は解決しないし、必要な税金が増大するばかりである。

ベーシックインカム制度は、生活保護制度の代替にもなり得ない。というのは、今後、生活保護制度は以下に示すように、ワーキングプアのような稼働能力者を対象とすべきではないからである。また、年金制度はのちに述べるように、積立方式に移行するとともに、国民年金保険料の未納問題を解決する方向で進めることが望ましい。

## 負の所得税は生活保障としても機能する

話を負の所得税に戻そう。負の所得税は納税者への給付金であるので、[5 - 2]のような税を、一般に「給付付き税額控除」と呼ぶようになった。給付付き税額控除は、すでにいくつかの国で導入されているが、何を税額控除するかによって、付与される税名が異なっている。税額控除の対象としては、①勤労所得税額控除、②児童税額控除、③消費税逆進性対策税額控除の3つに分けることができる（鎌倉治子［2010］）。

①は勤労意欲に働きかけることを目的にしており、アメリカ、イギリス、フランス、オランダ、スウェーデンなど10カ国以上で採用されている。これが勤労意欲を促進することは、日本の生活保護制度と比較すると理解しやすい。

日本の生活保護制度では、生活保護世帯が働いて所得を得ると、その所得分の大部分が生活保護費から削減される。例えば、働いて5万円得ると、その69・6％分が生活保護費から差し引かれる。これは所得の限界税率が69・6％であることを意味し、所得税における課税所得が年収4000万円以上の人の限界税率45％（2021年度、40％から45％に引き上げられた）よりも24・6ポイントも高い。

生活保護から脱出しようとして頑張って働き、月額20万円を得ると、20万円の84・8％（約17万円）分も生活保護費が削減される。生活保護受給者が働くことは、多少なりとも、働くための知識や技術を身につけることになるにもかかわらず、このように高い限界税率を適用することは、一生、生活保護を受けることを奨励しているようなものである。これではいつまでたっても「貧困から抜け出せない」。

給付付き税額控除制度は、だれでもが守らなければならない税制であるから、生活保護制度のように受給申請を躊躇するといったことも起きず、働く意欲を促進するように設計できる。

［5-2］で示される、給付付き税額控除制度においては、右辺の税額控除が所得のないときの生活保護費に相当する。以下に提案する給付付き税額控除制度では、右辺の所得にかかる限界税率を所得の高さに応じて5％から45％程度まで引き上げる累進制を取り入れる。

給付付き税額控除制度は、目的に沿って税額控除額や税率を変えて設計できる。

仮に、生活保護制度における所得がゼロのときの生活保護支給額と給付付き税額控除制度における税額控除とを同じ額としてみよう。生活保護制度の下では、働いて得た所得が増えても、その増えた所得分に極めて高い限界税率が課せられて、その分だけ生活保護支給額が削減されるので、生活保護世帯の可処分所得はあまり増えない。

それに対して、給付付き税額控除額制度では、所得の低い段階では、限界税率を低くする一方で、税額控除を大きくすることによって、［5-2］で決定される負の納税額の絶対値を大きくすることができる。負の納税額の絶対値が大きいことは、受け取れる給付額が大きいこと、すなわち可処分所得が大きく増えることを意味する。

納税額がどの所得段階でプラスになり、所得とともにどれだけ納税額が増えるようにするかは、[5 - 2] から次の2つの要素によって決まることが分かる。

① 所得が増えるにつれて、どの程度、限界税率を引き上げるか
② 所得が増えるにつれて、税額控除をどのような目的で、どのように変化させるか



### 日本の給付付き税額控除制度を考える

それでは、税額控除として何を基準に採用すべきであろうか。所得税の持つ所得再分配機能を発揮させるためには、所得に対して逆進的な項目を税額控除の対象にすべきであろう。日本の場合には給与所得控除額が大きいので、アメリカ等で採用されている勤労所得控除（税額控除に相当する勤労所得控除が、所得がゼロから一定額に上がるまでは増加し、次いで、所得が増加しても、ある段階までは一定額になり、さらに所得が増えると、次第に減少する制度）は望ましくない。勤労所得控除を税額控除項目として採用するならば、給与所得控除を廃止すべきである。

税額控除の対象を考えるために、総務省『家計調査』を利用して、消費税や社会保険料などの勤め先収入に対する比率を調べてみよう。

図表5-1　消費税、社会保険料等の所得階級別の勤め先収入に対する比率

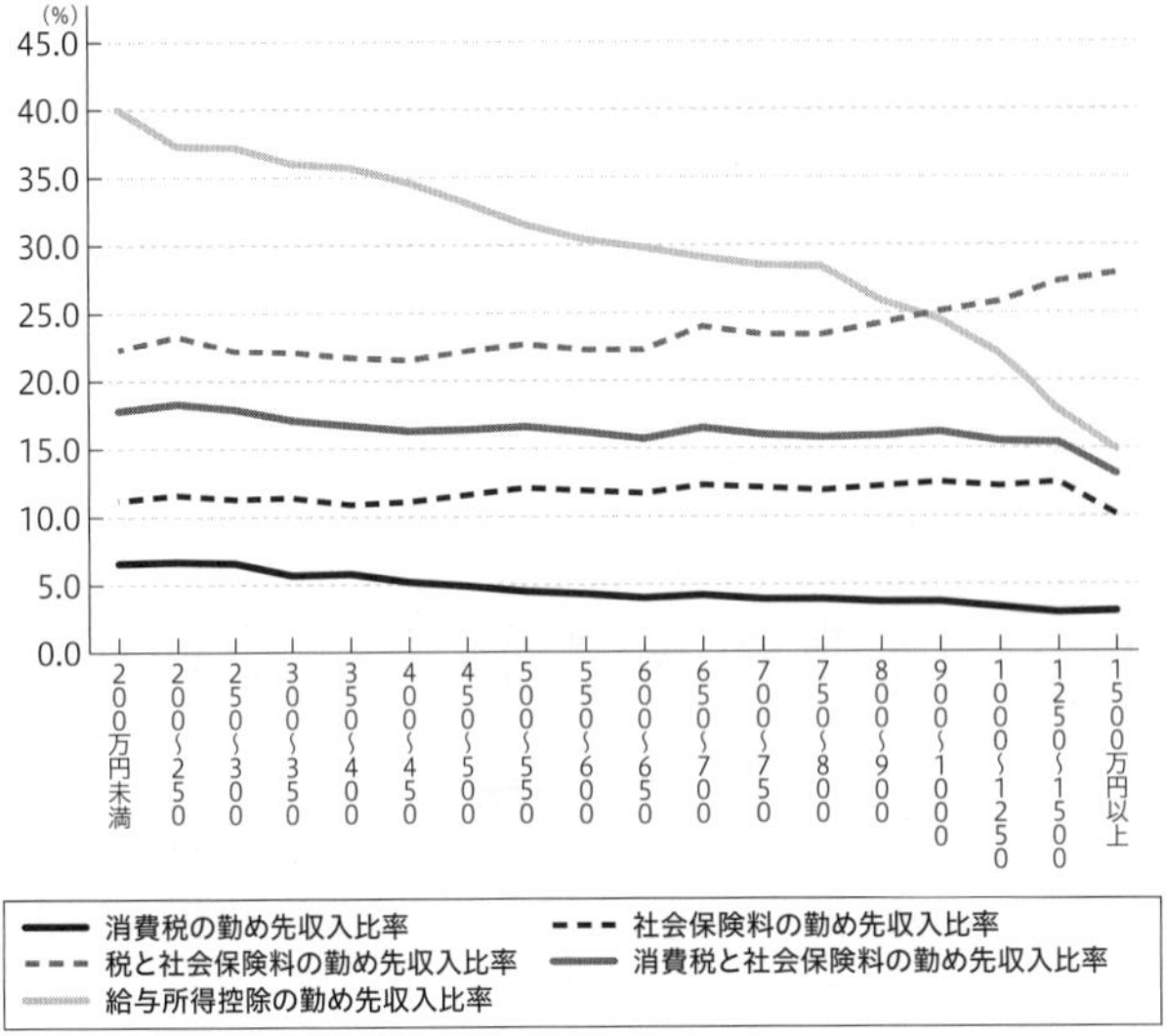


出所）総務省『家計調査』より。

図表5-1から、給与所得控除の勤め先収入比率がかなり大きいことが分かる。勤め先収入が750万円以上800万円未満では28・4%、1500万円以上では13%の給与所得控除が認められる。こうした大きな給与所得控除が所得税の累進度を低めている要因である。

最も逆進的であるのは消費税である。その勤め先収入比率は、年収200万円未満の階層の人では6・6%であるが、年収1500万円超の人は2・9%でしかない。

次に、社会保険料の勤め先収入

比率は所得が増えると緩やかに上昇しているが、所得階層でほとんど差がない。低所得者層では、国民年金保険料の未納者が多いが、未納者がなくなれば、図表5‐1に示されている比率よりも高くなり、低所得層から中所得層にかけて逆進的になると思われる。

図表5‐1は、消費税と社会保険料の合計が逆進的であることを示している。この合計の勤め先収入比率は、年収200万円未満では、17・8%であるが、勤め先収入が1500万円以上では15・4%に低下する。

以上から、ワーキングプアの人々の可処分所得を引き上げて格差を縮小するためには、税額控除の対象を基礎控除に加えて、消費税と社会保険料とし、中所得者の所得税を現行の所得税とほぼ同じ水準にするために、給与所得についても若干の税額控除を設けることにする。

図表5‐2は、2019年の『家計調査』(総務省)の2人以上の勤労世帯のデータを利用して、負の所得税方式の給付付き税額控除制度の一例を示したものである。この試案では、現行の給与所得控除はなくなり、税額控除の対象に置き換えられている。税額控除のうち、所得が200万円未満の基礎控除を80万円とし、所得が増えるにつれて基礎税額控除、消費税税額控除、社会保険料税額控除および給与所得税額控除を調整することで、低所得層では所得税が負になり(負の所得税=給付額)、所得が増えるにつれて納税額が累進的になるよ

図表5-2　負の所得税方式の給付付き税額控除制度の一例

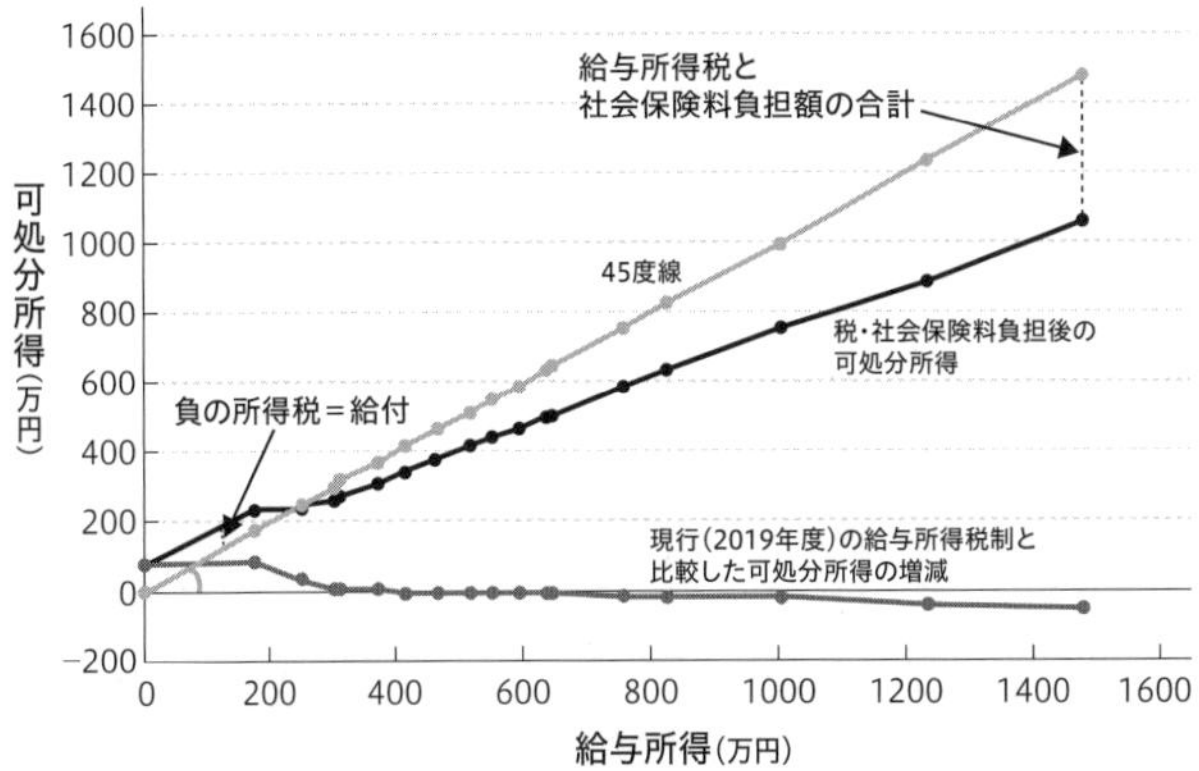


注）消費税は2019年10月から、食料品に８％、その他に10%が課せられるように改正されたので、消費支出のうち９カ月分には８％、３カ月分については、食料品に８％、その他に10%が課せられたと推定して計算した。なお、消費税は内税が一般的であるから、税込の消費支出から税抜きの消費支出を計算し、それに、右に述べた税率を乗じて、負担された消費税を算出した。

出所）総務省『家計調査』（2019）を利用して著者作成。

うに調整してある。

この試案では、ワーキングプアであると考えられる給与所得が１７３万円の人は約79万円の給付（負の所得税）を受け取り、年収は約２５２万円になる。これから、社会保険料19・３万円を差し引いた約２３３万円が可処分所得になる。この負の所得税である給付によって、負担した消費税（『家計調査』［２０１９］では、この人が負担した消費税の年額は７万８０００円と推定される）の４割と社会保険料の５割は税額控除として還付されることになる。

所得が２５１万円以下の人は負の所

得税により給付を受ける。可処分所得は、給与所得が約４００万円までの人は、現行（２０１９年度）の税制よりも増えるが、それを超えると現行税制よりも、所得が増えるにつれて逓増的に減少し、給与所得が１４８１万円の人の減少額は51万円になる。

## 配偶者控除は時代に適しているか

試案として示した給与所得税の累進度が、現行税制（２０１９年度）よりも高くなるのは、高所得者ほど有利になる給与所得控除や社会保険料や配偶者などに関わる所得控除が廃止される一方で、それに代わって導入された税額控除の対所得比が、所得が増えるにつれて低下または上昇する場合もその増加率が小さく、かつ限界税率が上昇するように設計されているためである。

現行の所得控除型の配偶者控除を廃止する一方で、配偶者が税額控除の対象になっていな

５　具体的には、次のようになる。納税額＝税率×所得－（基礎税額控除＋消費税税額控除＋社会保険料税額控除＋給与所得税額控除）。税率は所得が増加するにつれて、緩やかに上昇する。各種の税額控除は所得階層ごとに異なる。例えば、図表５‐２の試案では、基礎税額控除は所得が２００万円未満世帯では80万円であるが、所得が増えるにつれて減少し、１２５０万円以上世帯では45万円になる。消費税税額控除は所得が４００万円以上世帯ではゼロに設定されている。

いのは、女性の就業を阻害しないことと、結婚に対して税制を中立的にするためである。

配偶者が働いていない場合に配偶者控除を設けると、配偶者が働かないほうが働き手の納税額が減少するため、配偶者の就業意欲を低下させる。また、配偶者控除は税制上、既婚者を非婚者よりも有利にするため、税制が結婚するかどうかに対して中立的でない。税制や年金制度には所得税の配偶者控除、相続税制（配偶者控除が大きいため、配偶者の相続税はほぼゼロである）、年金の第3号被保険者制度（サラリーマンなどの第2号被保険者に扶養されている配偶者は、負担なしで基礎年金を受給できる）など、既婚者を優遇する制度が多い。これは、戦後の高度成長期に専業主婦が一般的になったためであろう。しかし、1990年代以降、この家族形態は崩れており、結婚しているかどうかで差を設けない個人単位の税制や年金制度が求められている。

ここで示した試案のような負の所得税を含めた所得税の累進度の引き上げは、現行の日本の税による低い所得再分配効果を高め、格差の縮小につながるであろう。

この試案では、給与所得が400万円以上800万円未満の中間層の可処分所得は若干減少するが、影響は比較的小さい。影響が比較的大きくなるのは、所得が300万円未満の層（可処分所得が比較的大きく増加する）と800万円以上の層（可処分所得が12万円以上減少する）、とくに１２５０万円を超える層（可処分所得が40万〜50万円程度減少する）である。

現行税制の扶養控除を税額控除に置き換えるべきかどうかは、児童手当や大学の奨学金制度、および今後の保育の無償化がどの程度まで進展するかに依存する。

なお、右の試案では、所得が１４８０万円の人までしかデータが示されていないが、それは、この所得額が『家計調査』で所得や税・社会保険料負担などのデータが得られる上限の所得だからである。したがって、所得が１４８０万円を超える場合には、可処分所得の減少額はより大きくなるように設計されることになる。

## 働かせる気のない生活保護制度

右では、税額控除型の基礎税額控除、消費税税額控除、社会保険料税額控除などにより、ワーキングプアの人の可処分所得を引き上げることおよび現行税制よりも高所得者の負担を引き上げて、所得税の累進度を引き上げることを目的とした給与所得の改革案を示した。

しかしこの制度では、セーフティネットの最後の砦と言われる生活保護制度を利用する世帯を救済することはできない。それは、生活保護世帯の給付水準がかなり高めに設定されているからである。例えば、夫婦2人・子1人（夫33歳、妻28歳、子供4歳）で東京都区部に居住する場合の最低生活保障水準は月額約23万円、年額約276万円（生活扶助に住居扶助を含む）である（厚生労働省資料より）。しかも、社会保険加入はほぼ免除され（介護保険は生活保護費から保険料を拠出している）、医療費は全額補助される。働かずに、これだけの最低生活保障を受けられるなら、ワーキングプアよりも生活保護世帯になったほうがはるかに生活水準は上昇する。

現行の生活保護制度は、右で提案した負の所得税方式の給付付き税額控除制度と異なって、就労することを基本原則としていない。

厚生労働省はこの点を反省して、2013年度から、生活保護制度に就労・自立に向けた取り組み（生活保護受給者等就労自立促進事業）を導入し、就労自立給付金、勤労控除、就労活動促進費の補助等の制度を取り入れた。

就労自立給付金は、保護受給中の就労収入のうち一定額を積み立て、保護廃止時に支給するものであり、八田（2009）や鈴木（2012）などがかねてから提案してきた制度である。それまで、生活保護世帯はそれから抜け出たときに、預金をまったく持たないという不安定な状況に置かれていたから、この制度の導入は望ましい。しかし、上限が単身世帯10

万円、多人数世帯15万円と極めて低い水準に設定されており、このような少額の預金では「貧困のワナ」から抜け出すことは困難である。

勤労控除も就労して20万円を得ても３万３６００円でしかない。これは勤労所得に83・2％もの限界税率で税金を課すのと同じである。日本の１億円を超えるような高給与所得者でも、限界税率は住民税を含めても55％である。しかもこの給与所得者には１９５万の給与所得控除（２０２１年度から）が適用される。

就労支援事業にしても参加率は35・８％でしかない（２０１７年度）。これは支援事業への参加が強制でなく、任意だからである。就労活動促進費の補助も月５０００円で、原則６カ月までと少額である。

以上のように、厚生労働省は生活保護制度を就労自立支援型に改革したというが、本気度が感じられず、まるでいつまでも生活保護を受けていなさい、と言わんばかりである。同省が本気でなければ、生活保護受給者も生活保護から抜け出そうと本気にならないだろう。

## 積極的な就労支援のために

生活保護制度の最大の問題は、生活保護受給者になるためには資産調査などの厳しい関門があるが、いったん受給者になったらやめられないという点にある。やめて、ワーキングプアになるよりも受給者であり続けるほうが、はるかに生活が楽だからである。

こうした問題を解決するためには、まず、雇用保険の加入期間が短いため、失業しても雇用保険金の受給資格のない人を稼働能力があるかどうかで選別し、稼働能力がある人は、以下に述べるように改革された就業支援制度の対象にし、生活保護制度の対象にしないことである。

日本には稼働能力層を対象にする求職者支援制度がある。この制度では、雇用保険を受給できない人を対象に、民間の教育機関が実施する職業訓練を受ける代わりに、生活費として月額10万円が原則1年間支給される。しかし、月額10万円は生活保護費に比べてあまりに少額である。鈴木亘（２０１４）はこれを、住宅扶助を含めた生活保護費と同じ水準に引き上げることを提案している。

著者はかねてから、このように生活費を引き上げた上で、雇用保険を第4章で提案したように改革し、求職者支援制度対象者に雇用保険が提供する就労支援・促進プログラムへの参加を強制する案を考えていた。そのように考えていたところ、第4章で紹介したように、厚生労働省は２０１４年度の改正で、求職者支援制度に求職者支援訓練を導入し、さまざまな訓練コースを設けるようになった。

例えば、厚生労働省東京労働局のホームページを見ると、２０２１年７月開講の訓練コースの案内が出ている。コースは基礎コース（「初心者からできるビジネスパソコン基礎科」など）と実践コース（「アプリ・ＷＥＢ・システムエンジニア養成科」など）から構成されている。

著者はさらに進めて、雇用保険受給資格のない失業者に対して、雇用保険金ではなく、税金で雇用保険並みの給付金を補助し、その他は雇用保険受給者とまったく同じ条件で就労支援する制度が望ましいと考える。これは、求職者支援制度（ただし、右のように改革した制度で、現行の制度ではない）と雇用保険制度の統合に他ならない。

しかし、２０１４年度の改正でも雇用保険受給対象者向けとそれ以外の人向けが別々のコースとして提供されており、相互乗り入れができない。これは、前者がハローワークの管轄下にあり、後者が厚生労働省の地域の労働局の管轄下にあるためであろう。このような縦割り行政の壁を取り払って、稼働能力のある人はどちらが運営するコースも受講できるようにすれば、彼らの選択肢は拡大し、就職支援としてより効果的なものになるであろう。

以上のように改革すると、生活保護制度は稼働能力のない人またはそれに近い人だけが対象になる。したがって、第4章で提案した保育利用券制度が整備されれば、母子家庭は幼児を保育所に預けて働くことができるようになるから、右に提案した改革された求職者支援制度の対象になり、さらに、負の所得税方式の給付付き税額控除から負の所得税、すなわち給付金を受けることができる。生活保護制度の対象者は障害者[6]と貧困の高齢者世帯に限定され、「稼働能力のある人でも、生活費保護世帯になると、そこから抜け出せない」という「貧困のワナ」に陥ることを防止でき、税負担の生活保護費も節約できるであろう。

## 5・2　年金制度は世代で閉じる積立方式へ

### バランス・シートで読み解く年金問題

年金の根本問題は、今後どんなに生産性を引き上げる政策をとっても、戦後まもなくの高度成長期のような高成長を望むことはできず、その中で少子高齢化が進む社会では、賦課方式の年金制度を続けることは不可能であるという点にある。今後、どのような成長政策をとっても、戦後の10%を超えるような高度成長を何年も続けることが不可能であるのは、戦後の高度成長がアメリカへのキャッチ・アップの過程だったために実現したものだったからである。

それに対して、今後、ＡＩ（人工知能）が進歩すれば、戦後のような高度成長もしくはその半分程度の成長が持続可能であるという主張もあるが、ここではそのような可能性はないものとして、年金改革を考えよう。

右で賦課方式の年金制度と述べたが、日本の年金制度は、各年度に勤労世代が支払った保険料のすべてが退職世代の年金支給に充てられるという意味での「完全な賦課方式」ではなく、一部は積み立てられて次年度以降の年金支給に充てられてきた。したがって、日本の年金制度は一部の積立金を含む修正賦課方式（なお、厚生労働省は「修正積立方式」と呼称してきた）であった。

しかし現在は、この積立金を取り崩している段階であるから、「賦課方式プラス積立金取り崩し方式」というべき状況になっている。この方式に、どのような問題があるかを理解するためには、年金をバランス・シートで考えると理解しやすい（小塩隆士［２０１３］参照）。

6　就業を希望する障害者に対しては、ハローワークによる障害者就労支援、地域障害者職業センター、在宅就業障害者支援制度などがある。

公的年金制度では、政府はすでに年金保険料を支払った加入者に対して、その加入実績に応じて、加入者の支給開始年齢以降、加入者の生存期間中、年金を支給する義務を負っている。この政府が約束している年金額の現在価値を過去債務という。過去債務は2つの部分から構成される。

第一は、すでに年金を受給している人に対して、政府が将来にわたって支給を約束した年金額である。これを受給者部分という。

第二は、まだ年金の支給開始年齢には達していない加入者が、仮に現時点で引退したとすれば、その人が支給開始年齢に達した以降、政府が支払うことを約束している年金支給額である。

それに対して、将来の加入実績に応じて発生する年金額を将来債務という。現在すでに年金に加入している人は、将来も保険料を払い続ける。この将来、払い続ける保険料に応じて、支給開始年齢以降、年金を受け取ることになる。さらに、これから生まれてくる人を含めて、まだ年金に加入していない人も将来、保険料を支払い、それに応じて年金を受け取ることになる。こうした、政府が無限の将来にわたって支払うことを約束した年金額を、将来債務という。

以上が、政府が支給することを約束した年金額で、公的年金のバランス・シートでは、政府の負債（あるいは債務）として計上される。

一方、公的年金のバランス・シートの資産は次の３つから構成される。

第一は、これまで政府が年金加入者から受け取った保険料の収入が、加入者に対して支払ってきた年金額を超える分である。政府はこの超過分を将来の年金財源としている。これを積立金という。

第二は、現役世代や将来世代が無限の将来にわたって納める保険料の現在価値で計算された資産である。

第三は、国庫負担、つまり税金である。

以上から、公的年金のバランス・シートは以下のようになる。

過去債務＋将来債務＝積立金＋将来の保険料収入＋国庫負担［５－３］

右の各項目はすべて現在価値で表したものである。左辺が公的年金の債務で、右辺が資産である。右辺の資産は、左辺の過去および将来の債務をどのような手段で資金調達して支払うかを示したものである。すなわち、政府がすでに約束した年金（過去債務）と、将来に支給することを約束する年金（将来債務）を、政府は積立金か、将来、政府が受け取る保険料収入か、国庫負担（税金）かのどれかを財源として支払うしかないということを示している。

続いて［5－3］を、次のように変形する。

過去債務－積立金＝（将来の保険料収入－将来債務）＋国庫負担［5－4］

いま仮に、公的年金は当初創設された当時から積立方式を採用していたとしてみよう。この場合には、加入者が支払った年金保険料とその運用利益を財源として、支給開始年齢以降、年金が支払われるから、過去債務と積立金はちょうど等しくなる。同じように、将来債務である年金額も将来の保険料収入によってすべてまかなわれることになるから、［5－4］の右辺第1項のカッコ内の将来の保険料収入と将来債務は等しくなる。以上から、国庫負担の必要はなくなりゼロになる。これが年金の完全な積立方式のバランス・シートである。

これは、世代ごとに保険料の現在価値と保険金の現在価値が等しくなるという意味で、「世代で閉じた年金」または「世代内助け合い年金」であり、現在のように世代を超える所得再分配機能を持たない。現行の年金は「お互いに助け合う年金である」と言われるが、実際は、もっぱら現役世代が年金受給世代を過大に助ける年金になっており、「助け合い」になっていない。

現在の日本の公的年金制度では、過去債務のほうが積立金よりも大きくなっている。したがって、左辺の過去債務から積立金を引いた金額はプラスになる。このプラス部分を年金純債務という。年金純債務がプラスであることは、これまでに積立方式を採用してこなかったために積立金では過去債務を返済しきれないことを意味しており、年金の積立不足といわれる。

この年金純債務を支払うための財源は、［５－４］の右辺の、将来の保険料収入が将来債務よりも大きい部分と国庫負担である。将来の保険料収入が将来債務よりも大きいことは、現役世代や将来世代は今後、支払う保険料の現在価値以下の、現在価値で評価された年金額しか受け取れないことを意味する。これは年金純債務を支払うために、これから保険料を支払う人たちにその財源を負担してもらう部分になる。そして、それでも年金純債務をすべて支払うことができないならば、その分は国庫負担（税金）で埋めるしかない。

## 積立金がゼロになることを認めた政府

右に述べたことから分かるように、社会保険料の引き上げと国庫負担を少なくするためには、積立金を取り崩すしかない。

鈴木（２０１２、２０１４）は、年金純債務や積立金がどのような状況にあり、今後どのように推移していくかをシミュレーションしている。

このシミュレーションによると、２０１０年度の厚生年金、共済年金および国民年金の積立金合計は１８３兆円で、年金純債務は７３７兆円と見込まれる。鈴木（２０１２）はその後の積立金の取り崩しを考慮して、12年時点で、７５０兆円程度の年金純債務が存在すると考えておくことが無難であるとしている。

それ以後については、景気回復が相当進むという明るいシナリオで推測しても、厚生年金の積立金は２０３１年度に、国民年金は35年度に、それぞれゼロになる。鈴木（２０１２）の試算は、その後のアベノミクスの株高が積立金に与えた効果が含まれていないが、20年から新型コロナウイルス感染症問題が発生しているから、積立金がゼロになる年度は現在でもあまり変わらないであろう。

それに対して、小泉政権時代の２００４年に「１００年安心プラン」が作成され、政府は積立金は今後１００年間（具体的には、２１００年度まで）枯渇しないと宣言した。しかし、実際は、政府の想定通りにはいかず、例えば04年に改正された年金制度では、12年度の厚生年金と国民年金の積立金合計は１６８・８兆円と推測されていたが、実際は１１９・４兆円で、推測値よりも29％も減少している。

このように、政府の想定通りに進まなかった主たる要因は、デフレ下では「１００年安心プラン」を維持するために用意された「マクロ経済スライド制」を適用しなかったことと、想定以上の期間デフレが続いたことにある。

こうした積立金の過大評価に直面して、厚生労働省は２００９年に新たなシミュレーションを実施し、厚生年金の積立金は31年度には枯渇することを認めた。

**積立金がゼロになるとどうなるか**

それでは、積立金がゼロになるとどうなるか。［５‐４］から分かるように、次の手段がとられると考えられる。

①過去債務を減らす。つまり、現在の年金受給者に支払う年金額を、今後、マクロ経済

スライド制による調整率を大きくして、約束した年金額よりも減らす。

②将来の保険料収入を増やす。つまり、年金保険料率を２０１７年度の18・３％に固定するという約束を破り、引き上げる。

③将来債務を減らす。つまり、まだ年金受給年齢に達していない将来世代に約束した年金給付を減らす。

④国庫負担を増やす。政府も国民の多くも、国庫負担を増やすとしたら消費増税しかないと考えているから、消費税率を引き上げる。ただし、安倍前首相は首相時代に消費税率を10％まで引き上げた際（２０１９年）に、今後10年は消費増税はしないと約束したから、この約束を撤回しない限り、今後10年は消費増税できない。

以上のうちのそれぞれに、実施可能性がどの程度あるか検討してみよう。①から③はすべて約束破りの手であるから（④は安倍前首相の口約束にすぎないが、10年後なら約束破りにならない）、どれも実施することは困難である。しかし、積立金がゼロになったとたんに、①から③のどれか、あるいはそれらの組み合わせを実施するとすれば、急激な変化が起きて大混乱になるのは目に見えている。

①は今後ますます年金受給者が増えることを考えると、給付削減反対の勢力は強まるばかりである。②と③は現行の制度でも予想される、年金の世代間不公平を拡大することになり、現役世代の反発は並大抵のものではないであろう。

例えば、年金保険料率をさらに引き上げる場合、鈴木（２０１２）は、２０１７年度以降もこれまでと同じように毎年０・３５４％ずつのペースで引き上げていくとして、２１００年度の積立金残高が「１００年安心プラン」の当初計画と同じ水準になる保険料率を計算すると、32年度までに24・８％になるまで引き上げて、その水準で固定することになると推測している。国民年金の場合は、保険料を17年度以降毎年２８０円ずつ引き上げ、64年度に月額３万１００円（年額36万１２００円。20年度は、月額１万６５４０円、年額19万８４８０円）になったところで固定する。

右の推測は２０１７年度からの保険料の増加を前提にしているが、17年度はすでに過去であり、本書執筆時点は21年である。しかも、新型コロナウイルス感染症問題と戦っている最中であり、その収束時期も見通せない状況であり、保険料引き上げは当分棚上げせざるを得ない。

このように考えると、10年を待たずに再度、消費増税が実施される可能性が高いのではないだろうか。２０１４年度の消費増税後、若い人ほど消費性向（消費の可処分所得に対する割合）は低下している。彼らは②から④を予想して節約に努め、貯蓄しているのではないだろうか。

## 積立方式へ移行する際の壁

以上の検討から、積立金を持たない年金は何回も上記の①から④の約束破りを続けるしかないこと、したがって年金を積立方式に変えるしか最終的解決方法はないということが分かる。このことは、いま（２０２１年）から22年も前に、八田達夫・小口登良（１９９９）が明らかにしたことである。

そこで、［５－４］のバランス・シート式を用いて、積立方式への移行を考えてみよう。仮にいますぐに積立方式に移行するとすれば、［５－４］の右辺の将来の保険料収入と将来債務を一致するように、保険料と年金支給額を決めなければならない。その場合、［５－４］からすでに年金を受給している人の年金額と、現役世代がすでに保険料を納めた部分については政府が支給を約束した年金額を変えないとすれば、年金純債務はすべて国庫負担でまかなうしかないことも分かる。この国庫負担が、現役世代とまだ年金に加入していない将来世代に課せられることになるとすれば、年金純債務を支払うのは、結局、現役世代と将来世代になる。したがって、積立方式に移行しても、現役世代と将来の現役世代の負担にはまったく変わりがないことになり、積立方式へ移行する意味はない。

それに対して、いますぐに完全な積立方式に移行するのではなく、部分的に時間をかけて積立方式に移行し、遠い将来時点で完全な積立方式に移行する方法が考えられる。

完全な積立方式に移行した時点では、過去債務は積立金に一致し、将来の保険料収入と将来債務も一致し、国庫負担はゼロになる。しかし、完全な積立方式に移行するまでの期間は、年金純債務はプラスで残る。そこで、この年金純債務を少しずつとはいえ、どのようにして返済するかが問題になる。

## 「年金清算事業団」と新型相続税

著者は、いま述べた問題について専門外であるため、さまざまな研究書や研究論文に当たってみたが、最終的に納得できた方式は鈴木（２０１２、２０１４）が提案している方式である。

鈴木案を紹介する前に、消費税で年金純債務を返済することから考えてみよう。この方式では、すでに年金を受給している人も消費税の負担を通じて年金純債務の財源を負担することになる。これは、自分たちの年金を自分自身の税金で一部負担していることと同じである。

しかし、消費税には逆進的であるという欠点があり、日本では過去に3回も景気悪化を招き、その後、長期経済停滞を招いている。

また、消費税は景気に左右されない安定財源だと言われるが、税率を引き上げた年はかなり増えるが、その後、景気が良くなってもあまり増えない税である。今後、ますます高齢化が進む状況では年金受給額も増え続けるため、消費税で年金純債務を返済するとすれば、数年おきに消費税を上げていかなければならない。

次に、累進的な所得税を考えてみよう。この税で負担すれば、すでに年金を受給している人たちと現役世代と将来世代のうちで所得の多い人ほど、より多く年金純債務の償還財源を負担することになり、所得分配の垂直的公平性を高めることになる。この点で、所得再分配としては、逆進的な消費税よりも優れている。

以上の案に対して鈴木（2012）は、年金純債務を処理する専門機関を創設するとともに、年金純債務返済の財源を時限的に相続税に求めることを提案している。[7]

年金純債務を処理する機関を、鈴木（2012）は「年金清算事業団」と命名している。

年金純債務を年金制度から分離してこの機関に移す。これにより、年金制度は積立方式になる。今後、年金を受給する世代は、自分たちが収めた年金保険料の現在価値が将来の年金受給額の現在価値に一致するように、年金保険料と年金受給額が決定される。この決定方式は、個人年金や生命保険と同じように、平均余命などを考慮した保険数理計算による。

一方、現在すでに年金を受給している人や、現役世代でこれまでに支払ってきた保険料に対応する保険金（すなわち、政府が負っている年金純債務）は、「年金清算事業団」によって支払われる。積立方式で運営される年金は、今後支払っていく保険料の分だけである。

### 財源を相続税に求める理由

「年金清算事業団」が返済する年金純債務の財源は、年金純債務の返済が終了するまでの期間、相続税に求める。このことの正当性は、現在の年金受給世代の相続財産の相当部分は、

7　相続税に対しても、資本所得税と同じ「二重課税論」から反対する主張がある。しかし、相続税は被相続人に対する税ではなく、相続人に対する税である。相続財産は相続人の貯蓄から生まれた財産ではないから、相続税に関しては、「二重課税論」は成立しない。配偶者以外の子や孫は相続財産の形成に貢献してはいないであろう。したがって、この問題は、本来、なぜ、子供や孫が法定相続人とされているのか、という本質的な問題を議論することから始めなければならない。

年金受給の現在価値が年金保険料負担の現在価値をかなり上回ったために築き上げられたものと考えられるからである。いわば、これまでの寛大な年金制度により払いすぎた（あるいは、今後払いすぎる）年金分を、払いすぎた世代に対する時限的な相続税で取り戻す政策である。

日本では、毎年40兆円から97兆円程度の相続財産（不動産を含む）が発生すると推計されている。２０１５年度の相続税強化の前は、相続した１００人中４人程度しか相続税を支払っていなかった。そのため、14年度の相続税総額は１・９兆円（財務省『一般会計歳入決算明細書』の決算徴収決定額より）にすぎなかった。15年度に基礎控除が引き下げられ、税率が引き上げられたため（法定相続人の相続資産が６億円を超えると、最高税率が従来の50％から55％に引き上げられるなど）、相続税を払う人が急増した。しかしそれでも19年度の決算では相続税総額は２・３兆円にすぎず、推定される相続財産総額の２～５％程度にとどまっている。したがって、相続税強化の余地はかなり大きいと思われる。

相続税強化は機会の平等の促進のためにも役立ち、格差縮小の有力な手段である。さらに、貯蓄に対する影響も小さいと考えられる。[8]

鈴木（２０１４）では、現行の相続税をいったん廃止して、次のような「新型相続税」を創設することを提案している。この主要な点は、①非課税枠を設けず広く薄く課税する。例えば税率を20％で統一することと、②日本の相続財産の大半は不動産であるが、相続税課税の際に利用される路線価（道路に面する土地の価格評価で、相続税の算出の際の土地の評価額）が市場取引価格に比べて低い状況を改めて、適正な市場価格で評価することである。

しかし、2015年度からの相続税の基礎控除の減額にもかかわらず、19年度の相続税が14年度よりも0・4兆円しか増加しなかったのは、基礎控除の引き下げにとどまっていたからである。被相続人（死亡者）に対する相続税申告の対象になった相続人の割合は（課税割合という）、14年度までは4％程度で推移していたが、15年度以降は8％程度で推移している。課税割合は倍になったが、増加した納税者の多くは基礎控除の減額が原因であるから、相続資産自体が少額な人たちである。例えば、法定相続人が3人（配偶者と子供2人）であれば、基礎控除の減額前は相続財産が8000万円の世帯は非課税だった。改正後は、この世帯は課税世帯になるが、相続税の対象額（これを課税価格という）は基礎控除を差し引い

8　相続税を強化すると、税引き後の資産収益率が低下するため、設備投資等の実物資産投資の資金である貯蓄が減少するという主張がある。しかし、貯蓄に最も影響するのは、税引き後の資産収益率ではなく、「長生きのリスク」（不確実な老後の長さ）の程度である。

た３２００万円で、相続税総額は４４０万円になる。しかし、配偶者は法定相続分（課税価格の２分の１）であれば、非課税（配偶者の税額軽減措置）であるから、実際の相続税は子供２人が支払う２２０万円である。

２０１８年度について見ると、相続税納税者のうち相続財産が２億円未満の人が89％を占めている。つまり日本には相続財産が２億円を超える人は11％しかいないのである。そして、相続財産の金額の構成比は、土地36・５％（17年度、以下同じ）、現金・預貯金等31・７％、有価証券15・２％で、土地の占める割合が大きいが、土地は相続税上金融資産よりも優遇されている。したがって土地の優遇措置を廃止すれば、相続財産に占める割合は右の国税庁発表の構成割合よりも大きくなるであろう。

例えば、小規模宅地の減額措置によって、その宅地が被相続人の居住用であったならば、相続税評価額は８割減額される。しかも、もともとの路線価を基準とする相続税評価額自体が市場価格の70％からせいぜい高くても80％程度である。したがって、小規模宅地の相続税上の評価額は、市場価格の14％（70％×20％）から高くても16％程度にすぎない。さらに、相続税で優遇される小規模宅地の面積は２０１５年度の改正で、それまでの２４０㎡から３３０㎡へと引き上げられた。これは、基礎控除の減額による増税で居住地を売却せざるを得なくなる人が増えないようにするための、増税相殺措置であろう。

そこで、鈴木構想に従って、土地をできるだけ市場価格に近づけて、基礎控除と小規模宅地の減額措置を廃止し、20％の一律課税を導入すると、相続税の状況はどうなるかを試算してみよう。

この試算によると税率が累進的でなくなるため、相続資産が小さい人ほど現行の税制と比べた増税率が高くなるため、相続税が現行税制よりも逆進的になる。さらに、相続財産の大きな人の相続税は現行よりも減少する可能性が大きい。

これまで非課税だった世帯が課税対象になるのであるから、相続資産額が比較的少額な人の増税率が高くなることはやむを得ない。しかし、この新型相続税では、相続財産が５００万円（配偶者と子供１人のケースで、小規模宅地の減税措置を利用しないと仮定する。以下同じ）の人の相続税は、「配偶者の税額軽減措置」を残す場合で、現行税制よりも１１５０％、「配偶者の税額軽減措置」も廃止する場合は２４００％もの増税になる。

それに対して、相続資産が2億円以上の人は現行税制と比べて13・４％の減税になる（配偶者の税額軽減措置を維持する場合。この措置も廃止する場合は、73％の増税）。減税率は相続財産が大きくなるほど大きくなり、相続財産が10億円の人は56％もの減税になる（配偶者の税額軽減措置も廃止する場合は12％の減税）。

このような、少資産家の大増税と高資産家優遇の新型相続税は非現実的であり、実現する可能性はないであろう。

## 鈴木構想をより現実的にする方法

しかし、だからといって鈴木構想を反故にすることはない。累進税率の導入や「配偶者の税額軽減措置」の相続資産に対する比率を逓減的にするといった工夫により、妥当と思われる、累進的でかつ過去純債務の返済の主たる財源となり得る新型相続税を設計することは可能である。

相続税強化に対しては、この章の注7と注8で言及したような反対論の他に、資本が海外に流出するという懸念もある。しかし、その可能性に備えるためには、すでに5・1で述べたような、国外転出時課税制度で対応すればよい。

ただし、年金純債務は巨額であるので、その全部を相続税で返済するとすれば、大増税となり、実現不可能になる。そこで鈴木（２０１２）は、当分の間は「年金清算事業団」は債券を発行して、返済資金を調達することを提案している。鈴木（２０１２）はこの債券を

「年金清算事業団債」と命名しているが、この債券は、新設の積立方式年金制度からの保険料収入によってまかなうことができる。それは、新設の若者用の積立方式では、若者が年金受給者になるまでは、保険金の支払いがないので、積立金がどんどん積み上がっていくからである。

このことは、若者用の積立方式の側から見れば、その積立金の運用先として、安全な「年金清算事業団債」が存在するということでもある。

なお、鈴木（２０１２）は、相続税で不足する分を労働所得税率の引き上げで調達する案も試算しているが、すでに提案した資本所得税の増税（この増税は主として高資本所得者にとっての増税である）による税収を過去純債務返済の財源の一部とすることも考えられる。相続税は資産というストックに対する課税であるが、資本所得税は資産の運用から得られるフローの所得に対する課税であり、過大な年金のおかげで蓄積した資本からの収益課税という意味で、年金の過去純債務返済財源という点では、相続税と論理的に同じ正当性を持っている。

また、右のように鈴木構想を修正した新型相続税で、配偶者の税額軽減額を相続資産が増えるにつれて逓減させる措置をとると、相続資産が多い配偶者は相続税を納めなければならなくなり、居住地を売却して買い換える必要が生ずる可能性がある。それを避ける方法として、すでに相続税の延納制度がある。しかし、この延納制度における延納利子率は、定期預金金利がほぼゼロに等しい現在（２０２１年）でも、不動産の延納期間の最大である20年の場合、３・６％である。このように延納利子率が高いのは、「相続税は本来相続後すぐに払うべきである」という考え方が基礎にあるため、延納を罰則扱いにしているからであろう。

この高すぎる延納利子率については、延納を罰則と考えずに、新型相続税の創設いかんにかかわらず、定期預金金利に連動させて一定の上限を設定すべきである。

高すぎる延納利子率が定期預金利子率程度まで引き下げられない限り、新型相続税を創設する場合、「配偶者の税額軽減措置」を残すべきである。

## 相続税の強化で街の景観が損なわれる？

日本では、相続する際に土地が分割されてミニ住宅が建設され、街の景観を損なうケースが少なくない。小規模宅地の優遇措置を廃止すれば、この状況はさらに悪化するであろう。そのためには、新型相続税においても、小規模宅地の減額措置をある程度残すことも考えられる（例えば、減額割合を現行の8割から5割程度の引き下げにとどめる）。

しかしこれは、基本的には街の景観を守る地方自治体の規制で対応すべき問題である。日本でもそうした自治体が存在するが、一般に欧米では土地の分割は都市計画決定事項であり、地主が勝手に土地を切り売りすることはできない。それは、土地の利用の仕方は街全体の景観に影響するという外部効果（市場の取引を通ずることなく生ずる効果で、市場の失敗と言われ、規制や公的な課税の対象になる）があるため、個人の自由をできる限り尊重する欧米資本主義経済でも、土地利用には厳しい制限が課せられているからである。

欧米、とくにヨーロッパの街の建物の高さが揃っていたり、目立つ看板が１つもなかったり、歴史的な建造物が保存されていたりして、美しい街の景観がつくり出されているのは、土地利用に関する自由が制限されているためである。多くの日本人がヨーロッパの美しい街を見るために、ヨーロッパの街を訪れている。

つまり、丸山真男（１９６１）が述べているように、「欧米の街は造られる」のに対して、「日本では、何もなかった所が街になる」のであり、いわば、「結婚する」（主体的）ことと「結婚することになりました」（受動的）との違いである。

欧米民主主義では、個人と個人の自由が衝突する場合の調整措置が地方自治、最終的には住民自治に委ねられている。日本にはこの調整措置が欠けており、公共の道路に「何々あります」といった看板を出したり、意味があるとは思われない「交通安全」といった幟を出したりすることも自由である。しかしこれは、「自由主義」でなく「勝手主義」である。[9]

## 景気にも年金財政にもプラスな新型相続税

それでは、新型相続税は景気に対してどのような影響を及ぼすであろうか。

まず、被相続人への影響から考えてみよう。被相続人は新型相続税が課せられると、相続財産が減少するので、配偶者や子供の生活に配慮し、貯蓄を増やして課税後の相続財産をより多く残そうとするかもしれない。この場合には、消費が減少してデフレ下では景気に悪影響を及ぼすであろう。しかし実際には、多くの年金受給者が貯蓄を取り崩さなければ生活できない状況であるから、貯蓄を増やせる人はごく限られている。

それに対して、日本では遺産は「子供に老後の世話・介護を頼むことの見返り」であるという側面が多いという研究もある（ホリオカ［2002］）。そうだとすると、被相続人は新型相続税が導入されると、子供を当てにせず、民間の介護サービスを買うようになる可能性がある。この場合は、消費が増えて景気に良い影響が及ぶ。

一方、現役世代は過去純債務の返済のために、保険料の引き上げや消費税負担の増加から解放され、可処分所得が増える。さらに、自分が年金受給世代になったときの年金受給額も増える可能性がある。したがって、生涯恒常所得が増え、消費が増えると予想される。現在は、若い世代ほど自分が得ることができる年金が当てにできないため、貯蓄に励んでいる状況であることを考えれば（岩田［２０１９］）、この可能性は高い。なお、大きな相続財産を当てにしていた少数派は消費を減らす可能性があるが、現役世代の多数は生涯恒常所得が増えるであろう。

以上から、新型相続税は消費を増やす可能性が高く、デフレ・低インフレ率下で内需不足に苦しんでいる日本経済にとっては景気対策としても有効であり、日銀の物価安定目標である2％達成の可能性を高めることも期待できる。

このように、相続税は消費税と異なり、景気を悪化させることなく高齢化社会では安定した財源になり得る数少ない税である。

---

9　アベノミクスの観光誘致政策で、海外の観光者が急増し、日本のマッチ箱をひっくり返したような街歩きを楽しんでいる。私のあるアメリカの友人は、「日本では、どこでも路上で水が買える」と驚いていた。これは欧米人にとって、もの珍しい街だから楽しんでいるのであり、彼らが住む街を日本の街のようにしたいとは思っていない。ただし、住宅街に接していなければ、住民がそのような街を望むのであれば、それも住民自治である。

## 年金がもたらす世代内格差

年金の世代間格差は、実は将来の世代内格差をもたらす原因である。年金をもらいすぎている現在の年金受給世代は、自分の子供により多くの相続財産を残すことができる。あるいは、子供の住宅取得に対して無税で贈与できる優遇措置を利用したり、孫教育信託制度を利用して孫に教育資金を無税で贈与できる。これらの税制は、それによって消費を喚起し、デフレ脱却に資するという趣旨で設けられた。しかし、これらの税優遇措置は、金持ちの子供と孫を優遇し、格差を拡大させる制度である。

著者にはこのような金持ち優遇税制に対して、自称リベラル政党が反対しない理由が理解できない。これらの消費喚起制度が採用されたのは、デフレを脱却する政策は本来マクロ経済政策であることを理解していないために生じた措置である。

このように考えると、年金の世代間格差とは、将来世代の世代内格差に他ならないと考えることができる。例えば、将来世代は現行の制度では、年金保険料負担に見合った年金給付を受けられない。しかし、将来世代の中には、年金をもらいすぎた親から、年金をもらいすぎなかった場合よりも高額な相続財産を受け取れる人がいる。この将来世代のうち恵まれた人は、年金制度によって被る損失をより大きな相続財産で相殺できるため、年金と相続財産（さらに、住宅取得や孫教育信託による無税の生前贈与）とを合わせて考えると、損失はなく、むしろ利益すら受け取れる可能性がある。

したがって、年金純債務を相続税を財源として返済することは、年金の世代間格差をなくすというよりも、現在の世代間格差が将来の世代内格差に持ち越されることを防止する政策といえるのである。

## 国民年金未加入者と未納問題にどう対処するか

年金には世代間不公平（および、右で述べたような将来世代内不公平）の問題に加えて、国民年金未加入者と加入していても保険料を支払わない未納問題がある。この人たちが高齢者になると、生活保護で救済せざるを得なくなる可能性が高い。この問題を放置すると、今後ますます無年金の高齢者が増え、税金でまかなわなければならない生活保護費が急増する。

国民年金の未加入と未納問題は、右で述べた鈴木構想では解決できない。それは、会社員等の被用者と異なり、国民年金対象者である自営業者等から積立方式の年金保険料を確実に徴収する方法がないからである。

そこで、使途を基礎年金の財源に限定する「基礎年金目的消費税」（八代尚宏［2013］）が提案されている。この提案は、国民年金だけでなく厚生年金や共済年金などの被用者の基礎年金部分も含めて、保険料に換えて消費税でまかなうことを考えているようである。そうだとすれば、年収2000万円から100億円といった高額・超高額の会社員や会社役員の基礎年金をワーキングプアが負担する消費税でまかなうことになる。この逆進性はワーキングプアに対する消費税税額控除方式の負の所得税で、ある程度解消することは可能である。しかし、1億円も2億円も稼得する高所得者の基礎年金まで、保険から税に置き換えるよりも、次のような案のほうが望ましいと考える。

まず、すでに提案した負の所得税方式の給付付き税額控除制度を導入すれば、低所得者の支払った社会保険料の5割程度が還付されることになるから、国民年金未加入者や未納者は減少すると考えられる。しかし、国民年金未加入者や未納者の中には、低所得でない人も存在する。そこで次の措置をとる。

第一に、自営業者のような第1号被保険者から、税金と同様に強制的に保険料を徴収する。そのためには、マイナンバーカードを銀行口座に紐づける必要がある。日本年金機構が強制徴収をためらうのであれば、税務署が徴収すればよい。税は強制的に納入させるのに、社会保険料は強制的に納入を迫らないという論理は何なのであろうか。政府と日本年金機構はその理由を国民に明確に説明する義務がある。

高橋洋一（２０１７）は年金保険料と税金を一緒に集める「歳入庁」の創設を提案している。これは最も望ましい改革であると思われるが、財務省が税務業務を手放すことに抵抗するため、歳入庁創設ができないならば、まず日本年金機構に国民年金徴収を義務づける。それでもなお、同機構がその義務を履行しようとしない場合は、国民年金保険料取り立て専門の機関を創設し、必要な人員は日本年金機構の職員から配置転換して確保する。この方法であれば、財務省は税務業務を手放さずに済む。

第二に、被用者でも一定規模以下の企業の従業員は社会保険の加入を義務づけられていない、という問題に対処する必要がある。現在、義務づけられていないのは、企業も社会保険料の半分を負担しなければならなくなり、破綻する企業が現れるからという理由のようである。これも第3章で改革すべきであると論じた中小企業保護政策である。そこで、そのような中小企業の従業員は、第1号被保険者と同じ国民年金対象者として扱い（この場合は、企業の年金保険料負担はない）、企業が国民年金保険料を源泉徴収するようにする。国民年金の保険料免除制と猶予制は存続させる。

なお、国民年金は20歳から40年間納めても年金受給額は月額約6万5000円で、年額78万円にすぎない（2020年時点）。それに対して、厚生年金（基礎年金部分を含む）の平均月額は14万5000円、年額174万円である。著者が提案した負の所得税方式の給付付き税額控除制度では、国民年金受給者もその保有資産が一定額を下回っていれば、負の所得税（給付）の対象になる。

しかし、できるだけ税負担を減らすためには、中小企業の従業員にも国民年金基金への加入を認め、年金受給者になったときに給付付き税額控除制度から給付金を受けずに、生活できる水準の年金受給額が得られるようにすべきである。

### 提案した所得再分配政策のまとめ

最後に、この章で提案した所得再分配政策の改革案をまとめておこう。

① 資本所得税のいきすぎた優遇措置によって生じている総所得税率の逆累進制（総所得が1億円を超えると所得税率が低下するという問題）を是正するために、資本所得に対して段階的分離課税を導入する。

②ワーキングプアの解消と税率がフラット化しすぎた所得税の累進度を引き上げるために、累進的な負の所得税方式の給付付き税額控除制度を導入する。

③次のような切れ目のないセーフティネットを整備する。

A　第一のセーフティネットは、負の所得税方式の給付付き税額控除制度である。

B　第二のセーフティネットとして、雇用保険制度に就業支援等のプログラムを導入する。これは2014年度改正で実現しているので、今後の成果を見ながら改善していく段階に入っている。

C　第三のセーフティネットとして、雇用保険受給資格のない稼働能力のある人に対して現行の求職者支援制度を拡充し、雇用保険金に相当する給付金を税金で負担し、雇用保険制度の就業支援プログラムへの参加を義務づけ、その成績評価を記録するジョブカードを作成し、就活に役立てる。この「ジョブカード」の作成は他の就業支援制度にも適用する。

D　稼働能力を欠いた人（障害者や高齢者）の最後の砦として生活保護制度を整備する。

④現行の修正賦課方式年金制度を、長い時間をかけて、積立方式へ移行させる。その際、

「年金清算事業団」を創設し、年金純債務をその事業団に移す。「年金清算事業団」が返済する年金純債務の財源は、返済を終えるまでの時限的な新型相続税に求める。同事業団は事業団債を発行することができることとし、新しく創設された積立方式の積立金をこの事業団債で運用することができるようにする。

⑤　年金保険料未納・未加入問題の解決

A　日本年金機構に、自営業者のような第1号被保険者から税金と同様に強制的に保険料を徴収することを義務づける。仮に、日本年金機構がこの義務を履行しないならば、国民年金保険料取り立て専門の機関を創設し、必要な人員は日本年金機構の職員から配置転換して確保する。

B　厚生年金加入を免除されている中小企業の従業員には、国民年金への加入を認め、企業は国民年金の保険料を従業員の給与から源泉徴収する。

# おわりに

本書では、日本の１９９０年代以降の「格差」は、ジニ係数だけでは把握できない正規社員と非正規社員の二極化とその固定化や相対的貧困の増加などの問題を抱えていること、それらの根本的な原因は90年代以降の日銀の長期デフレを招いた金融政策にあることを述べてきた。したがって、本書で提案した諸改革もデフレ脱却に成功しなければ成果は上がらない。

ところが、日本では、「格差」にせよ「少子化」にせよ、その根本的原因がデフレであるという認識が極めて希薄である。この「デフレの悪に無頓着」な状況は、例えば、日本の労働問題研究者の論文集である玄田有史編『人手不足なのになぜ賃金が上がらないのか』（慶應義塾大学出版会）において、その根本的な原因が長期デフレにより労組双方に埋め込まれてしまった「デフレ・マインド」にあるにもかかわらず、「デフレ」という言葉が１回も出てこないことに象徴的に現れている。

「デフレが悪である」ことは、一般に論敵であったと考えられている、20世紀から21世紀にかけて最大の経済学者であるジョン・メイナード・ケインズとミルトン・フリードマンも一致しており、欧米ではデフレに陥らないように金融政策を運営することは常識である。さらに、1930年代の大不況やリーマン・ショックのような金融危機に際して、デフレに陥らないためには、金融の「量的緩和」がもっとも有効であることも、経済学界では一致している(もちろん、何事も一部の例外はあるが)。

ところが、日本ではデフレ脱却を専門に考えるべきマクロ経済研究者の多数派が、日本銀行がデフレ脱却のために実施している「量的・質的金融緩和」に反対している状況である。このようなデフレに関する日本のマクロ経済研究者の無理解が、デフレから脱却しようとしている矢先の2014年に消費増税の実施を許してしまい、デフレからの完全脱却が未だにできずにいる主たる原因である。

このような状況に鑑みて、本書では長期デフレが「格差と貧困」をもたらすことを改めて明確にすることを試みたが、「デフレが悪である」ことについては著者の『なぜデフレを放置してはいけないか』(PHP新書)でより詳しく論じているので、興味のある読者には是非一読していただきたい。

日本におけるもう1つの解決を迫られている問題は、本書で繰り返し述べたように「自称リベラル派」が格差や貧困（相対的貧困）といった「デフレの悪」を理解しないまま、むしろ「失業を増やし、格差を拡大する」ような政策批判を繰り返していることである。そもそも、デフレ下の「消費増税」を「財政と社会保障の再建を可能にする」として主張したのは、選挙で掲げた「マニフェスト」を、解散選挙で民意を問うことなく平気で破った「旧民主党」である。それにもかかわらず、「立憲」を掲げていることは不思議な現象である。

自称リベラル派が「経済無知」であるため（立憲民主党にも旧民主党にも経済に精通している人はごく少数ながら存在するが、執行部になれないことが最大の問題である）、アベノミクスの真に足りない点を修正できずに、もっぱら政権のスキャンダル追及に時間を費やしている政治状況は、日本にとって不幸なことである。

「権力は腐敗する」という言葉があるように、政権交代の可能性のまったくない長期政権は、民主主義にとって危うい状況である。著者が世間で「リベラル」と呼ばれている人たちを「自称リベラル」と蔑視するような言葉で呼ぶのは、彼らが「憎い」ためではない。彼らに多少とも「経済学」（ただし非マルクス主義経済学）を学んでもらった上で、日本を真に「リベラル」な良き社会にするために、政治や言論活動に取り組んでもらいたいと、強く望むからからである。

本書は、もともとは、著者が現在取り組んでいる「資本主義論」の一部であった。それが光文社の方の目にとまり、書きかけの「資本主義論」のうち、日本の「格差問題」を取り上げた部分を加筆修正し、先に出版してみてはということになり、著者としても大変ありがたい提案であったため、「資本主義論」の完成を待たずに、独立した新書として出版するにいったものである。

本書の出版にあっては、著者の学習院大学勤務時代からの、もっとも頼りにできる話し相手である鈴木亘学習院大学経済学部教授と柿埜真吾氏（学習院大学経済学研究科博士課程在籍）から、数々の有益なコメントを頂戴した。前・筑摩書房代表取締役社長の山野浩一氏には光文社新書編集部との間を取りつないでいただき、同社からの出版を可能にしていただいた。また、光文社新書編集部の河合健太郎氏からは、本書が読みやすくなるような、数多くのアドバイスをいただいた。本書が読みやすく、理解しやすくなっているとすれば、それは河合氏のアドバイスのおかげである。これらの方々に厚くお礼を申し上げたい。

岩田規久男

Unknowns to Known Knowns" German Economic Review. 20(3), 293-329
OECD (2015) "Focus on Minimum Wages after the Crisis :Making Them Pay"
Piketty, T. (2013) Capital in the Twenty-First Century, Harvard University Press.（邦訳：トマ・ピケティ〈2014〉『21世紀の資本』山形浩生他訳、みすず書房）
Saez, E. and G. Zucman (2019) The Triumph of Injustice: How the Rich Dodge Taxes and How to Make Them Pay, W. W. Norton & Company（邦訳：エマニュエル・サエズ、ガブリエル・ズックマン〈2020〉『つくられた格差～不公平税制が生んだ所得の不平等～』山田美明訳、光文社）
Schauer, J. (2018) "Labor Market Duality in Korea" IMF Working Paper. 18(126)
Schumpeter, J. (1934) "Depressions" in Douglas B. et al., The Economics of the Recovery Program, New York: Whittlesey House, McGrawHill.

『待機児童対策　保育の充実と女性活躍の両立のために』所収　日本評論社

山本麻由美（2013）「スウェーデンにおける失業保険の役割」『海外社会保障研究』No.183

**【英語文献・アルファベット順】**

Blau, F. D. and L. M. Kahn (2005) "Changes in the Labor Supply Behavior of Married Women: 1980-2000" NBER Working Paper No.11230

Caballero, R. J. and M. L. Hammour (1996) "On the Timing and Efficiency of Creative Destruction" The Quarterly Journal of Economics. 111(3), 805-852

Fisher, I. (1933) "The Debt-Deflation Theory of Great Depressions" Econometrica. 1(4), 337-357

Friedman, M. (1955) "The Role of Government in Education" in Economics and the Public Interest ed., Robert Solo. New Brunswick, NJ: Rutgers University Press.

Friedman, M. and R. Friedman (1980) Free to Choose: A Personal Statement, Penguin Books.（邦訳：M & R・フリードマン〈1980〉『選択の自由―自立社会への挑戦』西山千明訳、日本経済新聞社）

Hafner, M. et al. (2017) "The Impact of the National Minimum Wage on Employment: A meta-analysis" Rand Corporation

Hansen, NJ. H., J. Mongardini and F. Zhang (2019) "Labor Market Slack and the Output Gap: The Case of Korea" IMF Working Paper. 19(167)

International Monetary Fund (IMF) (2021) World Economic Outlook Database, April

Keynes, J. M. (1930) "Economic Possibilities for our Grandchildren" in Keynes (1931) Essays in Persuasion, Macmillan & Co.（邦訳：J・M・ケインズ〈2010〉「孫の世代の経済的可能性」山岡洋一訳『ケインズ説得論集』所収　日本経済新聞出版社）

Keynes, J. M. (1936) The General Theory of Employment, Interest and Money, Palgrave Macmillan.（邦訳：J・M・ケインズ〈1995〉『雇用・利子および貨幣の一般理論』塩野谷祐一訳、東洋経済新報社）

Neumark, D. (2019) "The Econometrics and Economics of the Employment Effects of Minimum Wages: Getting from Known

厚生労働省（2018）『被保護者調査』
鈴木亘（2012）『年金問題は解決できる！　積立方式移行による抜本改革』日本経済新聞出版社
鈴木亘（2014）『社会保障亡国論』講談社現代新書、講談社
高橋洋一（2017）『「年金問題」は嘘ばかり　ダマされて損をしないための必須知識』PHP 新書、PHP 研究所
竹森俊平（2002）『経済論戦は甦る』東洋経済新報社
中小企業基盤整備機構（2005）『米国中小企業の実態と中小企業政策』
中小企業庁（2018）『中小企業白書』
中小企業庁（2019）『中小企業白書』
中小企業庁（2020）『中小企業白書』
デービッド・アトキンソン（2018）『新・生産性立国論』東洋経済新報社
八田達夫、小口登良（1999）『年金改革論―積立方式へ移行せよ』日本経済新聞出版
八田達夫（2008）『ミクロ経済学Ｉ　市場の失敗と政府の失敗への対策』東洋経済新報社
八田達夫（2009）『ミクロ経済学Ⅱ　効率化と格差是正』東洋経済新報社
八田達夫編著（2019）『待機児童対策　保育の充実と女性活躍の両立のために』日本評論社
八田達夫（2020）「パンデミックにも対応できるセーフティネットの構築」小林慶一郎、森川正之編著『コロナ危機の経済学　提言と分析』日本経済新聞出版
原田泰（2015）『ベーシック・インカム　国家は貧困問題を解決できるか』中公新書、中央公論新社
ホリオカ・チャールズ・ユウジ（2002）「日本人は利己的か、利他的か、王朝的か？」大塚啓二郎、中山幹夫、福田慎一、本多佑三編『現代経済学の潮流 2002』所収　東洋経済新報社
丸山真男（1961）『日本の思想』岩波新書、岩波書店
宮本弘之（2019）『親リッチ』日本経済新聞出版社
向山英彦（1998）「米国、台湾、日本における中小企業と中小企業政策」『RIM・環太平洋ビジネス情報』No.41
森川正之（2019）「最低賃金と生産性」RIETI Policy Discussion Paper Series 19-P-012
八代尚宏（2013）『社会保障を立て直す　借金依存からの脱却』日本経済新聞出版社
八代尚宏（2019）「介護保険との比較でみた保育制度改革」八田達夫編著

## 主な参考文献

### 【日本語文献・五十音順】

安達誠司（2004）「昭和恐慌期における不良債権問題と金融システムの転換」岩田規久男編著『昭和恐慌の研究』所収　東洋経済新報社

岩田規久男（1995）『日本型平等社会は滅ぶのか　円・土地・デフレの経済学』東洋経済新報社

岩田規久男（2000）『金融』東洋経済新報社

岩田規久男、八田達夫（2003）『日本再生に「痛み」はいらない』東洋経済新報社

岩田規久男、飯田泰之（2006）『ゼミナール経済政策入門』日本経済新聞社

岩田規久男（2019）『なぜデフレを放置してはいけないか　人手不足経済で甦るアベノミクス』PHP 新書、PHP 研究所

大内伸哉、川口大司編著（2018）『解雇規制を問い直す　金銭解決の制度設計』有斐閣

太田清（2005）「フリーターの増加と労働所得格差の拡大」『内閣府経済社会総合研究所ディスカッション・ペーパー・シリーズ』No.140

大竹文雄（2005）『日本の不平等―格差社会の幻想と未来』日本経済新聞出版

小川晃弘（2008）「スウェーデンの若年者失業問題」『就職氷河期世代のきわどさ　高まる雇用リスクにどう対応すべきか』に所収　NIRA 総合研究開発機構

小塩隆士（2012）『効率と公平を問う』日本評論社

小塩隆士（2013）『社会保障の経済学［第 4 版］』日本評論社

鎌倉治子（2010）「諸外国の給付付き税額控除の概要」『調査と情報』No.678

川口大司、森悠子（2009）「最低賃金労働者の属性と最低賃金引き上げの雇用への影響」『日本労働研究雑誌』No.593、41 ～ 54 頁

川本卓司（2004）「日本経済の技術進歩率計測の試み：『修正ソロー残差』は失われた 10 年について何を語るか」『金融研究』12 月号

川本卓司（2017）「景気循環と生産性」『経済セミナー』8・9月号

権丈英子（2018）「オランダの労働市場」『日本労働研究雑誌』No.693、48 ～ 60 頁

玄田有史編（2017）『人手不足なのになぜ賃金が上がらないのか』慶應義塾大学出版会

厚生労働省（2007）『所得再分配調査』

岩田規久男（いわたきくお）

1942年生まれ。東京大学経済学部卒業、同大学院単位取得満期退学。学習院大学経済学部教授などを経て、2013年4月から5年間、日銀副総裁を務める。上智大学名誉教授・学習院大学名誉教授。専門は、金融論・都市経済学。著書に『デフレの経済学』（東洋経済新報社）、『日本銀行は信用できるか』（講談社現代新書）、『経済学的思考のすすめ』（筑摩選書）、『日銀日記』（筑摩書房）、『なぜデフレを放置してはいけないか』（PHP新書）など多数。



# 「日本型格差社会《にほんがたかくさしゃかい》」からの脱却《だっきゃく》

2021年7月30日初版1刷発行

著　者 ── 岩田規久男
発行者 ── 田邉浩司
装　幀 ── アラン・チャン
印刷所 ── 近代美術
製本所 ── ナショナル製本
発行所 ── 株式会社光文社
東京都文京区音羽1-16-6（〒112-8011）
https://www.kobunsha.com/
電　話 ── 編集部03（5395）8289　書籍販売部03（5395）8116
業務部03（5395）8125
メール ── sinsyo@kobunsha.com




ISBN 978-4-334-04550-0

# 光文社新書

1133
## 「女性向け風俗」の現場
彼女たちは何を求めているのか？

柾木寛

昼の顔は営業マン、夜の顔はあらゆるお客様に分け隔てなく接するセラピスト。性だけの繋がりゆえに彼女たちが教えてくれた、この国のジェンダーとセックスの本音。

978-4-334-04541-8

1134
## 理系研究者の「実験メシ」
科学の力で解決！　食にまつわる疑問

松尾佑一

太陽光でもお米は炊ける？　なぜ超音波をかけるとお酒は美味しくなる？　食にまつわるふとした疑問。大学教員が自ら実験して確かめる！　食欲と知識欲を刺激する異色の食エッセイ。

978-4-334-04542-5

1135
## 在宅医療の真実

小豆畑丈夫

在宅医療は「より良く生きるため」の手段／初めてでもうまくいく在宅医療の受け方／家族の負担をなるべく軽く――在宅医療に関わる救急医が、込み入った全体像を丁寧に整理・解説。

978-4-334-04543-2

1136
## 新・人間関係のルール

辛酸なめ子

人生の問題の多くを占める人間関係。ＳＮＳの発達やパンデミックの発生によって、人間関係にも新しいルールが生まれつつある。「コミュ力不足」の著者による、クスッと笑える24話。

978-4-334-04544-9

1137
## ジェンダーで見るヒットドラマ
韓国、アメリカ、欧州、日本

治部れんげ

「愛の不時着」はなぜヒットした？「半沢直樹」がウケる日本はヤバイ!?　ジェンダー視点でドラマを見れば世界のいまも見えてくる。業界随一のジャーナリストによる新ドラマ論。

978-4-334-04545-6

1138
## 夢中になる 東大世界史
15の良問に学ぶ世界の成り立ち
福村国春

約40年分の過去問から、選りすぐりの15問で振り返る国際社会の歩み――。暗記しただけでは解けない、歴史の本質を突く問題を紐解けば、覚えただけの歴史が教養に変わる！

978-4-334-04546-3

1139
## ディズニーとチャップリン
エンタメビジネスを生んだ巨人
大野裕之

ディズニーは、キャラクターの創作とストーリーの大切さ、権利の保持や配給会社との条件交渉などをチャップリンから学んだ。――固い友情と離別、知られざる二人の師弟関係。

978-4-334-04547-0

1140
## スポーツとしての相撲論
力士の体重はなぜ30キロ増えたのか
西尾克洋

「決まり手」「体格」「怪我」「指導」「学歴」「国際化」「人気低迷」。7つのキーワードから見えてくる、伝統と進化のはざまで揺れ動く大相撲の現在。幕内全力士の解説付き！

978-4-334-04548-7

1141
## 糖尿病の真実
なぜ患者は増え続けるのか
水野雅登

「インスリンは一生のお付き合い」「糖尿病は不治の病」は本当なのか。脱インスリン率100％の実績を持つ著者が、実際の治療例を紹介しつつ、現在の糖尿病治療の実情と問題点を解説。

978-4-334-04549-4

1142
## 「日本型格差社会」からの脱却
岩田規久男

戦後は日本しか経験していない長期デフレを原因とすることから、他国とは様子の異なる日本の格差。縮小するにはどうするべきか。日銀副総裁を務めた著者が具体的な政策を提言。

978-4-334-04550-0